职业教育建筑类专业"互联网+"创新教材

建筑工程经济

第 2 版

主　编　张明媚
副主编　张博文　李美云
参　编　肖　明　王　涛　补国苗　李高扬
　　　　刘明广　郝卫东　于英武

机械工业出版社

本书是职业教育建筑类专业"互联网+"创新教材。依据"职业教育国家教学标准体系"中"高等职业学校建设工程管理类专业教学标准"的相关要求进行编写。全书共分9个单元，包括绪论、现金流量与资金时间价值、工程项目的经济评价指标、建设项目方案比选、建设项目的不确定性分析与风险分析、建设项目的可行性研究、设备更新经济分析、建设项目的经济评价以及价值工程。本书在第1版的使用过程中广泛听取教师、读者和使用单位的意见进行了不断改进。

本书可作为高职高专、成人、函授的工程造价、工程管理、工程监理、建筑工程技术、公路工程、市政工程等专业"建筑工程经济"课程的教材，也可作为工程技术人员的参考书籍。

为方便教学，本书配有二维码视频资源和PPT电子课件，凡选用本书作为授课教材的教师均可登录 www.cmpedu.com，以教师身份免费注册、下载。编辑咨询电话：010-88379934。

图书在版编目（CIP）数据

建筑工程经济/张明媚主编. —2版. —北京：机械工业出版社，2022.9（2024.3重印）

职业教育建筑类专业"互联网+"创新教材

ISBN 978-7-111-71252-7

Ⅰ.①建… Ⅱ.①张… Ⅲ.①建筑经济学-工程经济学-高等职业教育-教材 Ⅳ.①F407.9

中国版本图书馆CIP数据核字（2022）第129148号

机械工业出版社（北京市百万庄大街22号　邮政编码100037）
策划编辑：陈紫青　　　　　责任编辑：陈紫青　沈百琦
责任校对：闫玥红　刘雅娜　封面设计：马精明
责任印制：单爱军
北京联兴盛业印刷股份有限公司印刷
2024年3月第2版第3次印刷
184mm×260mm・17.75印张・364千字
标准书号：ISBN 978-7-111-71252-7
定价：49.80元

电话服务　　　　　　　　　　网络服务
客服电话：010-88361066　　　机　工　官　网：www.cmpbook.com
　　　　　010-88379833　　　机　工　官　博：weibo.com/cmp1952
　　　　　010-68326294　　　金　书　网：www.golden-book.com
封底无防伪标均为盗版　　　机工教育服务网：www.cmpedu.com

第 2 版前言

近几年，我国的社会经济正在发生巨大的变化，"营改增""资源税"等新的财税政策的出现，为我国全面深化改革创造了很好的财税条件。为了适应这些变化，满足人才培养的新需求，本书在第 1 版的基础上，综合多方面的反馈意见，对教材进行了修改、完善和补充，融入了课程思政元素，对于一些重点、难点进行视频讲解。现说明如下：

（1）编写体例注重新颖性，采用理实一体化的编写体例。在教学目标上强化知识目标，注重培养人才的综合素养，突出能力目标和育人目标。在内容上基本保持了第 1 版的整体框架，通过情境引入激发学生学习的兴趣，内容上层层递进，由理论到实例，由浅入深，由简入繁，注重学生能力及职业素养的培养。

（2）凝练建筑工程经济所涉及的育人元素，在每个单元均增加"启示角"栏目，结合所学的专业知识给学生提供与专业相关的案例，培养学生弘扬爱国主义精神，树立正确的世界观、人生观、价值观，提升学生的职业素养，进而达到立德树人的目的。

（3）根据信息化教学的需要，制作了教材相关重点、难点知识的微课视频。

（4）针对我国财税政策的新变化对全书的相关内容进行了修改。

（5）对教材中的相关术语、概念、方法的文字表述进行了仔细斟酌修订，对教材中的图表进行修订完善。

（6）单元 6 及单元 8 的情境引入案例进行了更换，单元 6 增加了课题 4。

本书编写人员及编写分工如下：单元 1、单元 5 的课题 4、单元 9 由北京市朝阳区职工大学张明媚编写，单元 2 由河北工程大学补国苗编写，单元 3 由河北工程大学王涛编写，单元 4、单元 5 的课题 1 至课题 3 由河南工业大学李美云编写，单元 6、单元 8 由河北工程大学肖明编写，单元 7 由河北工程大学张博文编写；本书配套的学习工作页由北京水利水电学校于英武编写；全书微课视频由华南农业大学刘明广、李高扬录制。本书是校企合作的成果，单元 6 情境引入案例及课题 4 的内容由北京易成市政工程有限责任公司郝卫东工程师指导编写。全书由张明媚担任主编并负责统稿。

本书在编写过程中，编者参考和引用了国内外大量文献资料，参考了网络中的众多资料，在此谨向原作者表示崇高敬意与衷心的感谢。

由于编者水平有限，本书难免存在不足和疏漏之处，敬请各位读者批评指正。

编　者

第1版前言

建筑工程经济是适应市场经济需要而产生的一门技术经济科学和建筑科学相互渗透的边缘学科,具有理论面宽、实践性强、政策性要求高等特点,是工程造价、建筑工程专业的一门专业基础课。通过本课程的学习,学生可培养建筑工程技术人员与经济管理人员必须具备的经济意识,逐步增强经济观念,从而运用建筑工程经济的基本知识、基本理论和基本技能,以市场为前提、经济为目的、技术为手段,对多种投资方案进行经济评价、比较、选择,从而具备初步的建筑工程经济分析和评价能力。

本书突出职业教育特点,吸收了工程经济研究领域的最新成果,体例新颖、案例丰富。各章均附有学习内容、教学目标、能力要求,各章分课题介绍,各课题中含有知识链接等小模块以拓展知识面,随书附有习题集,以达到学、练同步的目的。同时,力求用案例说明知识点的应用,注重经济知识及其分析方法在建筑工程中的运用,内容精练、重点突出、通俗易懂。

本书编写人员及编写分工如下:第1章、第5章课题4、第9章由北京市朝阳区职工大学张明媚编写,第2章由河北工程大学补国苗编写,第3章由河北工程大学王涛编写,第4章、第5章由河南工业大学李美云编写,第6章由河北工程大学肖明编写,第7章由河北工程大学张博文编写,第8章由北京市建设职工大学白昕和河北工程大学肖明共同编写。全书由张明媚、李美云、张博文担任主编,统稿全书整体结构和内容。

本书在编写过程中,编者参考和引用了国内外大量文献资料,在此谨向原作者表示崇高敬意与衷心的感谢。

由于编者水平有限,本书若存在不足和疏漏之处,敬请各位读者批评指正。

编　者

本书微课视频清单

序号	名称	图形	序号	名称	图形
1	现金流量图绘制		8	动态投资回收期	
2	资金时间价值		9	净现值	
3	单利与复利		10	净年值	
4	一次支付系列等值计算		11	内部收益率	
5	等额支付系列等值计算		12	财务评价	
6	名义利率与有效利率		13	投资回收期	
7	静态投资回收期		14	财务净现值	

（续）

序号	名称	图形	序号	名称	图形
15	财务内部收益率		17	资产负债率、流动比率、速动比率	
16	总投资收益率、资本金净利润率				

目 录

第2版前言
第1版前言
本书微课视频清单

单元1　绪论 ················· 1
　课题1　基本建设与建筑业 ············ 1
　课题2　建筑工程与工程经济学 ·········· 6
　课题3　建筑工程经济的研究内容
　　　　 和特点 ·················· 8
　启示角 ····················· 10

单元2　现金流量与资金时间价值 ······ 12
　课题1　现金流量 ················ 12
　课题2　资金时间价值 ·············· 13
　课题3　资金等值计算 ·············· 15
　启示角 ····················· 26

单元3　工程项目的经济评价指标 ······ 28
　课题1　工程项目经济评价指标概述 ······ 28
　课题2　投资回收期 ··············· 29
　课题3　净现值与净现值指数 ·········· 32
　课题4　内部收益率 ··············· 37
　启示角 ····················· 40

单元4　建设项目方案比选 ·········· 41
　课题1　建设项目方案类型 ············ 41
　课题2　互斥方案的经济效果评价
　　　　 与选择 ·················· 43
　课题3　独立方案的经济效果评价
　　　　 与选择 ·················· 56
　启示角 ····················· 61

**单元5　建设项目的不确定性分析与
　　　　 风险分析** ················ 62
　课题1　不确定性分析与风险分析
　　　　 概述 ··················· 62
　课题2　盈亏平衡分析 ·············· 64
　课题3　敏感性分析 ··············· 70
　课题4　风险分析 ················ 76
　启示角 ····················· 81

单元6　建设项目的可行性研究 ······· 82
　课题1　可行性研究概述 ············· 83
　课题2　可行性研究报告的编制 ········· 86
　课题3　市场调查方法与预测方法 ········ 89
　课题4　建筑工程可行性研究报告实例 ····· 95
　启示角 ····················· 99

单元7　设备更新经济分析 ·········· 100
　课题1　概述 ··················· 100
　课题2　设备的磨损与补偿 ············ 104
　课题3　设备经济寿命 ·············· 106
　课题4　设备租赁与购买方案的比选
　　　　 分析 ··················· 114
　启示角 ····················· 118

单元8　建设项目的经济评价 ········ 120
　课题1　概述 ··················· 121
　课题2　建设项目的财务评价 ·········· 125
　课题3　国民经济评价 ·············· 153
　启示角 ····················· 159

单元9　价值工程 ··············· 161

课题1 价值工程概述 …………… 162
课题2 价值工程工作程序 ………… 164
课题3 价值工程应用 …………… 178
启示角 ……………………………… 180

附录A 复利终值系数表 ………… 181

附录B 复利现值系数表 ………… 184

附录C 年金终值系数表 ………… 187

附录D 年金现值系数表 ………… 190

参考文献 ………………………… 193

单元 1 绪 论

 单元目标

知识目标	技能目标	育人目标
1. 掌握基本建设的概念，基本建设程序；掌握建筑业的概念及建筑业与基本建设之间的关系 2. 了解工程经济的发展 3. 熟悉建筑工程经济的研究内容	1. 具备进行建筑工程经济分析的基本能力 2. 初步具有项目可行性分析、优选等工作的基础分析能力	1. 调动学生学习建筑工程经济的兴趣及积极性 2. 培养学生遵从事物的价值规律 3. 培养学生诚信服务的职业素养

 情境引入

某机场经过长达三年的努力，终于在 5 月 30 日这一天正式通航。一期占地 5.2km²。它是当时全国最大的民用机场，全套设备从瑞典 IMT 公司引进，堪称国际一流。它还是全国唯一完全由地方政府投资的机场。

但是"第一"的数量越多，与现实的反差就越强烈。

由于建立初期"超前建设"，施工没有规划，近乎疯狂的扩大面积，使原本应用在其他方面的资金全砸在了候机楼上，俗话说："一口不能吞一个大胖子。"此机场就是这样，没有实现效益最优原理。它的建立没有遵循价值规律，没有掌握市场情况，而是根据"个人"意愿，随意地施工建设，在建立机场跑道时也是这样，施工人员并未及时向国家主管部门报告审批，也没有经过专家的规划和论证。

由此提出：基本建设程序是什么？建筑工程经济的主要任务是什么？通过本单元的学习，我们将会找到答案。

课题 1 基本建设与建筑业

1.1.1 基本建设

1. 基本建设的概念

基本建设是指投资建造固定资产和形成物资基础的经济活动，凡是固定资产扩大再生产的新建、改建、扩建、恢复工程及设备购置活动均称为基本建设。由此可见，基本建设实质上是形成新的固定资产的经济活动，是实现社会扩大再生产的重要手段。

固定资产是指在社会再生产过程中，可供生产或生活较长时间，在使用过程中，基本保持原有实物形态的劳动资料或其他物资资料。固定资产包括生产性固定资产和非生产性固定资产两类。生产性固定资产是指工农业生产用的厂房和机器设备等,非生产性固定资产是指各类生活福利设施和行政管理设施。

一般地,凡列为固定资产的劳动资料,应同时具备以下两个条件:

1)使用期限在一年以上。

2)劳动资料的单位价值在限额以上。限制的额度,对小型国有企业在1 000元以上;中型企业在1 500元以上;大型企业在2 000元以上。

凡不同时具备以上两个条件的劳动资料,均称为低值易耗品。

对于任何一个国家来说,固定资产是国民财富的主要组成部分。衡量一个国家经济实力雄厚与否,社会生产力发展水平的高低,重要的一点,就是看它拥有的固定资产的数量多少与质量高低。固定资产的物质内容就是生产手段,是生产力的要素之一。

2. 基本建设的内容

1)建筑安装工程。包括各种土木建筑、矿井开凿、水利工程建筑、生产、动力、运输、试验等各种需要安装的机械设备的装配,以及与设备相连的工作台等装设工程。

2)设备购置。即购置设备、工具和器具等。

3)勘察、设计、科学研究实验、征地、拆迁、试运转、生产职工培训和建设单位管理工作等。

3. 基本建设项目及分类

从全社会角度来看,基本建设是由多个单项或独立的建设项目组成的。建设项目是指在一个场地或几个场地上,按一个总体设计或初步设计进行的一个或多个有内在联系的单项工程所组成的在建设中实行统一核算、统一管理的建设单位。

基本建设项目按照建设性质、建设的经济用途、建设规模、建设过程等不同标准进行分类,具体分类如下:

(1)按建设性质分类。按建设的性质分为新建项目、扩建项目、改建项目、迁建项目和恢复项目。

1)新建项目是从无到有、平地起家的建设项目。

2)扩建项目和改建项目是在原有企业、事业、行政单位的基础上,扩大产品的生产能力或增加新的产品生产能力,以及对原有设备和工程进行全面技术改造的项目。

3)迁建项目是原有企业、事业单位,由于各种原因,经有关部门批准搬迁到另地建设的项目。

4)恢复项目是指对由于自然、战争或其他人为灾害等原因而遭到毁坏的固定资产进行重建的项目。

(2)按建设的经济用途分类。按建设的经济用途分为生产性基本建设和非生产性基本建设。

1)生产性基本建设是用于物质生产和直接为物质生产服务的项目的建设,包括工业建设、建筑业和地质资源勘探事业建设和农林水利建设。

2)非生产性基本建设是用于人民物质和文化生活项目的建设,包括住宅、学校、医院、幼儿园、影剧院以及国家行政机关和金融保险业的建设等。

(3)按建设规模分类。按建设规模和总投资的大小,可分为大型、中型和小型建设项目。对于工业建设项目和非工业建设项目的大、中、小型的划分标准按有关部门的规定执行。

生产单一产品的工业企业，按产品的设计能力来划分，如钢铁联合企业，年产钢量在 100 万 t 以上的企业为大型企业，10 万～100 万 t 的为中型企业，10 万 t 以下的为小企业。生产多种产品的，按主要产品的设计能力来划分。

（4）按建设过程分类。按建设过程可分为筹建项目、施工项目、建成投资项目、收尾项目和停缓建项目等。

1）筹建项目是指尚未开工，正在进行选址、规划、设计等施工前各项准备工作的建设项目。

2）施工项目是指报告期内实际施工的建设项目，包括报告期内新开工的项目、上期跨入报告期续建的项目、以前停建而在本期复工的项目、报告期施工并在报告期建成投产或停建的项目。

3）建成投资项目，即投产项目是指报告期内按设计规定的内容，形成设计规定的生产能力（或效益）并投入使用的建设项目，包括部分投产项目和全部投产项目。

4）收尾项目是指已经建成投产和已经组织验收，设计生产能力已全部建成，但还遗留少量尾工需继续进行扫尾的建设项目。

5）停缓建项目是指根据现有人力、物力、财力和国民经济调整的要求，在计划期内停止或暂缓建设的项目。

4. 基本建设的作用

基本建设是扩大再生产以提高人民物质、文化生活水平和加强国家综合实力的重要手段。它的具体作用如下：

1）为国民经济各部门提供生产能力。

2）影响和改变各产业部门内部之间、各部门之间的构成和比例关系。

3）使全国生产力的配置更趋合理。

4）用先进的技术改造国民经济。

5）为社会提供住宅、文化设施、市政设施，为解决社会重大问题提供物质基础。

因此，基本建设是发展国民经济的物质技术基础，它在国家的社会主义现代化建设中起着重要作用。

5. 基本建设程序

基本建设程序是指工程项目从策划、选择、评估、决策、设计、施工到竣工验收、投入生产或交付使用的整个建设过程中，各项工作必须遵循的先后工作次序。

我国现行的基本建设程序为如下 7 个阶段：

（1）项目建议书阶段（包括立项评估）。项目建议书是由投资者（目前一般是项目主管部门或企、事业单位）对准备建设的项目提出的大体轮廓性设想和建议。此阶段主要确定拟建项目必要性和是否具备建设条件及拟建规模等，为进一步研究论证工作提供依据。1984 年起国家明确规定所有国内建设项目都要经过项目建议书这一阶段，并规定了具体内容及要求。

（2）可行性研究阶段（包括可行性研究报告评估）。根据项目建议书的批复进行可行性研究工作。对项目在技术上、经济上和财务上进行全面论证、优化和推荐最佳方案，与这一阶段相联系的工作还有由工程咨询公司对可行性研究报告进行评估。另外，原来还有编制项目设计任务书阶段。从1992年起国家取消设计任务书的名称，统称为可行性研究报告。

（3）设计阶段。根据项目可行性研究报告的批复，项目进入设计阶段。由于勘察工作是为设计提供基础数据和资料的工作，这一阶段也可称为勘察设计阶段。这是项目决策后进入建设实施的重要阶段。设计阶段的主要工作通常包括扩大初步设计和施工图设计两个阶段，对于技术复杂的项目还要增加技术设计文件。以上设计文件和资料是国家安排建设计划和项目组织施工的主要依据。

（4）开工准备阶段。项目开工准备阶段的工作较多，主要工作包括申请列入固定资产投资计划及开展各项施工准备工作。这一阶段的工作质量，对保证项目顺利建设具有决定性作用。这一阶段工作就绪，即可编制开工报告，申请正式开工。

（5）施工阶段。对建筑安装企业来说施工阶段是产品的生产阶段。在这一阶段还要完成生产准备工作。

（6）竣工验收阶段。这一阶段是项目建设实施全过程的最后一个阶段，是考核项目建设成果，检验设计和施工质量的重要环节，也是建设项目能否由建设阶段顺利转入生产或使用阶段的一个重要阶段。

（7）后评价阶段。改革开放前，我国的基本建设程序中没有明确规定这一阶段，近几年随着建设重点要求转到讲求投资效益的轨道，国家开始要求一些重大建设项目，在竣工验收若干年后，要进行后评价工作，并正式列为基本建设的程序之一。这主要是为了总结项目建设成功和失败的经验教训，供以后项目决策借鉴。

1.1.2 建筑业

1. 建筑业的基本概念

建筑业是一个独立的、重要的物质生产部门，是从事建筑工程勘察设计、施工安装和维修更新的物质生产部门。

建筑业围绕建筑活动的全过程来开展自己的生产经营活动。建筑业的生产活动主要是从事建筑安装工程的施工，为物质生产领域各部门提供所需的建筑物、构筑物及各种设备的安装工作，为人民生活提供住宅和文化娱乐设施等。例如，各种生产与生活用房的建造，各种构筑物（铁路、公路、桥梁、水库）、影剧院、运动场等的建造以及各种机器设备的安装，各种房屋、构筑物的维修更新和与建设对象有关的工程地质勘探及设计等。

由于建筑业的产品是各种工厂、矿井、铁路、桥梁、港口、道路、管线、住宅以及公共设施的建筑物、构筑物和设施，而且建筑产品是具有使用价值和价值、能满足人们生活和生产需要的物质产品，因此建筑生产活动是一种物质生产活动。建筑产品又具有与其他产品不同的特点，如建筑产品的固定性，生产的单件性、流动性、多样性，室外生产受气候等自然条件影响较大，体积大，消耗多，价格高等。由于这些不同的技术经济特点，使建筑业成为国民经济中一个独立的物质生产部门。

2. 建筑业在国民经济中的地位与作用

建筑业是国民经济的重要产业部门，在西方经济发达国家，与钢铁、汽车工业并列为三大支柱产业。

新中国成立以来，特别是改革开放以来，中国建筑业发生了巨大的变化。随着国民经济的快速增长，固定资产投资率逐年提高，建筑业增加值平稳上升。建筑业的发展带动和促进了国民经济其他部门的发展。建筑业在国民经济中的支柱地位已日益明显。

（1）建筑业所完成的产值在社会总产值中占有相当大的比重，所创造的价值也是国民收入的重要组成部分。

新中国成立以前的建筑业，基础弱、发展慢。新中国成立后，建筑业发生了巨大变化，70多年来取得了巨大成就。

知识链接

2007年，全国建筑业企业完成建筑业总产值 50 018.62 亿元，比 2006 年同期增长 20.4%。

2013 年，建筑业深入贯彻落实党的十八大精神，坚持稳增长、调结构、促改革，实现整体发展稳中有进、稳中向好。全国建筑业企业（指具有资质等级的总承包和专业承包建筑业企业，不含劳务分包建筑业企业，下同）完成建筑业总产值 159 313 亿元，增长 16.1%；完成竣工产值 90 199 亿元，增长 13.3%；实现利润 5 575 亿元，增长 16.7%。

2014 年，建筑业深入贯彻落实党的十八大和十八届三中全会精神，主动适应经济发展新常态，全面深化改革，加快转型升级，积极推进建筑产业现代化，整体发展稳中有进，发展质量不断提升。全国建筑业企业完成建筑业总产值 176 713.40 亿元，增长 10.2%；完成竣工产值 100 719.51 亿元，增长 7.5%；实现利润 6 913 亿元，增长 13.7%。

2016 年，面对复杂多变的国际环境和国内艰巨繁重的改革发展任务，在以习近平同志为核心的党中央领导下，建筑业深入贯彻党的十八大三中、四中、五中、六中全会以及中央城市工作会议精神，全面深化改革，加快转型升级，积极推进建筑产业现代化，整体发展稳中有进，发展质量不断提升。全国建筑业企业完成建筑业总产值 193 566.78 亿元，同比增长 7.09%；完成竣工产值 112 892.60 亿元，同比增长 2.54%；签订合同总额 374 272.24 亿元，同比增长 10.79%，其中新签合同额 212 768.30 亿元，同比增长 15.42%；实现利润 6 745 亿元，同比增长 4.55%。

（2）建筑业的快速发展能够带动国民经济各部门相关产业的长足发展。建筑业快速发展的同时，工程勘察、设计、咨询、工程建设监理等相关产业也得到了长足发展。

少数大型设计单位已经改建成为国际通行的工程公司，有的工程勘察单位已经改建成为岩土工程公司、桩基公司、钻探公司。2016 年，全国共有 7 500 多家工程造价咨询企业。其中，甲级工程造价咨询企业 3 381 家，乙级工程造价咨询企业 4 124 家，专营工程造价咨询企业 2 000 多家，兼营工程造价咨询企业 5 500 多家。2016 年工程造价咨询企业的营业收入为 1 203.76 亿元，按所涉及专业划分，房屋建筑工程专业收入 348.91 亿元，占全部工程造价咨询业务收入比例为 58.57%；市政工程专业收入 93.67 亿元，占 15.72%；公路工程专业收入 27.73 亿元，占 4.65%；火电工程专业收入 15.16 亿元，占 2.55%；水利工程专业收入 12.93 亿元，占 2.17%；其他各专业收入合计 97.32 亿元，占 16.34%。

(3) 建筑业建造大量的生产性房屋建筑、构筑物，为国民经济各部门提供了重要的物质基础。

工程建设水平不断提高，工程质量稳中有升。建筑业完成了一大批技术先进、工艺复杂、规模宏大的工业、交通、能源、水利、通信、国防、城市基础设施和大型群体建筑工程建设任务，其中一些工程的技术水平和质量水平甚至超过了国际先进水平。

(4) 建筑业能容纳大量的劳动力，是一个重要的劳动就业部门，并已成为转移农村富余劳动力，解决就业问题的主要途径。

建筑业产业规模的扩大，带动了建筑业从业人数的增加，为缓解就业压力，吸收农村剩余劳动力，促进农村产业结构调整做出了贡献。

1.1.3 基本建设与建筑业的关系

作为投资行为的基本建设活动和作为物质生产部门的建筑业，两者之间有着密切的关系，它们互相依赖、互相影响、互相制约，同时又有区别。

1. 基本建设和建筑业的联系

(1) 基本建设的主要内容由建筑业来完成。建筑安装工作量在基本建设投资中占有相当大的比重，一般为60%左右。建筑业的技术进步和生产效率的提高，直接关系着基本建设工作的进程。事实已充分证明，没有强大的建筑业，就无法进行大规模的基本建设。

(2) 基本建设投资是促进建筑业发展的客观需要。基本建设投资的多少直接影响着建筑业工程任务的大小，如果基本建设投资忽高忽低，建筑业的经营就时好时坏。因此，只有基本建设规模得到健康发展，才能促进建筑业的发展。

2. 基本建设和建筑业的区别

(1) 性质不同。基本建设是一种投资行为，是一种综合性的经济活动；而建筑业是一个个物质生产行业，主要从事建筑安装等物质生产活动。

(2) 内容不同。基本建设除了包括建筑业完成的建筑安装工程内容之外，还包括对设备的购置；而建筑业的生产任务除了基本建设投资形成的建筑安装任务外，还有更新改造和维修资金形成的建筑安装生产任务。

(3) 任务不同。基本建设的主要任务是在一定期限和资金限额内完成投资活动，得到足够的固定资产；建筑业的主要任务是为社会提供更多、更好、更经济的建筑产品。

课题2　建筑工程与工程经济学

1.2.1 建设工程与建筑工程

建设工程是最广义的概念，根据《建设工程质量管理条例》第二条规定，本条例所称建设工程是指土木工程、建筑工程、线路管道和设备安装工程及装修工程。

显然，建筑工程为建设工程的一部分，与建设工程的范围相比，建筑工程的范围相对较窄，其专指各类房屋建筑及其附属设施和与其配套的线路、管道、设备的安装工程，因此也被称为房屋建筑工程。

其中"房屋建筑"指有顶盖、梁柱、墙壁、基础以及能够形成内部空间，满足人们生产、居住、学习、公共活动等需要的建筑，包括厂房、剧院、旅馆、商店、学校、医院和住宅等；"附属设施"指与房屋建筑配套的水塔、自行车棚、水池等。"线路、管道、设备的安装"指与房屋建筑及其附属设施相配套的电气、给水排水、通信、电梯等线路、管道、设备的安装活动。

简单来说，建筑工程是指为新建、改建或扩建房屋建筑物和附属构筑物设施所进行的规划、勘察、设计和施工、竣工等各项技术工作和完成的工程实体。这部分投资额必须兴工动料，通过施工活动才能实现。

1.2.2 工程经济学

工程经济学是一门综合运用工程学和经济学，在有限资源条件下运用有效方法，对多种可行性方案进行评价和决策，确定最佳方案的学科。

工程经济学要回答这样的问题，为什么要建设这项工程？为什么要以这种方式来建设这项工程？例如：要建一座火力发电厂，若从经济角度分析不可行，就没有必要进行建设。若在经济上可行，那么如何建设呢？可供选择的方案是很多的，如火力发电是烧煤？烧石油？还是烧天然气？至少是面临这三种方案的选择。显然，这三种方案在技术上都是可行的，但是每种方案所需要的投资和所能够产生的经济效益却可能不相同，这就要用工程经济学的分析方法进行比较。分析的目的是以有限的资金，最好地完成工程任务，获得最高的经济效益。

工程经济学以工程技术项目的方案为对象，研究如何有效利用工程技术资源，促进经济增长。不研究工程技术原理与应用本身，也不研究影响经济效果的各种因素自身，而是研究这些因素对工程项目的影响，研究工程项目的经济效果。也就是说，研究各种技术在使用过程中如何以最小的投入取得最大的产出，如何用最低寿命周期成本实现产品、作业或服务的必要功能。

知识链接

工程经济学的产生至今有100多年，其标志是：1887年美国的土木工程师亚瑟·惠灵顿的著作《铁路布局的经济理论》。到了1930年，E. L. 格兰特教授出版了《工程经济学原理》教科书，从而奠定了经典工程经济学的基础。1982年，J. L. 里格斯出版了《工程经济学》把"工程经济学"的学科水平向前推进了一大步。近代工程经济学的发展侧重于用概率统计进行风险性、不确定性等新方法研究以及非经济因素的研究。

我国对工程经济学的研究和应用起步于20世纪70年代后期。随着改革开放的发展，工程经济学的原理和方法已在经济建设宏观与微观的项目评价中得到广泛的应用，对工程经济学学科体系、理论和方法、性质与对象的研究也十分活跃，有关工程经济投资理论、项目评价等著作大量出现，逐步形成了有体系的、符合我国国情的工程经济学。

建筑工程经济所研究的问题，归根结底是工程经济学的问题。

工程经济学包括两大范畴，工程学与经济学。在经济社会中，一个项目是否成功取决于两个方面。其一是技术上是否可行，其二是经济上是否合理。在这两个领域的不断探索与积累，逐渐发展成为工程学和经济学两大学科。

1.2.3　工程学与经济学

1. 工程学

工程学范围很广，包括土木工程、机电工程、冶金工程等，不同的工程领域遇到的问题不同。工程学是将自然科学原理应用到实际工作中形成的各门学科的总称，是由应用基础科学原理，结合生产实践所积累的技术经验发展起来的，目的在于利用科学知识，改造自然，服务人类。

2. 经济学

经济学是一门主要研究各种稀缺资源在可供选择的用途中进行合理配置的科学。其主要要点有以下三个。第一，资源稀缺，如项目资金总是有限的；第二，需要分配资源的用途有竞争关系，各种用途往往具有排他性；第三，存在决策环节，合理的资源配置需要科学决策。

在利用工程技术服务于人类的过程中，如何使有限的资源最大限度地满足社会需求，充分利用与合理配置资源，就需要研究如何根据资金情况，谋划备选方案，并利用合理的指标体系，选择合适的方法对上述方案进行科学的评价，以达到技术与经济的统一。

课题3　建筑工程经济的研究内容和特点

1.3.1　建筑工程经济的研究内容

实践中经常碰到的工程经济问题主要有：
1）如何计算某方案的经济效果？
2）几个相互竞争的方案应该选择哪一个？
3）在资金有限的情况下，应该选择哪一个方案？
4）正在使用的技术、设备是否应该更新换代？
5）公共工程项目的预期效益多大时，才能接受其建设费用？
6）是遵从安全且保守的行动准则，还是从事能够带来较大潜在收益的高风险活动？

据此，建筑工程经济学研究的主要内容包括如下一些方面：

（1）方案评价方法。研究方案的评价指标，以分析方案的可行性。

（2）投资方案选择。投资项目往往具有多个方案，分析多个方案之间的关系，进行多方案选择是工程经济学研究的重要内容。

（3）筹资分析。随着社会主义市场经济体制的建立，建设项目资金来源多元化已成为必然。因此，要研究在市场经济体制下，如何建立筹资主体和筹资机制，怎样分析各种筹资方式的成本和风险。

（4）财务分析。研究项目对各投资主体的贡献，从企业财务角度分析项目的可行性。

（5）不确定性分析。任何一项经济活动，由于各种不确定性因素的影响，会使期望的目标与实际状况发生差异，可能会造成经济损失。为此，需要识别和估计风险，进行不确定性分析。

（6）价值工程。价值工程将产品价值、功能和成本作为一个整体同时来考虑，在确保产品功能的基础上综合考虑生产成本和使用成本，从而创造出总体价值最高的产品。

1.3.2 建筑工程经济的特点

1. 综合性

建筑工程经济是技术科学、经济科学、管理科学及系统科学之间相互交叉渗透的边缘科学。建筑工程经济强调的是技术可行性基础上的经济分析。工程经济学的研究是在技术可行性研究的基础上，进行经济合理性的研究与论证工作。它为技术可行性提供经济依据，并为改进技术方案提供符合社会采纳条件的改进方案和途径。

2. 系统性

建筑工程经济的研究对象，往往是由许多目标和诸多因素构成的，这些目标和因素相互影响、相互制约，构成一个有机整体。因此，工程经济学的特点之一是系统的综合评价。系统性主要表现在以下几点：

1）评价指标的多样性和多层性。
2）评价角度或出发点的多样性，如企业、国家、社会等。
3）评价方法的多样性，如定量、定性、动态、静态等评价。

3. 预测性

建筑工程经济所讨论的经济效果问题几乎都与"未来"有关。着眼于"未来"，也就是对技术政策、技术措施制定后，或技术方案被采纳后，将要带来的经济效果进行计算、分析与比较。

4. 定量性

建筑工程经济是一门以定性分析与定量分析相结合，以定量分析为主的学科。其是以定性出发，通过定量，再返回到定性。即首先从工程项目的行业特点、目标要求、基本指标的含义出发，通过资料的收集、数据的计算得到一系列判别指标，最后通过实际指标与基准指标的对比，不同方案之间的经济指标的对比，对工程项目各方案做出优劣判断，是定性分析与定量分析的密切结合。

5. 比较性

建筑工程经济分析是通过经济效果的比较，从许多可行的技术方案中选择最优方案。

6. 实用性

建筑工程经济是一门理论与实际相结合，侧重于应用的经济科学。应用相关学科的知识解决技术实践中遇到的经济问题。

综上所述，建筑工程经济具有很强的技术和经济的综合性、技术与环境的系统性、方案差异的对比性、对未来的预测性及方案的择优性等特点。

1.3.3 建筑工程经济分析的基本原则

1. 资金的时间价值原则

对寿命期不同的投资方案进行比较时，应采用相同的计算期。而投资方案在不同时期内发生的收益与费用不可直接相加，必须考虑时间因素，即资金的时间价值。

2. 现金流量原则

衡量投资收益用的是现金流量而不是会计利润。现金流量是项目发生的实际现金的净得，而利润是会计账面数字，按"权责发生制"核算，并非手头可用的现金。

3. 增量分析原则

增量分析符合人们对不同事物进行选择的思维逻辑。对不同方案进行选择和比较时，应从增量角度进行分析，即考察增加投资的方案是否值得，将两个方案的比较转化为单个方案的评价问题，使问题得到简化，并容易解决。

4. 机会成本原则

机会成本原则就是指排除沉没成本，计入机会成本。沉没成本是决策前已支出的费用或已承诺将来必须支付的费用，这些成本不因决策而变化，是与决策无关的成本。

5. 有无对比原则

有无对比法是将有这个项目和没有这个项目的现金流量情况进行对比。前后对比是将某一项目实现以前和实现以后所出现的各种效益费用情况进行对比。

6. 可比性原则

对每个投资方案的评价与比选，都要通过评价指标来实现。因此，指标上的可比性，就是要设置评价指标体系，其包含的内容要统一，计算的方法、规则要一致等。

7. 风险收益的权衡原则

投资任何项目都是存在风险的，因此必须考虑方案的风险和不确定性。不同项目的风险和收益是不同的，对风险和收益的权衡取决于人们对待风险的态度。但有一点是肯定的，选择高风险的项目，必须有较高的收益。

启示角

改革开放 40 多年来，建筑业企业紧跟改革开放步伐，圆满完成了一系列关系国计民生的重大基础设施工程项目的建设任务，确保了我国农田水利设施建设快速推进，交通路网建设继续提速，信息和能源等设施建设迈上更高台阶，城乡医疗设施建设、大中小学以及幼儿园校舍建设成绩显著，改变了我国基础设施的原有面貌。1978 年，我国铁路营业里程只有 5.2 万 km，到 2017 年，我国铁路营业里程达到 12.7 万 km，其中高速铁路运营里程达 2.5 万 km，位居世界第一；1978 年，我国运输机场仅有 78 个，2017 年，我国境内民用航空（颁证）机场共有 229 个（不含香港、澳门和台湾地区），远超改革开放之初。

40 多年来，我国建筑业积极进行城乡基础设施建设，不断改善着城乡居民居住环境。从市政设施及居住环境看，2017 年年末，全国公路总里程 477.4 万 km，比 1978 年年末的 89 万 km 增加了 388.4 万 km，年均增长 4.4%；境内高速公路里程（全市）1 360km²，而直到 1988 年我国境内高速公路里程也仅有 0.01 万 km；城市园林绿地面积超过 280 万公顷。2017 年年末，全国有 32 个城市开通了轨道交通；农村公路里程 400.9 万 km，年末全国通公路的乡（镇）占全国乡（镇）总数 99.99%，通公路的建制村占全国建制村总数 99.98%。

同学们，从以上诸多数据中，你会获得怎样的启发？

改革开放40多年来，我国建筑业保持快速发展，从建筑业大国不断走向建筑业强国。40多年的改革开放，40多年的辉煌成就。面对新时代，建筑业有坚实的发展基础，更有艰巨的困难挑战。让我们更加紧密地团结在以习近平同志为核心的党中央周围，扎实工作，努力拼搏，为决胜全面建成小康社会、夺取新时代中国特色社会主义伟大胜利、实现中华民族伟大复兴的中国梦、实现人民对美好生活的向往继续努力奋斗。

单元 2　现金流量与资金时间价值

单元目标

知识目标	技能目标	育人目标
1. 掌握现金流量及现金流量图的基本概念 2. 理解利息、利率的概念 3. 掌握资金时间价值的概念及资金等值计算的常用公式 4. 掌握名义利率和有效利率的概念与计算	1. 能够理解现金流量的概念 2. 能够熟练绘制现金流量图 3. 能够熟练进行利息、利率的计算 4. 能够理解资金时间价值的内在含义 5. 能够熟练运用资金等值换算的公式 6. 能够熟练进行名义利率和有效利率的转换	1. 调动学生的学习积极性 2. 培养学生树立正确的金钱价值观和消费观 3. 培养学生严谨求实的工作态度 4. 提升学生的法律意识

情境引入

某建筑公司购买了一台设备，估计能使用 20 年，每 4 年要大修一次，每次大修费用假定为 20 000 元，现在应存入银行多少钱足以支付 20 年寿命期间的大修费支出，按年利率 12%，每半年计息一次计算。

课题 1　现金流量

2.1.1　现金流量的概念

确定建设项目投资寿命期内各年的现金流量是建设项目评价的基础工作。

建设企业在整个投资和回收过程中发生的各项资金支出统称为现金流出，所有的资金注入称为现金流入。我们将建设项目投资看作是一个系统，项目系统中的现金流入（正现金流量）和现金流出（负现金流量），称为现金流量。每年实际发生的现金流出和现金流入系统的资金代数和，叫作净现金流量。

2.1.2　现金流量图

在工程经济分析中，为了考察各种投资项目在其整个寿命期内的各个时间点上所发生的收入和支出，并分析计算它们的经济效果，可以利用现金流量图。把时间标在横轴上，现金收支量标在纵轴上，形象地表示现金收支与时间的关系，这种图就称为现金流量图，如图 2-1 所示。

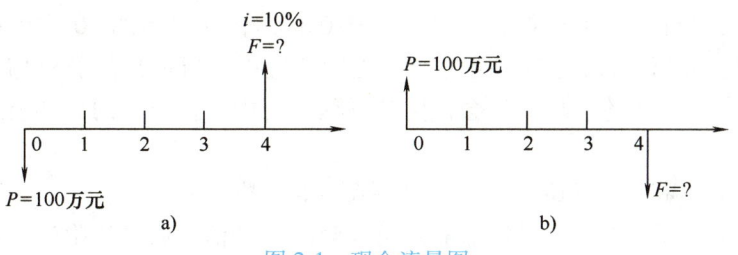

图 2-1 现金流量图

a) 贷款人的现金流量图 b) 借款人的现金流量图

现金流量图绘制

有关现金流量图的几点说明：

1）水平线为时间标度，时间的推移是自左向右，每一格代表一个时间单位（年、季、月、旬、周、日等）。标度上的数字表示时间已经推移到的单位数。应该注意，第 n 格的终点和第 $n+1$ 格的起点是相重合的，例如第 1 格的终点意味着第 1 年（季、月、旬、周、日）末即第 2 年（季、月、旬、周、日）初。

2）箭头表示现金流动的方向，向下箭头表示支出（或负现金流），向上箭头表示现金收入（或正现金流），箭头的长短与收入或支出的多少成比例。

3）现金流量图与画图人看问题的角度有关，即由于贷款人或借款人看问题的角度不同，所画出的现金流量图是有区别的。

要正确地绘制现金流量图，必须把握好现金流量的三要素，即：现金流量的大小（现金数额）、方向（现金流入或流出）和作用点（现金发生的时间点）。

【例 2-1】 银行给某建筑企业以年利率 10% 贷款 100 万元，对贷款人（银行）而言，100 万元为支出（现金流出），对借款人（建筑企业）而言则为收入（现金流入）。所画出的现金流量图，如图 2-1 所示。

2.1.3 现金流量表

任何项目，包括建设工程项目的实施，都要持续一定的时间。在项目的寿命期内，各种现金流量的数额及发生的时点不尽相同。为了便于分析不同时点的现金流入和现金流出，计算净现金流量，分析、评价项目的投资效果，通常利用现金流量表的形式表示所研究的项目在不同时点发生的现金流量，见表 2-1。

表 2-1 某项目现金流量表

时间/年	0	1	2	3	4	5
现金流入/万元	—	300	700	1 500	1 800	2 400
现金流出/万元	10 000	100	200	600	600	600
净现金流量/万元	-10 000	200	500	900	1 200	1 800

课题 2 资金时间价值

2.2.1 资金时间价值的概念

资金时间价值是指资金在运动过程中随着时间推移而产生的增值。

资金时间价值

例如，某人将1 000元存入银行，一年后得到的本利共1 050元，这多出的50元可视为1 000元一年内的时间价值。然而增值的实质是劳动者在生产过程中所创造的新价值。劳动价值学是资金具有时间价值的理论基础。社会再生产过程分析中，把资金的循环公式表示为：

$$G \to W \cdots P \cdots W' \to G' \cdot G \to W \cdots P \cdots W' \to G' \cdot G \to W \cdots P \cdots$$

这个公式说明资金在生产流通过程中是增值的，但资金的"增值"必须依附生产流通过程。资金增值的来源是由于生产力三要素（劳动者、劳动工具、劳动对象）有机结合后，实现了生产和再生产，劳动者在生产过程中创造的新价值，而无论实现简单再生产或扩大再生产，生产力三要素都必须有其存在的时间与空间才能发挥作用，即劳动创造价值必须通过一个时间过程才能实现。所以，当劳动创造价值用货币表现，从时间因素上去考察它的动态化时，我们可以把它看作是资金时间价值。由此可见，承认资金时间价值并不是否定劳动创造价值的原理。今天的1元要比明年的1元更值钱，这种资金时间价值在银行的利息中可以体现出来，从形式上看资金会产生新价值，但这种计算只是承认这样一种事实：劳动只有与生产资料相结合才能创造新的价值，讲资金时间价值就是承认生产资料的重要性。人们将由于冒风险进行投资而取得的高于平均利润的额外利润，称为风险利润。投资或多或少都带有一定程度的风险，这种投资利润就是时间价值和风险价值之和。资金时间价值来源于劳动者为社会新创造的价值。银行的贷款要支付利息，是时间价值的体现。把资金投入生产或流通领域都能产生利润或利息，这种利润或利息就是货币形态的资金带来的时间价值。

2.2.2 资金时间价值产生的原因

资金时间价值产生的原因有很多，总的来说可以归结为以下三点：

1. 资金时间价值是资源稀缺性的体现

经济和社会的发展要消耗社会资源，现有的社会资源构成现存社会财富，利用这些社会资源创造出来的将来物质和文化产品构成了将来的社会财富，由于社会资源具有稀缺性特征，又能够带来更多社会产品，所以现在物品的效用要高于未来物品的效用。在货币经济条件下，货币是商品的价值体现，现在的货币用于支配现在的商品，将来的货币用于支配将来的商品，所以现在货币的价值自然高于未来货币的价值。市场利息率是对平均经济增长和社会资源稀缺性的反映，也是衡量货币时间价值的标准。

2. 资金时间价值是信用货币制度下，流通中货币的固有特征

在目前的信用货币制度下，流通中的货币是由中央银行基础货币和商业银行体系派生存款共同构成的，由于信用货币有增加的趋势，所以货币贬值、通货膨胀成为一种普遍现象，现有货币也总是在价值上高于未来货币。市场利息率是可贷资金状况和通货膨胀水平的反映，反映了货币价值随时间的推移而不断降低的程度。

3. 资金时间价值是人们认知心理的反映

由于人在认识上的局限性，人们总是对现存事物的感知能力较强，而对未来事物的认识较模糊，结果人们存在一种普遍的心理就是比较重视现在而忽视未来。现在的货币能够支配现在商品满足人们现实需要，而未来货币只能支配将来商品满足人们将来不确定需要，所以现在单位货币价值要高于未来单位货币价值，为使人们放弃现在货币及其价值，必须付出一定代价,利息率便是这一代价。

2.2.3 反映资金时间价值的尺度

反映资金时间价值的尺度有两个:一个为绝对尺度,另一个为相对尺度。

1. 绝对尺度

绝对尺度包括利息、盈利或纯收益。这些都是使用资金的报酬,是投入资金在一定时间内的增值。一般把银行存款获得的资金增值叫利息;把资金投入生产建设产生的资金增值,称为盈利或纯收益。可见,利息、盈利、纯收益都是资金时间价值的体现。

2. 相对尺度

相对尺度包括利率、盈利率或收益率,它是一定时间(通常为一年)的利息或收益占原投入资金的比率,或称为使用资金的报酬率,它反映了资金随时间变化的增值率。

课题 3　资金等值计算

2.3.1 利息种类

利息的计算分为单利计息与复利计息两种。利息反映资金的时间关系,可以理解为使用资金所付的代价。尤其是以复利的方式增值更为充分地反映资金时间价值,对复利过程的理解可以帮助建立资金时间价值的概念。利息一般以年为周期计算,也可以按不等于一年的周期计算,用以表示计算利息的时间单位称为计算周期,以下假定计算周期为一年。

1. 单利

单利对资金时间价值的考虑是不充分的。每期均按原始本金计算利息,这种计息方式称为单利。在以单利计息的情况下,利息与时间是线性关系,不论计息期数为多大,只有本金计息,而以前累计起来的利息不再计息。

单利计息的计算公式如下:

$$I = Pni \qquad (2-1)$$

单利与复利

式中　I——总利息;
　　　P——本金额;
　　　n——计息期数(一般以年计);
　　　i——每个计息期的利率。

【例 2-2】 假如以单利代入一笔资金 1 000 万元,规定年利率为 6%,则在第一年末尾时利息就为:

$$I = 1\ 000\ 万元 \times 1 \times 6\% = 60\ 万元$$

年末应付的本利和等于 1 060 万元。

当借入一项资金的时间等于 n 个计算周期时,应在每期末尾时计算利息。

【例 2-3】 假如以年利率 6% 借入资金 1 000 万元,共借 4 年,利用单利偿还的情况见表 2-2。

表 2-2　单利计算分析表　　　　　　　　　　（单位：万元）

使用期/年	年初欠款	年末应付利息	年末欠款	年末偿还
1	1 000	1 000×0.06=60	1 060	0
2	1 060	1 000×0.06=60	1 120	0
3	1 120	1 000×0.06=60	1 180	0
4	1 180	1 000×0.06=60	1 240	1 240

2. 复利

将这期利息转为下期的本金，下期将按本金利息之和的总额计息，这种计算方式称为复利。在以复利计息的情况下，除本金计息外，利息再计息。上例如果按复利计息，偿还方式见表2-3。

表 2-3　复利计算分析表　　　　　　　　　　（单位：万元）

使用期/年	年初欠款	年末应付利息	年末欠款	年末偿还
1	1 000	1 000×0.06=60	1 060	0
2	1 060	1 060×0.06=63.60	1 123.60	0
3	1 123.60	1 123.60×0.06=67.42	1 191.02	0
4	1 191.02	1 191.02×0.06=71.46	1 262.48	1 262.48

从表2-3中可以看出，同一笔借款，在 i，n 相同的情况下，用复利计算出的利息金额比用单利计算出的利息金额数大，当所借本金越大，利率越高，年数越多时，两者差距就越大。

掌握复利计算的方法不仅是为了计算利息，也是预测投资经济效益的有力工具。在进行经济效益预测的时候，往往把利息率看作是报酬率、利益率，用它来预计资金增长的情况，判断经济效益的大小，一笔贷款要按一定的利率支付利息、一项投资要按一定的报酬率获得利润，它们在计算方式上是相同的。

在实际工作中，资金的投入及还款、借款有多种多样的形式，如：一次投资、分期投资，一次还清借款或逐年还清借款，可能定期等额投资和定期不等额投资等，这就要求我们根据具体情况进行复利计算。

2.3.2　复利公式

复利公式主要表明 P、F、A 三者间的变换关系［见式（2-2）~式（2-7）］。其中采用的符号规定为：n——计息期数；i——利率；P——现值（即现在的资金价值或本金或现在值），资金发生在（或折算为）某一特定时间序列起点时的价值；F——终值（即 n 期末的资金价值或本利润和或将来值），资金发生在（或折算为）某一特定时间序列终点的价值；A——等额期末偿付值，即发生在每一个期末，且数值相等的资金值（也称年金）。

它们之间的关系是：

$$现在值 + 复利利息 = 将来值$$

将来值-复利利息=现在值

即：
$$F = P + I$$
$$P = F - I$$

根据现金的不同支付方式，下面介绍6个主要的复利计算公式。

1. 一次支付复利公式（已知 P，求 F）

如果有一项资金 P 按年利率 i 进行投资，n 年以后本利和应为多少？

这项活动可用现金流量图表示，如图2-2所示，n 年末的终值：

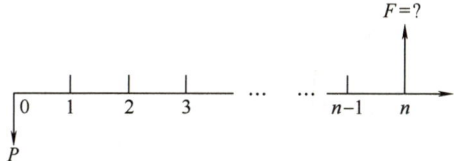

图 2-2 一次支付终值现金流量图　　　一次支付系列等值计算

根据复利的定义即可求得 n 年末本利和（即终值）F，见表2-4。

表 2-4 一次支付终值公式推算表

计息期	期初金额(1)	本期利息额(2)	期末本利和 $F_t = (1)+(2)$
1	P	$P \times i$	$F_1 = P + Pi = P(1+i)$
2	$P(1+i)$	$P(1+i) \times i$	$F_2 = P(1+i) + P(1+i) \times i = P(1+i)^2$
3	$P(1+i)^2$	$P(1+i)^2 \times i$	$F_3 = P(1+i)^2 + P(1+i)^2 \times i = P(1+i)^3$
⋮	⋮	⋮	⋮
n	$P(1+i)^{n-1}$	$P(1+i)^{n-1} \times i$	$F = F_n = P(1+i)^{n-1} + P(1+i)^{n-1} \times i = P(1+i)^n$

由表2-4可知，一次支付 n 年末终值（即本利和）F 的计算公式为：

$$F = P(1+i)^n \tag{2-2}$$

为了计算方便，我们可以按照不同的利率和计息期数计算出 $(1+i)^n$，列成一个系数表（见附录A），称 $(1+i)^n$ 为一次支付复利系数。通常用 $(F/P, i, n)$ 表示。这样式（2-2）可以写成：

$$F = P(F/P, i, n)$$

【例2-4】 在第一年年初，以年利率8%投资1 000元，则第五年年末可得本利和为：

$$F = P(F/P, i, n) = 1\,000(F/P, 8\%, 5) = 1\,000\text{元} \times 1.469\,3 = 1\,469.3\text{元}$$

用复利公式计算得：

$$F = P(1+i)^n = 1\,000\text{元} \times (1+0.08)^5 = 1\,469.3\text{元}$$

比较两种计算结果是一样的。

2. 一次支付现值公式（已知 F，求 P）

如果已知在将来某一时间点 n 上投放资金 F，按年利率 i 折算至期初0点，现值 P 应为多少？现金流量图，如图2-3所示。

由 $F = P(1+i)^n$ 变换成将来值求现值的公式：

$$P = F\left[\frac{1}{(1+i)^n}\right] \quad (2-3)$$

$\left[\dfrac{1}{(1+i)^n}\right]$ 称为一次支付现值系数,并用 $(P/F,i,n)$ 代表,公式(2-3)可写成:

$$P = F(P/F, i, n)$$

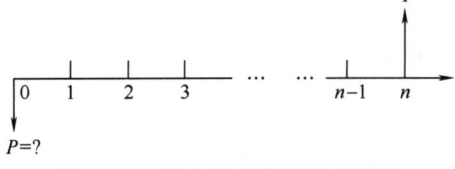

图 2-3 一次支付现值现金流量图

利用这个系数可以求出终值金额 F 的现值 P。

【例 2-5】 为了在第五年年末得到资金 1 469.3 元,按年利率 8% 计算,则应投资多少?

代入公式(2-3)得:

$$P = 1\ 469.3\ 元 \times \left[\frac{1}{(1+0.08)^5}\right] = 1\ 000\ 元$$

同理,查附录 A 求得:

$$P = F(P/F, i, n) = 1\ 469.3\ 元 \times 0.680\ 6 = 1\ 000\ 元$$

3. 等额支付系列复利公式(已知 A,求 F)

在工程经济研究中,常常需要求出连续在若干期的期末支付等额的资金,最后所积累起来的资金。这种情况可用等额支付终值现金流量图表示,如图 2-4 所示。

等额支付系列等值计算

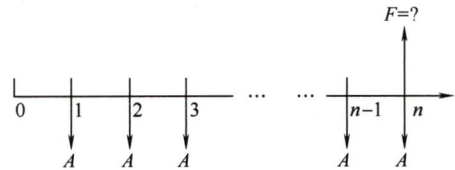

图 2-4 等额支付终值现金流量图

在利率为 i 的情况下,n 年末积累的资金 F 为:

$$F = A + A(1+i) + \cdots + A(1+i)^{n-2} + A(1+i)^{n-1}$$

以 $(1+i)$ 乘上式,可得:

$$F(1+i) = A(1+i)^1 + A(1+i)^2 + \cdots + A(1+i)^{n-1} + A(1+i)^n$$

减去前式得:

$$F(1+i) - F = -A + A(1+i)^n$$

得:

$$Fi = A\left[(1+i)^n - 1\right]$$

则,整理可得:

$$F = A\left[\frac{(1+i)^n - 1}{i}\right] \quad (2-4)$$

$\left[\dfrac{(1+i)^n - 1}{i}\right]$ 的值称为等额支付系列复利系数,通常用 $(F/A, i, n)$ 表示。系数的值可以用 $\left[\dfrac{(1+i)^n - 1}{i}\right]$ 计算求得,也可查附录 A 求得。这样可把公式(2-4)表示为:

$$F = A(F/A, i, n)$$

【例2-6】 连续5年每年年末借款1 000元,按年利率8%计算,则第五年年末积累的借款为:

$$F = A(F/A, i, n) = 1\ 000\ 元 \times 5.866\ 6 = 5\ 866.6\ 元$$

4. 等额支付系列积累基金公式（已知F,求A）

与等额支付系列终值公式相反,如为了在n年末能筹集一笔钱F,按年利率i计算,从现在连续几年每年末必须存储多少？现金流量图,如图2-5所示。

将公式（2-4）变换可得到等额支付系列积累基金公式:

$$A = F\left[\frac{i}{(1+i)^n - 1}\right] \quad (2-5)$$

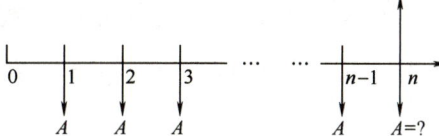

图2-5　等额支付系列积累基金现金流量图

$\left[\dfrac{i}{(1+i)^n - 1}\right]$ 的值称为等额支付系列积累基金系数,通常用 $(A/F, i, n)$ 表示。系数的值可以用 $\left[\dfrac{i}{(1+i)^n - 1}\right]$ 计算求得,可查附录A求得。这样可把公式（2-5）表示为:

$$A = F(A/F, i, n)$$

【例2-7】 如果要在第5年年末得到资金5 866.6元,按年利率8%计算,从现在起连续5年每年必须存储:

$$A = F(A/F, i, n) = 5\ 866.6\ 元 \times 0.170\ 5 = 1\ 000\ 元$$

5. 等额支付系列资金回收公式（已知P,求A）

某人以年利率i存入一项资金P。希望在今后n年内把本利和在每年年末以等额资金A的方式取出,求A是多少？

绘制出现金流量图,如图2-6所示。

前面我们已经知道:

$$A = F\left[\frac{i}{(1+i)^n - 1}\right]$$

将 $F = P(1+i)^n$ 代入上式,即得等额支付系列资金恢复公式:

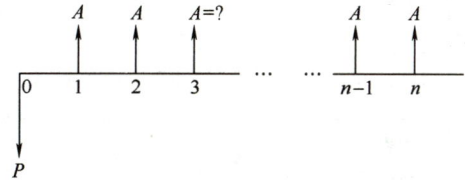

图2-6　等额支付系列资金回收现金流量图

$$A = P(1+i)^n \left[\frac{i}{(1+i)^n - 1}\right] = P\left[\frac{i(1+i)^n}{(1+i)^n - 1}\right] \quad (2-6)$$

$\left[\dfrac{i(1+i)^n}{(1+i)^n - 1}\right]$ 的值称为等额支付系列资金回收系数。可用 $(A/P, i, n)$ 表示。系数的值可以用 $\left[\dfrac{i(1+i)^n}{(1+i)^n - 1}\right]$ 计算求得,也可查附录A求得。公式（2-6）可表示为:

$$A = P(A/P, i, n)$$

【例2-8】 如果以年利率8%投资1 000元,以今后5年中把本利和在每年年末以相等的数额提取,每年年末可以提取多少？

$$A = P(A/P, i, n) = 1\ 000\ 元 \times 0.250\ 5 = 250.5\ 元$$

6. 等额支付系列现值公式（已知 A，求 P）

与公式（2-6）相反，按年利率 i 计算，为了能在今后几年中每年年末提取相等金额 A，现在必须投资多少？现金流量图，如图 2-7 所示。

由公式（2-6）得到等额支付系列现值公式：

$$P = A\left[\frac{(1+i)^n - 1}{i(1+i)^n}\right] \qquad (2-7)$$

$\left[\dfrac{(1+i)^n - 1}{i(1+i)^n}\right]$ 的值称为等额支付系列现值系数，用符号 $(P/A, i, n)$ 表示。系数的值可以用 $\left[\dfrac{(1+i)^n - 1}{i(1+i)^n}\right]$ 计算求得，也可查附录 A 求得，这样公式（2-7）可表示为：

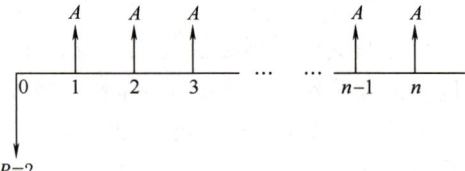

图 2-7 等额支付系列现值现金流量图

$$P = A(P/A, i, n)$$

【例 2-9】 按年利率 8% 计算，如果为了能在今后 5 年中每年年末提取 250.5 元的利润用于其他项目的建设，现在应投资多少？

$$P = A(P/A, i, n) = 250.5 \text{元} \times 3.9925 = 1\,000 \text{元}$$

为了便于理解，将以上 6 个公式汇总见表 2-5。

表 2-5　6 个常用资金等值公式

类别		名称	已知	求知	计算公式	符号计算式
一次支付	终值公式	一次支付复利公式	P	F	$F = P(1+i)^n$	$F = P(F/P, i, n)$
	现值公式	一次支付现值公式	F	P	$P = F\dfrac{1}{(1+i)^n}$	$P = F(P/F, i, n)$
等额支付	终值公式	等额支付系列复利公式	A	F	$F = A\dfrac{(1+i)^n - 1}{i}$	$F = A(F/A, i, n)$
	积累基金公式	等额支付系列积累基金公式	F	A	$A = F\dfrac{i}{(1+i)^n - 1}$	$A = F(A/F, i, n)$
	资本回收公式	等额支付系列资金回收公式	P	A	$A = P\dfrac{i(1+i)^n}{(1+i)^n - 1}$	$A = P(A/P, i, n)$
	现值公式	等额支付系列现值公式	A	P	$P = A\dfrac{(1+i)^n - 1}{i(1+i)^n}$	$P = A(P/A, i, n)$

7. 运用利息公式应注意的几个问题

（1）为了实施方案的初始投资，假定发生在方案的寿命期初。

（2）方案实施过程中的经常性支出，假定发生在计息期（年）末。

（3）本年的年末即是下一年的年初。

（4）P 是在当前年度开始时发生。

（5）F 是在当前以后的第 n 年年末发生。

(6) A 是在考察期间各年年末发生。
1) 当问题包括 P 和 A 时，系列的第一个 A 是在 P 发生一年后的年末发生。
2) 当问题包括 F 和 A 时，系列的最后一个 A 是和 F 同时发生。

2.3.3 名义利率和有效利率

以上一直把计算期作为一年。但是实际上计算期可以规定为半年、三个月或一个月。当利率的时间单位与计息期不一致时，就出现了名义利率和有效利率的概念。

名义利率与
有效利率

1. 名义利率

名义利率 r 是指计息周期利率 i 乘以一年内计息周期 m 所得的利率，即

$$r = im \tag{2-8}$$

若每半年计息一次，每半年计息期的利率为 3%，3% 是实际计息用的利率，也是资金在计息期所发生的实际利率，称为有效利率。年利率为 3%×2=6%，6% 就称为年名义利率。

实际计息中不用名义利率，它只是习惯上的表示形式。例如每月计息一次，月利率为 1%，习惯称为"年利率为 12%，每月计息一次"。

通常说的年利率都是指名义利率，有效利率都是指的计息期的利率，当计息期为一年，此时的有效利率为年有效利率。当计息期短于一年时，每一计息期的有效利率乘上一年中计息次数所得到的利率为年名义利率。

2. 有效利率

一年中计算复利的次数越多，则年有效利率就比名义利率越高。例如年利率 6%，每半年计息一次。即资金一元按利率 3% 每半年计息一次，至第一年年末本利和将等于

$$F = 1 \text{元} \times 1.03 \times 1.03 = 1.060\,9 \text{元}$$

这一元的实际利息是 1.060 9 元 -1 元 =0.060 9 元，即有效年利率为 6.09%，大于名义利率 6%。

例如年利率 6%，每月计息一次，则月有效利率为 0.5%，一元资金到第一年末的本利和将等于 $F = 1 \text{元} \times (1.005)^{12} = 1.061\,7 \text{元}$，这一元的实际利息是 0.061 7 元 >0.060 9 元，因为一年中计息的次数多了。

设名义利率 r，一年中计算利息 m 次，每次计息的利率为 r/m，根据一次支付复利系数公式，年末本利和为：

$$F = P\left(1 + \frac{r}{m}\right)^m$$

上式表示 P 元本金、计息 m 次后的本利和，而其中利息即本利和与本金之差为：

$$P\left(1 + \frac{r}{m}\right)^m - P$$

又按定义，利息与本金之比为利率，则年有效利率为：

$$i(\text{年有效利率}) = \frac{P\left(1 + \frac{r}{m}\right)^m - P}{P} = \left(1 + \frac{r}{m}\right)^m - 1 \tag{2-9}$$

【例 2-10】 假定某人拿出 1 000 元进行投资,时间为 10 年,利息按年利率 8%,按每季度计息一次计算,求 10 年末的将来值。

解:由题意可知,每年计算 4 次,10 年的计算期为 4×10=40 次,每一计息期的有效利率为 8%÷4=2%,根据一次支付复利公式可求得:

$$F = P(F/P, i, n) = 1\,000 \times (F/P, 2\%, 40) = 1\,000 \text{ 元} \times 2.208\,0 = 2\,208 \text{ 元}$$

其名义利率为 8%,每年计息期 $m=4$,年有效利率:

$$i = \left(1 + \frac{r}{m}\right)^m - 1 = \left(1 + \frac{0.08}{4}\right)^4 - 1 = 8.243\,2\%$$

有效利率对于描述一年之内利上滚利的复利计算效果是有用的。表 2-6 表示了名义利率为 6% 分别按年、按半年、按季、按月、按日、连续地计算复利,其相应的有效利率。

表 2-6 名义利率与有效利率比较表

计算复利的方式	一年中的计息期数	各期的有效利率	年有效利率
按 年	1	6.000 0%	6.000 0%
按半年	2	3.000 0%	6.090 0%
按 季	4	1.500 0%	6.136 4%
按 月	12	0.500 0%	6.167 8%
按 日	365	0.016 4%	6.179 9%
连续地	∞	0.000 0%	6.183 7%

在投资方案比较时,如果各方案均采用相同的计算期和年名义利率,由于它们计算利息次数不同,彼此不可比,应先将年名义利率化成年有效利率后再进行计算和比较。

2.3.4 等值的计算

1. 等值的含义

资金等值是考虑了资金的时间价值的等值。即使金额相等,由于发生的时间不同,其价值并不一定相等;反之,不同时间上发生的金额不等,其价值即可能相等。等值并不是实际数值上的相等,而是一种等效值。这是一个比较抽象的概念。

比如:我们存入银行 1 000 元,年利率为 10% 的情况下,一年之后我们可以得到 1 100 元。那么我们就可以这样说,现在的 1 000 元,在年利率为 10% 的情况下和一年后的 1 100 元是等值的。

由上可知,资金等值包括三要素:1) 金额;2) 发生金额的时间;3) 利率。

2. 计算期为一年的等值换算

计息期为一年时,有效利率与名义利率相同,利用前面的 6 个复利利息公式可以直接进行等值计算。

【例 2-11】 当利率为多大时,现在的 300 元等值于第 9 年年末的 525 元?

解:根据一次终值复利公式 $F = P(F/P, i, n)$

$$525 = 300(F/P, i, n) \longrightarrow (F/P, i, n) = 300/525 = 1.750\,0$$

从利息表上查到,当 $n=9$ 时,1.750 0 落在 6% 和 7% 之间。

而 $(F/P, 6\%, 9) = 1.6895$、$(F/P, 7\%, 9) = 1.8385$，用直线内插法可得：

$$i = 6\% + \frac{1.6895 - 1.7500}{1.6895 - 1.8385} \times (7\% - 6\%) = 6.410\%$$

或

$$i = 7\% - \frac{1.8385 - 1.7500}{1.8385 - 1.6895} \times (7\% - 6\%) = 6.410\%$$

计算表明，当利率为 6.41% 时，现在的 300 元等值于第 9 年年末的 525 元。

3. 计算期短于一年的等值的计算

如计算期短于一年，仍可利用以上的利息公式进行计算，这种计算通常可以出现下列三种情况：

（1）计息期和支付期相同

【例 2-12】 年利率为 12%，每半年计息一次，从现在起，连续 3 年，每半年支付 100 元，问与其等值的第 0 年的现值为多大？

解：每计息期的利率 $i = 12\%/2 = 6\%$（每半年一期）

计息期数　　　　　　　　$n = 3$ 年 $\times 2$(次/年) $= 6$ 次

根据等额支付系列资金积累公式：

$$P = A(P/A, i, n) = 100(P/A, 6\%, 6) = 100 \text{ 元} \times 4.9173 = 491.73 \text{ 元}$$

计算表明，按年利率 12%，每半年计算一次计算利息，从现在起连续 3 年每半年支付 100 元的等额支付与第 0 年的 491.73 元的现值等值。

注意：一定要把计算周期和计算期的利率一致起来。

（2）计息期小于支付期

【例 2-13】 按年利率 12%，每季度计息一次计算利息，从现在起连续 3 年的等额年末借款为 1 000 元，问与其等值的第 3 年年末的借款金额为多大？

解：其现金流量，如图 2-8 所示。

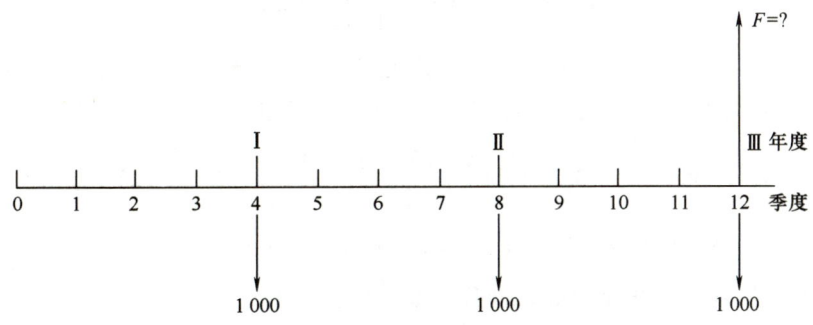

图 2-8　按季度计息年度支付的现金流量图（单位：元）

每年向银行借一次，支付期为 1 年，年利率为 12%，每季度计息一次，计息期为一个季度，计息期短于支付期。由于利息按季度计算，而支付在年度。这样，计息期末不一定有支付，所以该题不能直接采用利息公式，需要进行处理，使之符合计息公式，处理方法有如下三种。

第一种方法（将年度支付转化为计算期支付）：取一个循环周期，使这个周期的年末支付转变成等值的计算期末的等额支付系列，其现金流量如图2-9所示。

图2-9 将年度支付转化为计息期末支付（单位：元）

$r=12\%$ $n=4 \longrightarrow i=12\%/4=3\%$（根据等额支付系列积累基金公式）

$A=F(A/F,i,n)=1\ 000(A/F,3\%,4)=1\ 000\ \text{元} \times 0.239=239\ \text{元}$

经过转变后，计息期和支付期完全重合，可直接利用利息公式进行计算，并适用于后两年（根据等额支付系列复利公式）。

$F=A(F/A,i,n)=239(F/A,3\%,12)=239\ \text{元} \times 14.192=3\ 392\ \text{元}$

第二种方法：把等额支付的每一个支付看作为一次支付，求出每个支付的终值，然后把终值加起来，这个和就是等额支付的实际结果。根据按季计息年度支付的现金流量图（图2-8），我们可以把第4季度末借的1 000元计息8次；第8季度末借的1 000元计息4次；第12季度末借的1 000元不用参与计息中；根据一次终值公式，计算如下：

$$F=P_1(F/P,3\%,8)+P_2(F/P,3\%,4)+P_3$$
$$=1\ 000\ \text{元} \times 1.267+1\ 000\ \text{元} \times 1.126+1\ 000\ \text{元}$$
$$=3\ 392\ \text{元}$$

第三种方法：是先求出支付期的有效利率，本例支付期为一年，然后以一年为基础进行计算。

年有效利率为：

$$i=\left(1+\frac{r}{m}\right)^m-1=\left(1+\frac{0.12}{4}\right)^4-1=12.55\%$$

如何求$(F/A,12.55\%,3)$？利用前面说过的直线插入法求。先查表找出$(F/A,12\%,3)=3.374\ 4$，$(F/A,15\%,3)=3.472\ 5$，由此可求出$(F/A,12.55,3)$：

$$(F/A,12.55\%,3)=3.374\ 4+\frac{3.475\ 5-3.374\ 4}{15-12}\times(12.55-12)=3.392\ 3$$

所以 $F=A(F/A,12.55\%,3)=1\ 000\ \text{元} \times 3.392\ 3=3\ 392\ \text{元}$

也可以不使用系数直接使用公式进行计算，即：

$$F=A\left[\frac{(1+i)^n-1}{i}\right]=1\ 000\ \text{元} \times \left[\frac{(1+12.55\%)^3-1}{12.55\%}\right]=3\ 392\ \text{元}$$

通过三种方法计算表明，按年利率12%，每季度计息一次，从现在起连续3年的1 000元等额年末借款与第3年年末的3 392元等值。

(3) 计息期长于支付期。通常规定存款必须存满整个计算期才计算利息，这就是说，在计息期间存入的款项在该期不计算利息，要到下一期才计算利息。因此，计息期间的存款应放在期末，而计息期间的提款应放在期初。

【例2-14】 现有一项财务活动，其现金流量如图2-10所示，如年利率为8%，每季度计息一次，试求出等值的终值。

解：首先把流量图加以整理，得到等值的现金流量图，如图2-11所示，计算期和支付期相同，计算可以按利息公式进行。

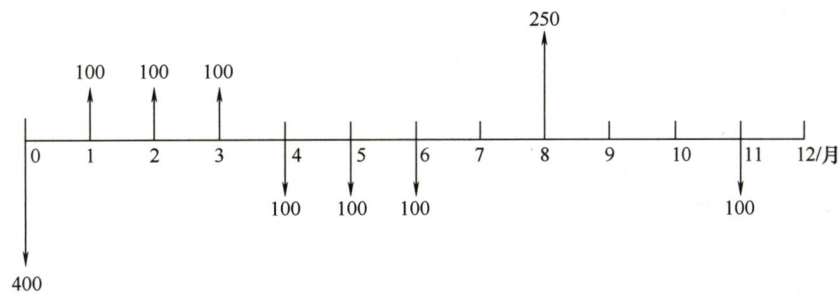

图2-10　某项财务活动的现金流量图

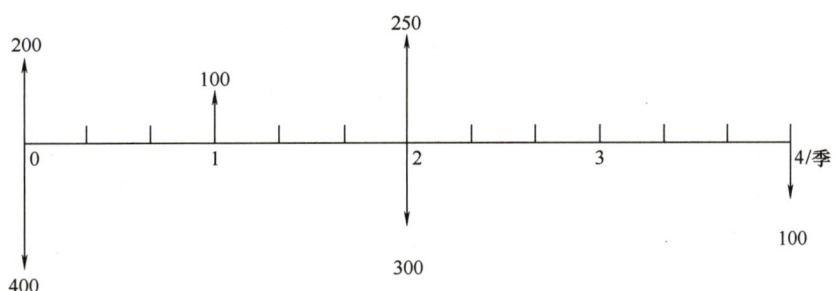

图2-11　按季度计息整理的现金流量图

以存入为正，取出为负，进行计算，得：

$F = (400-200)(F/P,2\%,4) - 100(F/P,2\%,3) + (300-250)(F/P,2\%,2) + 100$

$\quad = 200\ 元 \times 1.082 - 100\ 元 \times 1.061 + 50\ 元 \times 1.040 + 100\ 元 = 262.30\ 元$

通过计算，可知，在年利率为8%，每季度计息一次，这个财务活动等值于年底的262.30元。

（4）需要几个系数的等值计算。对于复杂的问题，可以先画出一个简明的现金流量图，以提高计算的速度和准确性。

【例2-15】 假定现金流量是：第6年年末支付300元，第9、10、11、12年年末各支付60元，第13年年末支付210元，第15、16、17年年末各支付80元。如按年利率5%计息，与此等值的现金流量的现值P为多少？

解：先把所有的支付画出现金流量图，如图2-12所示：

然后根据现金流量图，利用前面学过的复利计算公式进行计算，得：

$P = 300(P/F,5\%,6) + 60(P/A,5\%,4)(P/F,5\%,8) + 210(P/F,5\%,13) + 80(F/A,5\%,3)(P/F,5\%,17)$

$\quad = 300\ 元 \times 0.746\ 2 + 60\ 元 \times 3.545\ 6 \times 0.676\ 8 + 210\ 元 \times 0.530\ 3 + 80\ 元 \times 3.153 \times 0.436\ 3$

$\quad = 589.27\ 元$

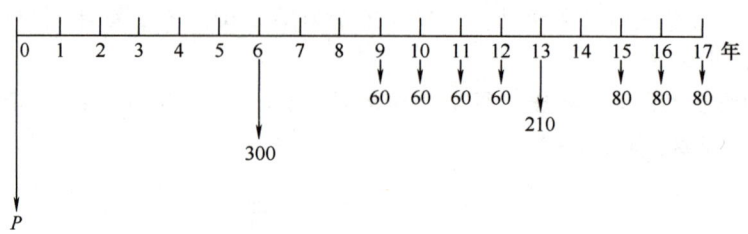

图 2-12 现金流量图

 情境引入分析

要计算该题首先需要明白两个问题。

问题一：该设备在使用寿命 20 年内，共需要进行几次大修？题意中给出每 4 年需要大修理一次，我们不能简单地用 20/4＝5 次，这与实际使用情况不太相符，因为第 20 年年末设备已经到寿命终期，而此时再进行大修改已经没有意义，故实际需要进行大修改的次数应该是 5-1=4 次。由此而绘制出的现金流量图，如图 2-13 所示。

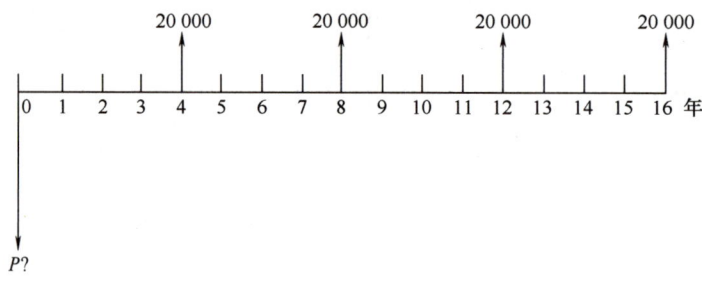

图 2-13 案例导入现金流量图

问题二：原题中每半年计息一次，而支付期为每 4 年支付一次；计息期（半年）与支付期（4 年）不一致，应根据前面所讲的计息期小于支付期的计算方法中三种方法之一进行计算。本案例的解法采用第一种方法进行计算，具体计算如下。

实际利率 $i=12\%/2=6\%$

$P=20\ 000(A/F,6\%,8)(P/A,6\%,32)=20\ 000\ 元\times0.101\ 0\times14.084\ 0=28\ 449.68\ 元$

 启示角

由中国发展出版社出版的《百年大变局》一书中对全球七个经济体的 2035 年 GDP 进行了预测，其结果见表 2-7。根据 2020 年 GDP、2035 年 GDP 和一次支付的复利现值公式可计算出相应国家的 GDP 平均增长率，计算结果见表 2-7 最后一列。

表 2-7 全球七大经济体的经济增长预测

序号	国别	2020 年 GDP（现价美元）	2035 年 GDP（现价美元）	GDP 平均增长率（%）
1	美国	209 366.00 亿	431 226 亿	4.93
2	中国	147 227.31 亿	571 057 亿	9.46

(续)

序号	国别	2020年GDP（现价美元）	2035年GDP（现价美元）	GDP平均增长率（%）
3	日本	50 577.59 亿	67 805 亿	1.97
4	德国	38 060.60 亿	65 060 亿	3.64
5	英国	27 077.44 亿	53 682 亿	4.67
6	印度	26 229.84 亿	212 681 亿	14.86
7	巴西	14 447.33 亿	97 005 亿	13.54
	全球平均	847 054.29 亿	2 518 833 亿	7.54

注：现价美元一般用于统计和比较不同货币国家的GDP，即GDP按美元价计算，美元汇率取当期官方平均汇率。

同学们，知道表中的GDP平均增长率怎么计算出来的吗？从中能获得哪些启发？

在同一时段不同国家或地区的资金时间价值可以不同。未来全球经济格局将呈现多极变化趋势，新兴经济体、发展中国家在全球经济中地位更加重要。中国、印度、巴西有可能成为全球经济增长的领跑者，其资金时间价值会更高一些。反之，一些以往的经济强国未来的GDP将长期保持低位，这些国家的资金时间价值就会低一些。

单元 3　工程项目的经济评价指标

 单元目标

知识目标	技能目标	育人目标
1. 了解经济评价指标体系 2. 掌握静态、动态评价指标的含义、特点 3. 掌握静态、动态评价指标的计算及评价准则	能够运用静态、动态经济评价指标对方案的可行性进行分析	1. 调动学生学习积极性，增强学生的自信 2. 培养学生树立正确的价值观 3. 培养学生严谨求实的工作态度 4. 培养学生的爱国主义精神

 情境引入

某方案，其收入和支出的情况见表 3-1，试求其静态投资回收期。若标准投资回收期为 10 年，该方案是否可行？若利率为 5%，该项目的动态投资回收期是几年？净现值和内部收益率为多少？

表 3-1　某项目现金流量表　　　　　　　　　　　　　（单位：元）

t	0	1	2	3	4	5	6	7	8	9
净现金流量	-10 000	200	500	900	1 200	1 800	2 300	3 300	4 000	5 000
累计净现金流量	-10 000	-9 800	-9 300	-8 400	-7 200	-5 400	-3 100	200	4 200	9 200

课题 1　工程项目经济评价指标概述

3.1.1　经济评价指标体系

经济评价指标是工程项目经济效果定量化的表现形式，它是通过对投资项目当中所涉及的经济效益的量化分析和比较来确定的。因此，正确理解和适当地采用各个评价指标的含义及评价准则，才能对投资项目进行可靠的经济分析，才能对投资方案做出正确的决策。

经济评价指标体系是从不同角度、不同方面相互配合，较为全面地反映或说明与特定技术方案相联系的特定对象的经济效益的一系列有机整体性指标。指标体系是工程经济分析的核心，其目的是确保决策的正确性和科学性，最大限度地减小投资的风险，最大限度地提高项目投资的综合经济效益。

3.1.2 投资方案评价的指标体系

为了系统、全面地评价技术方案的经济效益，需要选取正确的评价指标体系，从多个方面进行分析考察。

据不同的划分标准，对投资项目评价指标体系可以进行不同的分类。

1. 按是否考虑时间因素分类

按是否考虑时间因素进行分类，可分为静态指标和动态指标，见表3-2。

表3-2 项目评价指标体系1

静态指标	投资收益率	全部投资收益率和利润率、自有资金收益率和利润率
	静态投资回收期	
	偿债能力指标	借款偿还期、利息备付率、偿债备付率、资产负债率、流动比率、速动比率
动态指标	内部收益率、动态投资回收期、净现值、净年值、净现值率、费用现值、费用年值	

2. 按评价指标的性质分类

按评价指标的性质进行分类，可分为时间性指标、价值性指标和比率性指标，见表3-3。

表3-3 项目评价指标体系2

时间性指标	静态投资回收期、动态投资回收期、借款偿还期
价值性指标	净现值、净年值、费用现值、费用年值
比率性指标	内部收益率、净现值率、投资收益率、利息备付率、偿债备付率、资产负债率、流动比率、速动比率

注：1. 时间性指标：末尾为期，单位为年。
    2. 价值性指标：末尾为值，单位为货币单位。
    3. 比率性指标：末尾为率，用百分数表示。

课题2 投资回收期

3.2.1 静态投资回收期

静态投资回收期

1. 定义

静态投资回收期是不考虑资金时间价值，以项目的净收益回收其全部投资所需要的时间。静态投资回收期一般自项目建设期初算起，也可以自项目投产年开始算起。

2. 静态投资回收期的计算

$$\sum_{t=0}^{P_t}(CI-CO)_t = \sum_{t=0}^{P_t} F_t = 0 \tag{3-1}$$

式中 CI——现金流入量；

CO——现金流出量；

F_t——第 t 年的净现金流量，$F_t=(CI-CO)_t$；

P_t——静态投资回收期。

实用计算公式：

$$P_t=(累计净现金流量首次为正或零的年数-1)+\frac{上年累计净现金流量的绝对值}{首次为正或零的年份净现金流量} \tag{3-2}$$

若每年的净收益都相等，简化计算式：

$$P_t=\frac{K}{A} \tag{3-3}$$

式中　K——全部投资；

　　　A——每年的净收益，即 $A=(CI-CO)_t$。

3. 评价准则

运用静态投资回收期指标评价技术方案时，需要与所确定的基准投资回收期 P_c 相比较。P_c 是按照测算时的财税价格条件，根据行业代表性企业近几年统计数据，新项目可行性研究资料，按统一方法估算，在取值时考虑国家产业政策、行业技术进步、资源劣化、价格结构等因素后综合研究确定的。若 $P_t \le P_c$，则方案可以考虑接受；若 $P_t > P_c$，则方案应予拒绝。

4. 静态投资回收期的特点

（1）静态投资回收期的优点

1）概念清晰，简单易行，直观，易于理解。

2）不仅在一定程度上反映了技术方案的经济性，而且反映了技术方案的风险大小和投资的补偿速度。

3）既可判定单个方案的可行性（与 P_c 比较），也可用于方案间的比较（判定优劣）。

（2）静态投资回收期指标的缺点

1）没有反映资金的时间价值。

2）由于没有考虑方案在回收期以后的收入和支出情况，故难以全面反映方案在整个寿命期内的真实效益。

3）没有考虑期末残值。

【例 3-1】　项目的投资及第 t 年净收入见表 3-4，计算其投资回收期。

表 3-4　某项目净现金流量表

年份	0	1	2	3	4	5	6	7	8	9	0
净现金流量	-180	-260	-330	50	100	150	150	150	150	50	50
累计净现金流量	-180	-440	-770	-720	-620	-470	-320	-170	-20	30	80

解：

$$P_t=9-1+\frac{20}{50}=8.4 \text{ 年}$$

则其项目投资回收期为 8.4 年。

3.2.2 动态投资回收期

1. 定义

动态投资回收期考虑了资金的时间价值，以项目每年的净收益的现值来回收项目全部投资现值的时间。

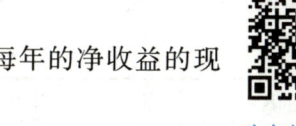
动态投资回收期

动态投资回收期的表达式如下：

$$\sum_{t=0}^{P'_t}(CI-CO)_t(1+i_0)^{-t} = \sum_{t=0}^{P'_t}F_t(1+i_0)^{-t} = 0 \qquad (3-4)$$

式中　P'_t——动态投资回收期；

　　　i_0——基准折现率。

2. 动态投资回收期的计算

（1）直接计算法。如果项目投资在期初一次投资 I，各年的净收益相等，均为 A，则动态投资回收期可用下式计算：

$$I = A \times (P/A, i_0, P'_t) \qquad (3-5)$$

（2）累计法。项目建成投产后，由于各年的净收益不同，则动态投资回收期常用累计净现金流量的现值求得。其计算公式为：

$$P'_t = （累计折现值首次为正或零的年数-1）+ \frac{上年累计折现值的绝对值}{首次为正或零的年份当年净现金流量的现值} \qquad (3-6)$$

3. 评价准则

1）若 $P'_t \leqslant P'_c$，则项目可以被接受。

2）若 $P'_t > P'_c$，则项目不可接受，应予以拒绝。

【例 3-2】　某项目有关数据见表 3-5，基准折现率 $i_0 = 10\%$，标准动态投资回收期 = 8 年，试计算动态投资回收期，并评价项目。

表 3-5　某项目的有关数据表

年份	0	1	2	3	4	5	6	7	8	9	10
净现金流量/万元	-20	-500	-100	150	250	250	250	250	250	250	250
折现系数	—	0.909 1	0.826 4	0.751 3	0.683 0	0.620 9	0.564 5	0.513 2	0.466 5	0.424 1	0.385 5
折现值/万元	-20	-454.6	-83.6	112.7	170.8	155.2	141.1	128.3	116.6	106.0	96.4
累计折现值/万元	-20	-474.6	-557.2	-444.5	-273.7	-118.5	22.6	150.9	267.5	373.5	469.9

解：各年的累计折现值列于表 3-5 中，累计折现值出现正值的年份数为 6，由公式（3-6）可知：

$$P'_t = 6 - 1 + \frac{|-118.5|}{141.1} = 5.84 \text{ 年}$$

$P'_t < P'_c = 8$ 年，则该项目是可行的。

小知识

不同地区、行业、时期,平均投资回收期都有所区别,见表3-6。

表3-6 不同行业平均投资回收期

行 业	冶 金	煤 炭	有色金属	油田开采	机 械	化 工	纺 织	建 材
P_0/年	8.8~14.3	8~13	9~15	6~8	8~15	9~11	10~13	11~13

课题3 净现值与净现值指数

净现值

3.3.1 净现值

1. 定义

净现值是反映投资方案在计算期内获利能力的动态评价指标。它是指整个寿命周期内,所有现金流入和现金流出的总和(考虑货币的时间价值),是否达到投资者的最基本要求。

 知识链接

折现(贴现):将未来某一时点的资金换算成现在时点的等值金额称为折现或贴现。计算中使用的反映资金时间价值的参数叫折现率。

2. 净现值的计算

净现值的计算是指按某个规定的折现率将方案计算期内各时点的净现金流量折现到计算期初的现值累加之和。

净现值的表达式:

$$NPV = \sum_{t=0}^{n} (CI - CO)_t (1 + i_0)^{-t} \qquad (3-7)$$

式中 NPV——净现值;

$(CI-CO)_t$——第 t 年的净现金流量;

n——项目寿命年限(或计算期);

i_0——基准折现率。

净现值的实质:是看方案的现金流的收益水平是否能够达到基准收益率的要求,即看净现值是否大于零。当净现值大于零或等于零时,项目可行;反之,不可行。

净现值指标的经济含义也可以说是项目寿命期内获得的超出最低期望盈利的超额收益的现值。

3. 判断准则

1)若 $NPV \geq 0$,则项目应予接受。

2)若 $NPV < 0$,则项目应予拒绝。

【例3-3】 某项目的各年现金流量见表3-7,现金流量图如图3-1所示,试用净现值和静态投资回收期两个指标分别判断项目的经济性。($P_c = 8$ 年)

表 3-7　某项目的各年现金流量表　　　　　　　　（单位：万元）

时点 t	0	1	2	3	4	5	6	7	8	9	10
$(CI-CO)_t$	−20	−500	−100	150	250	250	250	250	250	250	250

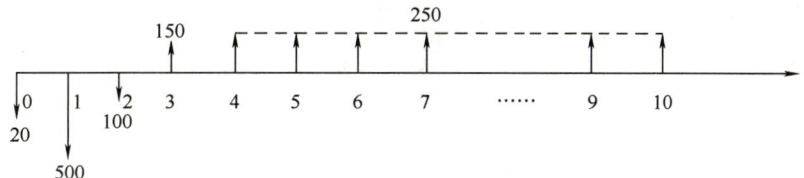

图 3-1　某项目的现金流量图

解：(1) 净现值：

$$NPV = -20 - 500(1+10\%)^{-1} - 100(1+10\%)^{-2} + 150(1+10\%)^{-3} + 250(1+10\%)^{-4} + \cdots + 250(1+10\%)^{-10}$$

或

$$NPV = -20 - 500(1+10\%)^{-1} - 100(1+10\%)^{-2} + 150(1+10\%)^{-3} + 250(P/A, 10\%, 7)(P/F, 10\%, 3)$$

$$= 469.94 \text{ 万元}$$

469.94>0，故项目可行。

(2) 静态投资回收期。根据表 3-7 中项目的现金流量数据计算累计净现金流量，见表 3-8。

表 3-8　某项目累计净现金流量表

时点 t	0	1	2	3	4	5	6	7	8	9	10
$(CI-CO)_t$	−20	−500	−100	150	250	250	250	250	250	250	250
$\Sigma(CI-CO)_t$	−20	−520	−620	−470	−220	30	280	530	780	1 030	1 280

$$P_t = 5 - 1 + |-220|/250 = 4.88 \text{ 年}$$

$P_t < P_c = 8$ 年，故项目可行。

 知识拓展

通过累计净现金流量曲线 $[\Sigma(CI-CO)_t]$ 和累计净现值曲线 $\Sigma(CI-CO)_t(1+i_0)^{-t}$ 来看两者的区别，见表 3-9 和图 3-2。

表 3-9　某项目累计净现金流量及累计净现金流量折现值

时 点 t	0	1	2	3	4	5	6	7	8	9	10
$\Sigma(CI-CO)_t$	−20	−520	−620	−470	−220	30	280	530	780	1 030	1 280
$\Sigma(CI-CO)_t \times (1+i_0)^{-t}$	−20.0	−474.5	−557.1	−444.4	−273.7	−118.7	22.3	150.6	267.1	373.1	469.4

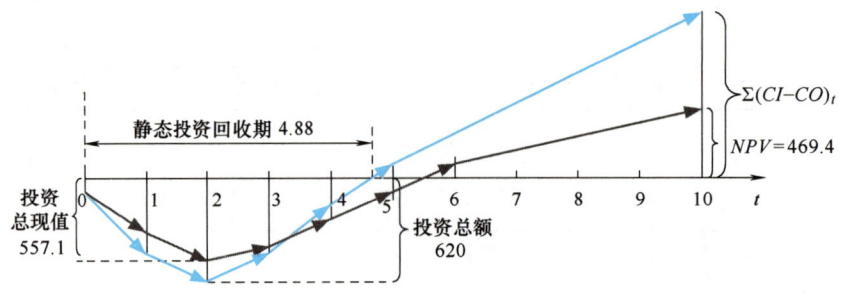

图 3-2 累计净现金流量曲线及累计净现值曲线

3.3.2 净现值函数曲线

净现值函数是 NPV 与折现率 i_0 之间的函数关系,见表 3-10、表 3-11 和图 3-3。

表 3-10 某项目净现金流量表

t	0	1	2	3	4
净现金流量	-20 000	8 000	8 000	8 000	8 000

表 3-11 中是净现值随 i_0 变化而变化的对应关系。

表 3-11 某项目净现值随 i_0 变化表

i_0 取值(%)	0	10	20	22	30
NPV/万元	12 000	5 360	710	0	-2 670

净现值函数的特点如下:

1)同一净现金流量的净现值随折现率 i_0 的增大而减小。故基准折现率 i_0 定得越高,方案被接受的可能性越小。

2)在某一个 i^* 值上(图 3-3 中 i^* = 22%),曲线与横坐标相交,表示该折现率 i^* 下的 $NPV=0$,且当 $i_0<i^*$ 时,$NPV>0$;$i_0>i^*$ 时,$NPV<0$。i^* 是一个具有重要经济意义的折现率临界值(即内部收益率指标),后面还要对它作详细分析。

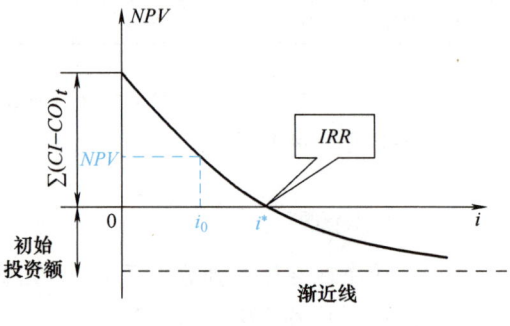

图 3-3 净现值函数曲线图

3)净现值对折现率 i_0 的敏感性。对于不同的方案,由于其现金流量的结构不同,当 i_0 的取值从某一值变为另一值时,净现值的变动幅度(即斜率)是不同的。变动幅度大的方案,其净现值对折现率 i_0 的敏感性就高。

可以发现,当技术方案的后期净现金流量较大时,其净现值函数较陡峭、曲线斜率较大,敏感性越大。反之亦然。

3.3.3 净现值 NPV 的优缺点

1. 净现值法的优点

1）计算较简便,考虑了资金的时间价值;考虑了项目整个寿命期内的现金流入流出情况,比较全面、科学。

2）它是一个绝对指标,反映了投资项目对企业财富的绝对贡献,与企业追求利润最大化的目标是一致的。所以在多方案的比选中,净现值最大化准则是合理的。

2. 净现值法的缺陷

1）需要预先给定折现率,这给项目决策带来了困难。因为若折现率定得略高,可行项目就可能被否定;反之,折现率定得过低,不合理的项目就可能被选中。由此可见,对于净现值法的运用,折现率 i_0 对方案的取舍影响很大,必须对折现率 i_0 有较为客观的估计。

2）净现值指标用于多方案比较时,没有考虑各方案投资额的大小,因而不能直接反映资金的利用效率,当方案间的初始投资额相差较大时,可能出现失误。为了考察资金的利用效率,人们通常用净现值指数（NPVI）（详见3.3.4）作为净现值的辅助指标。

3）对于寿命期不同的技术方案,不宜直接使用净现值（NPV）指标评价。

3. 净现值（NPV）有关问题的说明

（1）现行建设项目经济评价中折现率的种类。采用现值法评价和选择方案时,正确选择和确定折现率非常重要,它关系到方案评价的正确性和合理确定项目的盈利水平。设定折现率常用的主要有行业财务基准收益率和社会折现率。

（2）关于净现值计算基准时点的选择和确定。在计算净现值时,折现计算的基准时点有三种:

1）以建设期初为基准时点进行折现计算。即把项目计算期内各个不同时点的净现金流量全部折现为建设期初的净现值,这是《建设项目经济评价方法与参数》（第三版）所规定的折现基准时点,也是常用的基准时点。

2）以投产期初为基准时点进行折现计算。这是技术经济评价计算式中常采用的折现基准时点。

3）以计算期内任意时点为折现时点进行折现计算。这是在计算净现值时由于计算过程的需要而临时选定的折现时点,但最终还是要折现为建设期初或投产期初。

（3）关于计算期的选择和确定。项目计算期数 n 不宜定得太长,除建设期应根据实际需要确定外,一般地讲,生产期的取值不宜超过 20 年。有些折旧年限很长甚至是"永久性"工程项目,如某些水利、交通等方面服务年限很长的特殊项目,其经营期限可适当延长至 25 年甚至 30 年以上,具体的计算期限可由部门或行业根据特点和实际需要研究确定。

3.3.4 净现值指数（NPVI）

1. 净现值指数的含义与计算

由于投资额往往是有限的,如果投资者很重视项目的投资效果,就要依据每单位投资的盈利性来衡量投资方案。

净现值指数（NPVI）又称为净现值率，是按设定的折现率求得方案计算期的净现值与其全部投资现值的比率。一般情况下，净现值指数的定义表达式为：

$$NPVI = \frac{NPV}{I_P} \tag{3-8}$$

式中　　$NPVI$——净现值指数；

　　　　I_P——全部投资现值。

【例 3-4】 同[例 3-3]，计算净现值指数 $NPVI$。

解：

根据题意可求得：

$$NPV = -20 - 500(1+10\%)^{-1} - 100(1+10\%)^{-2} + 150(1+10\%)^{-3} + 250(P/A, 10\%, 7)(P/F, 10\%, 3)$$
$$= 469.94 \text{ 万元}$$

$$I_P = 20 + 500(1+10\%)^{-1} + 100(1+10\%)^{-2} = 557.19 \text{ 万元}$$

根据公式（3-8）求出该方案的净现值率为：

$$NPVI = \frac{469.94}{557.19} = 0.8434$$

2. 净现值指数的判别准则

净现值指数克服了净现值有利于投资大的方案的偏差。对于单个方案来说与净现值相同，即：当 $NPVI \geq 0$ 时，方案可行，可以考虑接受；当 $NPVI < 0$ 时，方案不可行，应予拒绝。

  小知识

行业财务基准收益率，是项目财务评价时计算财务净现值的折现率。用行业基准收益率作为设定折现率计算的净现值，叫行业评价的财务净现值。行业财务基准收益率，代表行业内投资资金应当获得的最低财务盈利水平，代表行业内投资资金的边际收益率。

基准折现率制定的依据是最低希望收益率 MARR（minimum attractive rate of return）。其与资金成本高低有关（资金的来源、资本结构、WACC 即加权平均资本成本）；与投资风险大小有关（风险补偿系数）；与通货膨胀有关；与投资的目的、行业特点有关；与评价要求有关。

  知识链接

净年值

净终值或将来值（net future value——NFV）：将来值，即一定的利率将各年的净现金流量折算成终值（折算到最后一年）的代数和。

净年值或年度等值（net annual value——NAV）：净年值，即依一定的利率将各年的净现金流量折算成年金形式的年值的代数和。

NAV 和 NFV 与 NPV 在方案的评价结果上是一致的。

从形式上看，NFV 是 NPV 或 NAV 指标的替代。但是，NFV 立足于未来的时间基准点，在某种程度上有些夸大事实的作用。因此，当投资方案可能会遇到高通货膨胀率时，NFV 比较容易显示出通货膨胀的影响效果，应用它较佳。有些策划人员为了说服决策者投资于某个特定的方案,常应用 NFV 指标来夸大该方案较其他方案的优越程度。NAV 更多地应用于多方案的比选。

【例 3-5】 设 $i_0=12\%$,用净年值评价。某公司考虑选用 A、B、C 三种型号的汽车,假设寿命均为 10 年,残值为零,$i=12\%$,各车型初投资和等额年净收益见表 3-12,应选用哪种型号的汽车呢?

表 3-12　各方案投资及年收益表

车　　型	A	B	C
初投资	20 万元	30 万元	40 万元
年纯收益（1~10 年）	6 万元	8 万元	9.2 万元

解:(1)净现值法:

$$(P/A,12\%,10)=5.6502$$
$$NPV_A=6.0(P/A,12\%,10)-20.0=13.9 \text{ 万元}$$
$$NPV_B=8.0(P/A,12\%,10)-30.0=15.2 \text{ 万元}$$
$$NPV_C=9.2(P/A,12\%,10)-40.0=12.0 \text{ 万元}$$

因为 $NPV_B>NPV_A>NPV_C$,所以选 B 型好。

(2)净年值法:

$$(A/P,12\%,10)=0.17698$$
$$NAV_A=6.0-20.0(A/P,12\%,10)=2.46 \text{ 万元}$$
$$NAV_B=8.0-30.0(A/P,12\%,10)=2.69 \text{ 万元}$$
$$NAV_C=9.2-40.0(A/P,12\%,10)=2.12 \text{ 万元}$$

因为 $NAV_B>NAV_A>NAV_C$,所以选 B 型好。

课题 4　内部收益率

3.4.1　定义

内部收益率（IRR）是指项目在整个计算期内各年净现金流量的现值累计等于零（或净年值等于零）时的折现率。简单说,就是净现值为零时的折现率。定义式为:

$$\sum_{t=0}^{n}(CI-CO)_t(1+IRR)^{-t}=0 \tag{3-9}$$

3.4.2　内部收益率的计算

IRR 可通过解方程求得,但该式是个高次方程,不容易直接求解。

根据净现值函数曲线知,随着折现率 i_0 的不断增大,净现值 NPV 不断减小,当折现率增至 IRR 时,项目净现值为零。IRR 就是内部收益率,可以根据这一趋势进行计算。

通常采用"试算内插法"求 IRR 的近似解。求解过程如下:

先给出一个折现率 i_1,计算相应的 NPV(i_1)。

若 NPV(i_1)>0,说明欲求的 IRR>i_1,i_1 取小了。

若 $NPV(i_1)<0$，说明欲求的 $IRR<i_1$，i_1 取大了。

据此，将折现率 i_1 修正为 i_2，再求 $NPV(i_2)$ 的值。

如此反复试算，逐步逼近，最终可得到比较接近的两个折现率 i_1 与 i_2（两者之差不超过5%），且 $i_1<i_2$，使得 $NPV(i_1)>0$，$NPV(i_2)<0$。

然后用线性插值的方法确定 IRR 的近似值，公式如下：

$$IRR = i_1 + \frac{|NPV(i_1)|}{|NPV(i_1)|+|NPV(i_2)|} \times (i_2-i_1) \tag{3-10}$$

直线内插法并不是万能的，是有适用范围的，结合净现值曲线得到结论：一个项目的净现值曲线只有呈现递减趋势时，才能用直线内插法进行 IRR 的计算，称这种项目为常规项目。

3.4.3 内部收益率法的判别准则

计算求得内部收益率 IRR 后，要与项目的设定收益率 i_0（财务评价时的行业基准收益率、国民经济评价时的社会折现率）相比较。

1）当 $IRR \geq i_0$ 时，则表明项目的收益率已达到或超过设定折现率水平，项目可行，可以考虑接受。

2）当 $IRR<i_0$ 时，则表明项目的收益率未达到设定折现率水平，项目不可行，应予拒绝。

内部收益率

3.4.4 内部收益率的经济含义

内部收益率的经济含义：在项目的整个寿命期内，如果按利率 $i=IRR$ 计算各年的净现金流量，会始终存在着未能收回的投资，只有到了寿命期末时投资才能被全部收回，此时的净现金流量刚好等于零。

换句话说，在寿命期内各个时间点，项目始终处于"偿还"未被收回的投资的状态，只有到了寿命期结束的时间点，才偿还完全部投资。将项目内部收益率的这种投资"偿还"过程和结果按某一折现率折现为净现值时，则项目的净现值必然等于零。所以，由于项目的这种"偿付"能力完全取决于项目内部，故有"内部收益率"之称。

 小知识

常规项目：刚开始有一笔支出，然后有一连串收入，并且收入之和大于支出之和。

由于常规投资项目之外的项目对应的净现值函数曲线不是递减趋势，所以不能用直线内插法进行计算，只能用数学中求解高次方程的方法进行求解。但是这么求解也是没有实际用途的，因为即使求解出来，结果也不是内部收益率。因为求解出来的结果不符合内部收益率的经济含义。

常规项目：净现金流量的正负号在项目寿命期内仅有一次变化。

非常规项目：净现金流量的正负号在项目寿命期内有多次变化。例：净现金流序列 $(-100,470,-720,360)$。

【例3-6】 某项目净现金流量见表3-13。试计算内部收益率是多少。

表3-13　某项目的净现金流量表　　　　　（单位：万元）

时　点	0	1	2	3	4	5
净现金流量	-2 000	300	500	500	500	1 200

第一步：绘制现金流量图（图3-4）。
第二步：用内插法求算 IRR。
列出方程：

$$NPV(i) = -2\,000 + 300(1+i)^{-1} + 500(1+i)^{-2} + 500(1+i)^{-3} + 500(1+i)^{-4} + 1\,200(1+i)^{-5} = 0$$

或　　　$-2\,000 + 300(1+i)^{-1} + 500(P/A,i,3)(P/F,i,1) + 1\,200(1+i)^{-5} = 0$

第一次试算，依经验先取一个收益率，取 $i_1 = 12\%$，代入方程，求得：$NPV(i_1) = 21$ 万元 >0。由净现值函数曲线的特性知，收益率的取值偏小，应再取大些。

第二次试算，取 $i_2 = 14\%$，代入方程求得：$NPV(i_2) = -91$ 万元 <0。可见，内部收益率必然在 $12\% \sim 14\%$ 之间，代入内插法计算式可求得：

$$IRR = 12\% + \frac{|21|}{|21| + |-91|} \times (14\% - 12\%) = 12.4\%$$

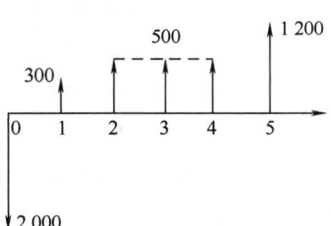

图3-4　某项目现金流量图

 情境引入分析

分析：首先计算静态和动态投资回收期，再计算净现值和内部收益率。计算过程如下。
解：由题意得表3-14。

表3-14　净现金流量

t	0	1	2	3	4	5	6	7	8	9
净现金流量	-10 000	200	500	900	1 200	1 800	2 300	3 300	4 000	5 000
折现系数		0.952 4	0.907 0	0.863 8	0.822 7	0.783 5	0.746 2	0.710 7	0.676 8	0.644 6
净现金流量折现值	-10 000	190	454	777	987	1 410	1 716	2 345	2 707	3 223
累计净现金流量	-10 000	-9 800	-9 300	-8 400	-7 200	-5 400	-3 100	200	4 200	9 200
累计折现值	-10 000	-9 810	-9 356	-8 579	-7 591	-6 181	-4 465	-2 119	588	3 811

（1）静态投资回收期：

$$P_t = 7 - 1 + \frac{|-3\,100|}{3\,300} = 6.94 \text{ 年}$$

$P_c = 10$ 年，所以 $P_t < P_c$，由此判断方案可行。

（2）动态投资回收期：
各年的累计折现值见表3-14，累计折现值出现正直的年份数为8，由公式（3-5）可知：

$$P'_t = 8 - 1 + \frac{|-2\,119|}{2\,707} = 7.78 \text{ 年}$$

$P'_t < P'_c = 10$ 年，该项目是可行的。

(3) 净现值：

$$NPV = -10\,000 + 200(P/F,5\%,1) + 500(P/F,5\%,2) + 900(P/F,5\%,3) + \\ 1\,200(P/F,5\%,4) + 1\,800(P/F,5\%,5) + 2\,300(P/F,5\%,6) + \\ 3\,300(P/F,5\%,7) + 4\,000(P/F,5\%,8) + 5\,000(P/F,5\%,9) = 3\,811 \text{ 万元}$$

$NPV > 0$，该项目可行。

(4) 内部收益率：

当 $i_1 = 5\%$ 时，$NPV = 3\,811$ 万元

当 $i_2 = 10\%$ 时：

$$NPV = -10\,000 + 200(P/F,10\%,1) + 500(P/F,10\%,2) + 900(P/F,10\%,3) + \\ 1\,200(P/F,10\%,4) + 1\,800(P/F,10\%,5) + 2\,300(P/F,10\%,6) + 3\,300 \\ (P/F,10\%,7) + 4\,000(P/F,10\%,8) + 5\,000(P/F,10\%,9) \\ = -2\,008 \text{ 万元}$$

当 $i_2 = 10\%$ 时，$NPV = -2\,008$ 万元

$$IRR = 5\% + \frac{|3\,811|}{|3\,811| + |-2\,008|} \times (10\% - 5\%) = 8.27\%$$

$IRR > 5\%$，故该项目可行。

 启示角

传统产业链技术是有形产品的投入产出，产业链整合表现为线性的资产关联的"产品链"。而智能互联技术主要是知识的关联，这时的产业链可以看作一个知识链，一个创造"递增报酬"的网络价值链。

当前，以物联网、互联网、云计算、大数据、人工智能为代表的新一轮科技革命蓬勃兴起，正在开启以万物互联、高速传输、先进计算、智能分析等为特征的智能互联新时代。智能互联技术将传统产业链从线性产业链变为智能生态群，群内各主体间形成双向互动的网络关系，呈现出以下三个特点：一是智能互联扩大了交易地域和供需匹配范围，海量主体聚集在少数平台上，形成"赢者通吃"格局；二是基于数据的智能化，万物互联产生了大数据，叠加人工智能技术，让隐性经验固化为显性知识，为效率提升和业务创新打开了新空间；三是基于产业融合的服务化，未来产品都将嵌入智能模块，企业可远程提供服务，用户从购买向租赁转变、从消费者向产销者转变，制造与服务呈现深度融合趋势。

同学们，面临科技的迅速发展，建筑企业在进行项目评价时需要做哪些深入的思考呢？

智能互联技术对产业和企业决策带来革命性变化：企业边界柔性模糊化，不再受自有资产、产业属性、产能条件、人力资源等硬性约束，可通过网络灵活整合资源和产出。因此，在运用评价方法时应对建设项目环境和条件进行更大范围的关联性分析。

单元 4　建设项目方案比选

单元目标

知识目标	技能目标	育人目标
1. 了解建设项目方案类型 2. 掌握互斥方案适用的评价指标及评价比选方法 3. 掌握不同类型的互斥方案的比选	1. 能够准确分辨方案之间的关系 2. 能够熟练运用适合的评价指标对不同类型的互斥方案进行分析比选 3. 能够熟练运用适合的评价指标对独立方案进行评价	1. 调动学生学习积极性 2. 培养学生树立正确的价值观 3. 培养学生严谨求实的工作态度，践行社会主义核心价值观 4. 培养学生的思辨能力

情境引入

改造某地荷塘，有 A、B 两个方案可以选择，基准收益率为 10%，应如何选择？

（1）A 方案：投资 60 万元，用于挖河道铺水泥面，可永久使用，年维护费用 1 万元，水泥面需要每 5 年支付 3 万元的维修费。

（2）B 方案：投资 50 万元，购置挖掘设备，每 10 年挖掘一次，残值为 1 万元，每年清除杂草支出 1.2 万元。

课题 1　建设项目方案类型

现实中的方案间存在多种关系，如方案相互独立、方案具有从属关系、方案具有互斥关系等，其中最常见的是互斥型、独立型和混合型三种类型。

4.1.1　互斥型

互斥型也称为替代型、排他型、对立型、择一型等，即多方案中，各个方案彼此可以相互代替，因此方案具有排他性。选择其中任何一个方案，则其他方案必然被排斥。这种择此就不能择彼的若干方案，就叫作互斥型方案。这类方案，在实际工作中是最常见到的。如一个建设项目的工厂规模、生产工艺流程、主要设备、厂址的选择，一座建筑物或构筑物的结构类型选择，一个工程主体结构的施工工艺的确定等，这类问题的决策通常面对的是互斥方案的选择。按服务寿命长短不同，投资方案可分为：

1）相同服务寿命的方案，即参与对比或评价方案的服务寿命均相同。
2）不同服务寿命的方案，即参与对比或评价方案的服务寿命均不相同。
3）无限寿命的方案，在工程建设中永久性工程即可视为无限寿命的工程，如大型水坝、运河工程等。

项目互斥方案比较，是建筑工程经济评价工作的重要组成部分，也是寻求合理决策的必要手段。

4.1.2 独立型

各方案的现金流量是独立的，不具有相关性，且选择或放弃其中任何一个方案，并不影响对其他方案的选择，方案之间不具有排他性。显然，单一方案可认为是独立方案的特例。例如，某施工企业投资购置一批固定资产，列出的一组方案包括一架起重机、一辆运输汽车、一台搅拌机，在没有资金约束的条件下这3个方案之间不存在任何的制约和排斥关系，它们就是一组独立方案。

4.1.3 混合型多方案

在一组方案中，方案之间具有互斥关系，有些具有独立关系，则称这一组方案为混合方案。混合方案在结构上又可组成两种形式。

1. 在一组独立方案中，每个独立方案下又有若干个互斥方案的形式

例如，某企业拟计划三个相互独立的项目。A项目改善职工的居住状况，B项目扩大生产能力，C项目为环境保护。改善职工居住状况的方案可能有两个：新建职工宿舍A_1和对原有宿舍进行改造A_2；扩大生产能力可以投资新项目（方案B_1），可以进行技术改造（方案B_2），也可以增加机器设备数量（方案B_3）；而防止污染防治污染的项目可能有两个（C_1和C_2），因此组合起来的方案就是层混型方案。这组方案的层次结构如图4-1所示。

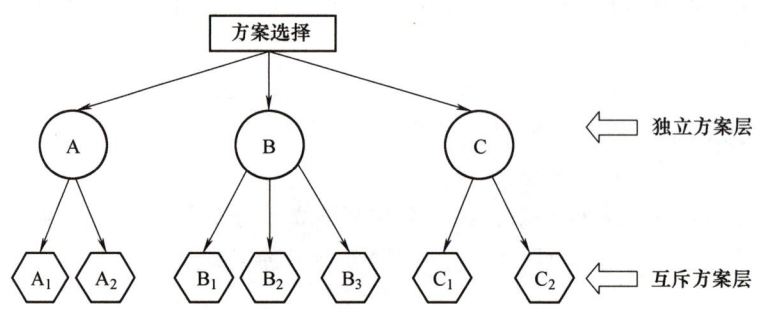

图4-1 第一种类型混合方案结构图

2. 在一组互斥方案中，每个互斥方案下又有若干个独立方案的形式

例如，某房地产开发商在某市以出让的方式取得一块土地的使用权，按当地城市规划的规定，该地只能建居住物业（D方案）或建商业物业（E方案），不能建商居混合物业或工业物业，但对于居住物业和商业物业的具体类型没有严格的规定，如建住宅可建成豪华套型（D_1）、高档套型（D_2）、普通套型（D_3）或混合套型的住宅（D_4），如建商业物业可建餐饮酒楼（E_1）、写字楼（E_2）、商场（E_3）、娱乐休闲服务（E_4）或者综合性商业物业（E_5）。显然 D、E 是互斥方案，D_1、D_2、D_3、D_4是一组独立方案，E_1、E_2、E_3、E_4、E_5也是一组独立方案。这组方案的层次结构如图4-2所示。

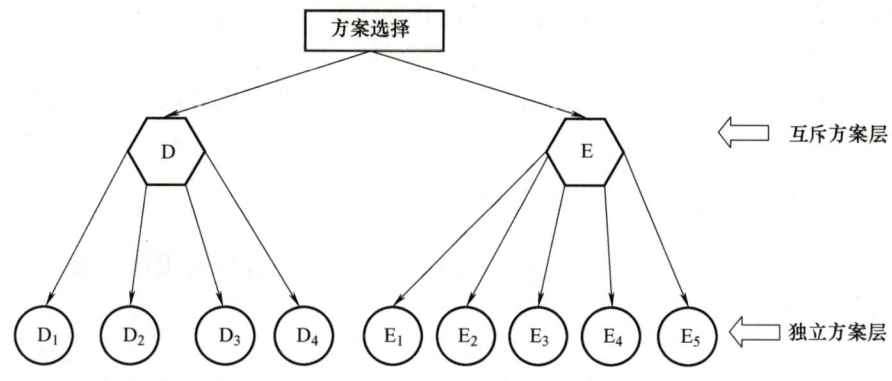

图 4-2 第二种类型混合方案结构图

4.1.4 其他类型方案

除了上述三种结构类型之外，实际工作中还会遇到下面几种类型的多方案。

1. 条件型多方案

在一组方案中，接受某一方案时，就要求接受另一组方案。分为单向条件型方案和双向条件型方案。单向条件型方案：接受 B，则先接受 A。而接受 A 与否与接受 B 无关，A 是 B 的先决条件。如 A 为修机场，B 为建机场高速。双向条件型方案：接受 B 的同时要接受 A，接受 A 的同时也要接受 B，两者互相依存。

2. 现金流量相关型多方案

在一组方案中，方案之间不完全是排斥关系，也不完全是独立关系，但一个方案的取舍会引起另一个方案的现金流量变化。如某房地产开发商，在相距较近的两个地块，开发两个居住小区，显然这两个方案既非完全排斥也非完全相关，一个方案的实施必须会影响另一个方案的投入。

3. 互补型方案

在方案组中，某一方案的接受有助于其他方案的被接受，方案间存在互相补充的关系。如 A——建一栋建筑物，B——增加空调系统。

课题 2　互斥方案的经济效果评价与选择

由于方案的互斥性，使我们在若干方案中只能选择一个方案实施。由于每一个方案都具有同等可供选择的机会，为使资金发挥最大的效益，所选出的这一个方案应是若干备选方案中经济性最优的。为此就需要进行方案间相对经济效果评价，也就是任一个方案都必须与其他所有方案一一进行比较，但仅此还不充分，因为某方案相对最优并不能证明该方案在经济上一定是可行的，可接受的，并不能排除"矮中拔高"的情况（即从若干都不可行的方案中选较优者）。因此，在对互斥方案进行优选时，经济效果评价包含两部分内容：一是考察各个方案自身的经济效果，即进行绝对效果检验；二是考察哪个方案相对经济效果最优，即进行相对效果检验。两种检验的目的和作用不同，通常缺一不可，以确保所选方案不但可行而且最优。只有在众多互斥方案中必须选择其中之一时才可单独进行相对效果检验。但需要注意的是在进行相对经济效果评价时,不论使用哪种指标,比选的方案应具有可比性,主要包括计算的时间具有可比性,计算的收益与费用的范围和口径一致,计算的价格可比等。如果方案不能满足可比条件,则各方案之间不能直接比较,必须经过一定转化后方能进行比较。

4.2.1 互斥方案选择的静态评价方法

互斥方案常用增量投资分析法、年折算费用评价法、综合总费用评价法等进行相对经济效果的静态评价。

1. 增量投资分析法

现有 A、B 两个互斥方案,其效用(效益、规模)相同或基本相同时,如其中一个方案的投资额和经营成本都最小,则该方案就是最理想的方案。但是实践中往往达不到这样的要求。经常会出现的情况是某一个方案的投资额小,但经营成本却较高;而另一方案正相反,其投资额较大,经营成本却较省,对这样的多方案,我们就无法直接从中选择出最优的方案。而对于投资额不等的互斥方案,其比选实质是判断增量投资的经济合理性,即多增加的投入能否带来满意的增量收益。因此,可以通过考察增量投资的经济效果来进行方案的优选。这就是增量投资分析法。

增量投资分析法一般可采用增量投资收益率法和增量投资回收期法。

(1) 增量投资收益率。增量投资收益率是指增量投资所带来的经营成本的节约与增量投资之比。

现设 I_A、I_B 分别为 A、B 方案的投资额,C_A、C_B 为 A、B 方案的经营成本。

如果 $I_A > I_B$,$C_A < C_B$,则增量投资利润率 $R_{(A-B)}$ 为:

$$R_{(A-B)} = \frac{C_B - C_A}{I_A - I_B} \times 100\% \tag{4-1}$$

判别准则:若计算出来的增量投资收益率大于基准投资收益率,表示投资的增量 $(I_A - I_B)$ 完全可以由经营成本的节约 $(C_A - C_B)$ 来得到补偿,则选择投资大的方案。反之,投资小的方案为优选方案。

【例 4-1】已知两个建厂方案,甲方案投资 10 000 万元,年经营成本 8 000 元。乙方案投资 8 000 万元,年经营成本 9 000 元。两个方案同时投入,生产规模相同,若基准投资收益率为 8%。试比较方案的优劣。

解:

求两个方案的增量投资收益率,由式 (4-1) 得:

$$R_{甲-乙} = \frac{9\,000 - 8\,000}{10\,000 - 8\,000} \times 100\% = 50\%$$

由于 $R_{甲-乙}$ 大于基准投资收益率 8%,所以,投资大的甲方案为最优方案。

(2) 增量投资回收期法。增量投资回收期是指用对比方案经营成本的节约补偿其增量投资所需要的年限。

当各年的经营成本的节约 $(C_A - C_B)$ 基本相同时,其计算公式为:

$$P_{t(A-B)} = \frac{I_A - I_B}{C_B - C_A} \tag{4-2}$$

判别准则：将计算出来的增量投资回收期与基准投资回收期进行比较，若增量投资回收期小于基准投资回收期，说明增量投资部分的经济效益是好的。因此，投资大的方案比较有利；反之，当增量投资回收期大于基准投资回收期时，则投资小的方案比较有利。

【例 4-2】 已知基准投资回收期为 10 年，其余数据同［例 4-1］，试选择较优的方案。

解：

求两个方案的增量投资回收期，由式（4-2）得：

$$P_{t(甲-乙)} = \frac{10\,000 - 8\,000}{9\,000 - 8\,000} = 2 \text{ 年}$$

由于 $P_{t(甲-乙)}$ 小于基准投资回收期 10 年，所以，甲方案为最优方案。

2. 年折算费用评价法

年折算费用是指将投资方案的投资额分摊到基准投资回收期各年，再与年经营成本相加的费用之和。年折算费用计算公式如下：

$$Z_j = \frac{I_j}{P_c} + C_j \tag{4-3}$$

式中　Z_j——第 j 个方案的年折算费用；

　　　I_j——第 j 个方案的总投资；

　　　P_c——基准投资回收期；

　　　C_j——第 j 个方案的年经营成本。

判别准则：年折算费用最小的方案为最优方案。

当互斥方案个数较多时，用增量投资分析法进行方案经济比较，要进行两两比较逐个淘汰，这样比选过程就比较烦琐。而运用年折算费用法，只需计算各方的年折算费用，计算简便，评价准则直观明确，故适用于方案个数比较多的评价。

3. 综合总费用评价法

综合总费用是将方案基准投资回收期内各年的经营成本折算为一次性费用，再与方案的总投资相加的费用之和。综合总费用计算公式如下：

$$S_j = I_j + C_j \times P_c \tag{4-4}$$

式中　S_j——第 j 个方案的综合费用。

很显然，$S_j = Z_j \times P_c$，故方案的综合总费用即为基准投资回收期内年折算费用的总和。

判别准则：综合总费用最小的方案为最优方案。

【例 4-3】 某建设项目有四个备选方案，费用见表 4-1，若基准投资回收期为 8 年，试用年折算费用评价法和综合总费用评价法选择最优方案。

表 4-1　各方案的费用　　　　　　　　　　（单位：万元）

方　案	方案 1	方案 2	方案 3	方案 4
投资	2 000	3 000	2 800	3 500
年经营成本	2 670	2 450	2 050	2 000

解：（1）年折算费用评价法。由式（4-3）得：

$$Z_1 = \frac{2\,000}{8} \text{ 万元} + 2\,670 \text{ 万元} = 2\,900 \text{ 万元}$$

$$Z_2 = \frac{3\,000}{8}万元 + 2\,450\,万元 = 2\,763\,万元$$

$$Z_3 = \frac{2\,800}{8}万元 + 2\,050\,万元 = 2\,400\,万元$$

$$Z_4 = \frac{3\,500}{8}万元 + 2\,000\,万元 = 2\,438\,万元$$

由计算可知，方案3的年折算费用最小，因此方案3为最优方案。

（2）综合总费用评价法。由式（4-4）得：

$$S_1 = 2\,000\,万元 + 2\,670 \times 8\,万元 = 23\,360\,万元$$
$$S_2 = 3\,000\,万元 + 2\,450 \times 8\,万元 = 22\,600\,万元$$
$$S_3 = 2\,800\,万元 + 2\,050 \times 8\,万元 = 19\,200\,万元$$
$$S_4 = 3\,500\,万元 + 2\,000 \times 8\,万元 = 19\,500\,万元$$

由计算可知，方案3的综合总费用最小，因此方案3为最优方案。

4.2.2 互斥方案选择的动态评价方法

1. 计算期相同时的互斥方案选择

计算期相同的互斥方案的选择通常采用净现值法、净年值法、最小费用法和增量内部收益率法等。

（1）净现值（NPV）法。净现值法是指通过计算互斥方案的净现值，判别互斥方案相对经济效果，据此选择最优方案的评价方法。评价的过程是，首先分别计算各个方案的净现值，剔除NPV<0的方案，即进行方案的绝对经济效果检验；然后比较所有NPV≥0的方案的净现值，净现值最大的方案就是最优方案。

【例4-4】 某项目有A、B、C三个互斥方案，各方案寿命均为8年，其寿命期内各年的净现金流量见表4-2。基准收益率$i_c = 12\%$，试用净现值法选择最优方案。

表4-2 互斥方案A、B、C的净现金流量 （单位：万元）

年末	A	B	C
0	100	200	150
1~8	25	46	38

解：

分别计算三个方案的净现值：

$NPV_A = -100 + 25(P/A, 12\%, 8) = -100\,万元 + 25\,万元 \times 4.967\,6 = 24.19\,万元$

$NPV_B = -200 + 46(P/A, 12\%, 8) = -200\,万元 + 46\,万元 \times 4.967\,6 = 28.51\,万元$

$NPV_C = -150 + 38(P/A, 12\%, 8) = -150\,万元 + 38\,万元 \times 4.967\,6 = 38.77\,万元$

3个方案的净现值均大于0，且C方案的净现值最大，因此C方案为经济上的最优方案，则应选择C方案进行投资。

（2）净年值（NAV）法。净年值法就是通过计算各个互斥方案的净年值进行比较，以净年值最大的方案为最优方案。用年值法比较方案，通常同样要求每个方案的净年值必须大于或等于零，或者说最后的最优方案的净年值必须是大于或至少是等于零的。

【例 4-5】 对 [例 4-4] 中的一组互斥方案用年值法比较。

解：

分别求出各方案的净年值：

$NAV_A = -100(A/P,12\%,8)+25 = -100\ 万元 \times 0.2013+25\ 万元 = 4.87\ 万元$

$NAV_B = -200(A/P,12\%,8)+46 = -200\ 万元 \times 0.2013+46\ 万元 = 5.74\ 万元$

$NAV_C = -150(A/P,12\%,8)+38 = -150\ 万元 \times 0.2013+38\ 万元 = 7.81\ 万元$

显然，C 方案的净年值最大且大于零，C 方案为经济上最优方案。

由于方案的年值与净现值之间的关系为：$NPV=NAV(P/A,i,n)$。对于计算期相同的互斥方案，则 NPV 最大的方案必然 NAV 也最大，因此用净现值法和用净年值法比较互斥方案结论应是相同的，可根据具体情况选择使用。而且，在已知各方案的收益与费用的前提下，直接用净现值法、净年值法进行方案优选最为简便。

(3) 最小费用法。在工程经济分析中，对方案所产生的效益相同（或基本相同），但效益无法或很难直接用货币计量的互斥方案进行比较时，通常只考虑比较各方案的费用大小，费用最小的方案就是最好的方案。此时评价指标可采用费用现值和费用年值指标。它们的计算表达式为：

$$PC = \sum_{t=0}^{n} CO_t(1+i_c)^{-t} \tag{4-5}$$

$$AC = \sum_{t=0}^{n} CO_t(1+i_c)^{-t}(A/P,i_c,n) \tag{4-6}$$

【例 4-6】 某公司拟购买设备，现有两种具有同样功能的设备，资料见表 4-3，基准收益率为 15%，试问该公司选择哪种设备在经济上更为有利？

表 4-3 两种设备的投资与年经营成本

方案	起初投资/万元	年经营成本/万元	计算期/年	残值/万元
方案 A	4 500	3 000	6	750
方案 B	6 000	2 400	6	0

解： 由于两种设备的功能相同，故可以比较费用大小，选择最优方案。

解法一： 费用现值（PC）法。

$PC_A = 4\ 500+3\ 000(P/A,15\%,6)-750(P/F,15\%,6)$

$\quad\quad = 4\ 500\ 万元 +3\ 000\ 万元 \times 3.7845-750\ 万元 \times 0.4323 = 15\ 529.28\ 万元$

$PC_B = 6\ 000+2\ 400(P/A,15\%,6)$

$\quad\quad = 6\ 000\ 万元 +2\ 400\ 万元 \times 3.7845 = 15\ 082.8\ 万元$

由于 B 方案的费用现值最小，故 B 方案较优。

解法二： 费用年值（AC）法。

$AC_A = 4\ 500(A/P,15\%,6)+3\ 000-750(A/F,15\%,6)$

$\quad\quad = 4\ 500\ 万元 \times 0.2642+3\ 000\ 万元 -750\ 万元 \times 0.1142 = 4\ 103.25\ 万元$

$AC_B = 6\ 000(A/P,15\%,6)+2\ 400$

$\quad\quad = 6\ 000\ 万元 \times 0.2642+2\ 400\ 万元 = 3\ 985.2\ 万元$

由于 B 方案的费用年值最小，故 B 方案较优。

可以看出，采用费用现值和费用年值进行方案比选的结论是完全一致的。因为费用现值和费用年值之间存在着与净现值和净年值之间同样的关系，即

$$PC = AC(P/A, i, n)$$

（4）增量内部收益率（ΔIRR）法。先分析一个互斥方案评价的例子。

【例4-7】 某建筑承包商拟投资购买设备用于租赁，现有A、B两个互斥方案，各方案的期初投资额和每年净收益见表4-4。各投资方案的寿命周期均为8年，8年末的残值为零，基准收益率为12%，试对方案进行评价选择。

表4-4 A、B方案期初投资额和每年净收益

项目	期初投资额/万元	年净收益/万元
A	15	5
B	17	5.5
B-A	2	0.5

解：首先计算两个方案的绝对经济效果指标 NPV 和 IRR，计算结果如下。

解法一：NPV 法。

$NPV_A = -15 + 5(P/A, 12\%, 8) = -15\ \text{万元} + 5\ \text{万元} \times 4.9676 = 9.84\ \text{万元}$

$NPV_B = -17 + 5.5(P/A, 12\%, 8) = -17\ \text{万元} + 5.5\ \text{万元} \times 4.9676 = 10.32\ \text{万元}$

解法二：IRR 法。

A 方案：$-15 + 5(P/A, IRR_A, 8) = 0$

得 $(P/A, IRR_A, 8) = \dfrac{15}{5} = 3$

利用线性内插法得 $IRR_A = 29.07\%$

同理 $IRR_B = 27.95\%$

由于 $NPV_A < NPV_B$，故按净现值最大原则，方案 B 优于方案 A。如按内部收益率最大原则，由于 $IRR_A > IRR_B$，方案 A 优于方案 B，这与按净现值最大准则比选的结论相矛盾。到底哪个指标作评价准则得出的结论正确呢？由净现值的经济含义可知，净现值最大准则符合收益最大化的决策原则，故是正确的。因此，我们要采用内部收益率作为互斥方案的评价准则，应与净现值最大化原则相一致才是正确的。而对于投资额不等的互斥方案比选实质是判断增量投资的经济合理性，即多增加的投入能否带来满意的增量收益。显然，若增量投资能够带来满意的增量受益，则投资大的方案优于投资小的方案，反之，则投资小的方案优于投资大的方案，这就是增量分析法。它是互斥方案比选的基本方法。

增量内部收益率法是增量分析法的一种，增量内部收益率（ΔIRR）是指两个方案各年净现金流量的差额的现值之和等于零时的折现率，其计算公式为：

$$\sum_{t=0}^{n} \left[(CI - CO)_2 - (CI - CO)_1 \right]_t (1 + \Delta IRR)^{-t} = 0 \tag{4-7}$$

上式可化为：

$$\sum_{t=0}^{n} \left[(CI - CO)_{2t} (1 + \Delta IRR)^{-t} \right] = \sum_{t=0}^{n} \left[(CI - CO)_{1t} (1 + \Delta IRR)^{-t} \right] \tag{4-8}$$

即 $$NPV_2 = NPV_1$$

式中 $(CI-CO)_{2t}$——初始投资大的方案的年净现金流量；

$(CI-CO)_{1t}$——初始投资小的方案的年净现金流量。

因此，增量内部收益率就是两个方案净现值相等时对应的折现率。

判别准则：若 $\Delta IRR > i_c$，则投资大的方案为优；若 $\Delta IRR < i_c$，则投资小的方案为优。

计算本例增量内部收益率：$(-17-15)+(5.5-5)(P/A, \Delta IRR_{B-A}, 8) = 0$

即 $$(P/A, \Delta IRR_{B-A}, 8) = 4$$

所以 $\Delta IRR_{B-A} = 18.75\%$，增量内部收益率大于基准收益率 12%，投资大的 B 方案优于投资小的 A 方案。与净现值评价准则的结论一致。实际上，在本例中，如果基准收益率为 20%，通过计算可知，净现值评价的结论和按增量内部收益率评价的结果仍然一致。下面我们通过净现值函数曲线来说明无论增量内部收益率大于基准收益率或是小于基准收益率，增量内部收益率法的评价结论都与按净现值评价原则的结果一致。

图 4-3 中 a 点为 A、B 两方案净现值曲线的交点，在这一点上两方案的净现值相等，因此 a 点对应的折现率即为两方案的增量内部收益率 ΔIRR。由图可知：当 $\Delta IRR < i_c$ 时，$NPV_A < NPV_B$；当 $\Delta IRR > i_c$ 时，$NPV_A > NPV_B$。

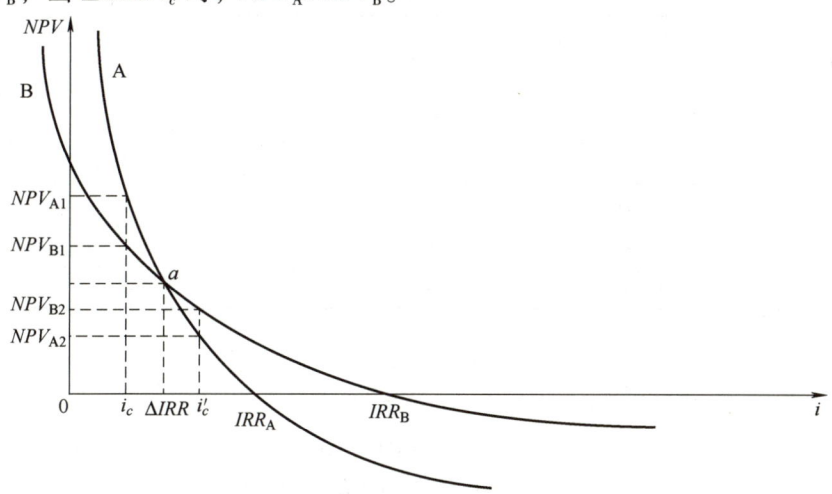

图 4-3　互斥方案净现值函数曲线图

增量内部收益率只能说明增加投资部分的经济性，并不能说明全部投资的绝对经济效果。因此采用增量内部收益率法进行优选时首先要判断被比选方案的绝对经济效果。

应用增量内部收益率法评价互斥方案经济效果的基本步骤如下：

1）进行各方案的绝对经济效果检验，计算各方案的 IRR（或 NPV 或 NAV），淘汰 $IRR < i_c$（或 $NPV < 0$ 或 $NAV < 0$）的方案，保留通过绝对效果检验的方案。

2）将通过绝对经济效果检验的方案按初始投资额由大到小依次排序。依次用初始投资大的方案的现金流量减去初始投资小的方案的现金流量，形成差额投资方案的现金流量。

3）按初始投资由大到小，依次计算相邻两个方案的增量内部收益率 ΔIRR，若 $\Delta IRR > i_c$，则保留投资额大的方案；反之，则保留投资额小的方案。直到最后一个被保留的方案即为最优方案。

【例 4-8】 现有 A、B、C 三个投资方案,各方案的净现金流量见表 4-5,基准收益率为 12%。试用差额内部收益率法比较和选择最优可行方案。

表 4-5　A、B、C 方案净现金流量　　　　　　　　　　（单位：万元）

年份	A	B	C
0	-1 000	-2 500	-4 500
1~5	300	800	1 400

解： 第一步,计算各方案的净现值（内部收益率）,进行绝对经济效果检验。

$$NPV_A = -1\,000 + 300(P/A, IRR_A, 5) = 0$$

由试算法得　　　　　$IRR_A = 14.26\%$

同理　　　　　　　　$IRR_B = 18.14\%$

　　　　　　　　　　$IRR_C = 16.91\%$

IRR_A、IRR_B、IRR_C 均大于 i_c,所以 A、B、C 三个投资方案均可行。

第二步,将方案按投资由大到小排序,并求差额现金流量,见表 4-6。

表 4-6　各方案差额现金流量及相关指标

项目	计算期各年末现金流量/万元		净现值	内部收益率
	0	1~5		
C	-4 500	1 400	546.72	14.26%
B	-2 500	800	383.84	18.14%
A	-1 000	300	81.44	16.91%
C-B	-2 000	600	—	14.27%
B-A	-1 500	500	—	19.86%

第三步,求相邻方案的增量内部收益率。

B-A：由　　　　　$-1\,500 + 500(P/A, \Delta IRR_{B-A}, 5) = 0$

试算法得　　　　　$\Delta IRR_{B-A} = 19.86\%$

C-B：由　　　　　$-2\,000 + 600(P/A, \Delta IRR_{C-B}, 5) = 0$

　　　　　　　　　$\Delta IRR_{C-B} = 15.27\%$

第四步,选择方案。

　　　　　$\Delta IRR_{B-A} = 19.86\% > i_c$　选择 B 方案。

　　　　　$\Delta IRR_{C-B} = 15.27\% > i_c$　选择 C 方案。

所以,最优方案为 C 方案。

2. 计算期不相同时的互斥方案选择

前面所讨论的是对比方案的计算期相同的情形。但是,现实中常遇到计算期不等的互斥方案的比较问题。当几个互斥方案的计算期不同时,各方案间不能直接比选,需要采取一些方法,以保证各备选方案时间的可比性。

（1）年值法。对寿命不等的互斥方案进行比选时,特别是参加比选的方案数目众多时,年值法是最为简便的方法。

用年值法进行寿命不等的互斥方案比选,实际上隐含着一种假定：各备选方案在其寿命结束时均可按原方案重复实施或以与原方案经济效果水平相同的方案接续。一个方案无论重复实施多少次，其年值是不变的，年值法实际上假定了各方案可以无限多次重复实施。净年值是以年为单位比较各方案的经济效果，从而使寿命不等的方案具有可比性，故年值法更适用于评价具有不同计算期的互斥方案的经济效果。

设 m 个互斥方案，其寿命分别为 n_1，n_2，n_3，$\cdots$，n_m，方案 j（$j=1$，2，3，$\cdots$，m），在其寿命周期内的净年值为：

$$NAV_j = \left[\sum_{t=0}^{n_j}(CI_j - CO_j)_t(P/F, i_c, n_j)\right](A/P, i_c, n_j)$$
$$= NPV_j(A/P, i_c, n_j) \tag{4-9}$$

判别准则：净年值最大且非负的方案为最优可行方案。

对于仅有或仅需计算费用现金流的计算期不同的互斥方案，可比照上述方法计算费用年值进行比选，判别的准则是：费用年值最小的方案为最优方案。

【例 4-9】 现有互斥方案 A、B、C，各方案的基础数据见表 4-7，在基准折现率为 15% 的前提下选择最优方案。

表 4-7 各方案的基础数据

方案	A	B	C
期初投资/万元	6 000	7 000	9 000
残值/万元	0	200	300
年支出/万元	1 000	1 000	1 500
年收入/万元	3 000	4 000	4 500
寿命/年	3	4	6

解： 由于方案 A、B、C 的寿命不同，采用年值法。这种方法是解决计算期不同的互斥方案最简单的方法。

绘制各方案的现金流量图，如图 4-4 所示。

由图 4-4 可知

$NAV_A = 3\ 000 - 1\ 000 - 6\ 000(A/P, 15\%, 3)$
$\qquad = 2\ 000\ \text{万元} - 6\ 000\ \text{万元} \times 0.437\ 8 = -627.34\ \text{万元}$

$NAV_B = 4\ 000 - 1\ 000 - 7\ 000(A/P, 15\%, 4) + 200(A/F, 15\%, 4)$
$\qquad = 3\ 000\ \text{万元} - 7\ 000\ \text{万元} \times 0.350\ 3 + 200\ \text{万元} \times 0.200\ 3$
$\qquad = 587.95\ \text{万元}$

$NAV_C = 4\ 500 - 1\ 500 - 9\ 000(A/P, 15\%, 6) + 300(A/F, 15\%, 6)$
$\qquad = 3\ 000\ \text{万元} - 9\ 000\ \text{万元} \times 0.264\ 2 + 300\ \text{万元} \times 0.114\ 2$
$\qquad = 656.46\ \text{万元}$

显然，$NAV_A < 0$，应剔除 A 方案，而 $NAV_C > NAV_B > 0$，方案 C 是最佳方案。

（2）净现值（NPV）法。前述已知，净现值（NPV）是价值型指标，当互斥方案计算期不等时，各方案的现金流在各自计算期内的现值不具有可比性。为了满足时间上的可比性，需要对各备选方案的计算期进行适当的处理（即设定一个共同的分析期），使方案在相同的计算期下进行比较。处理的方法通常有两种：最小公倍数法和研究期法。

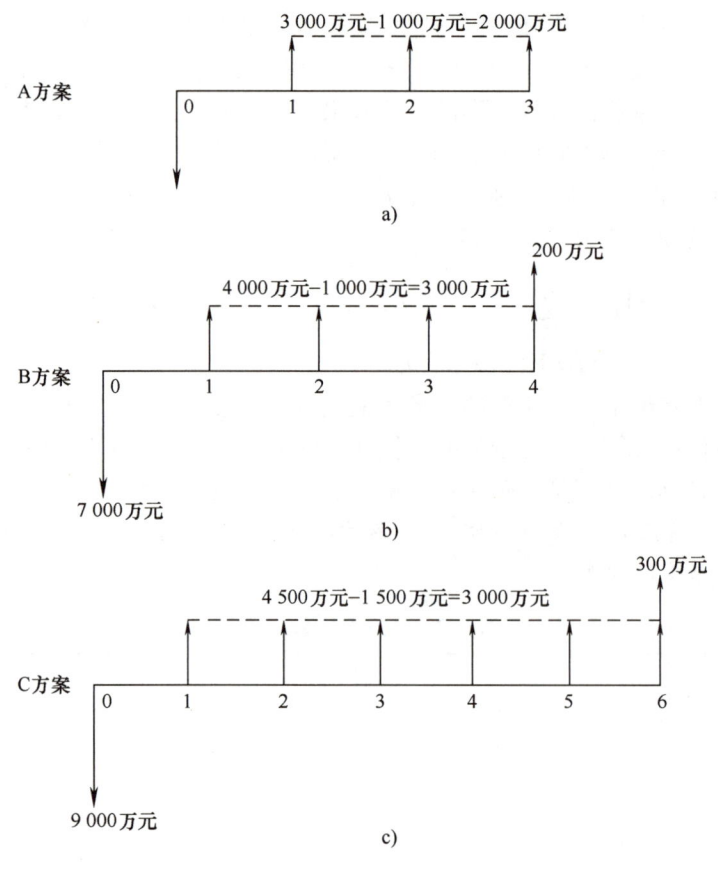

图 4-4 现金流量图 1

1）最小公倍数法。最小公倍数法是以各备选方案计算期的最小公倍数作为公共的分析期，并假定各个方案均在共同分析期限内重复实施，即各备选方案在其计算期结束后，均可按与其原方案计算期内完全相同的现金流量系列周而复始地循环下去直到共同的分析期结束。

利用最小公倍数法有效地解决了寿命不等的方案之间时间不可比的问题。但这种方法所依赖的方案可重复实施的假定不是在任何情况下都适用的。对于某些不可再生资源开发型项目，在进行计算期不等的互斥方案比选时，方案可重复实施的假定不再成立，这种情况下就不能用最小公倍数法确定计算期；对于技术更新快的产品和设备方案的比较，在没有到公共的计算期之前，某些方案存在的合理性可能就已经成了问题；有的时候最小公倍数法求得的计算期过长，甚至远远超过所需的项目寿命期或计算期的上限，所计算方案经济效果指标的可靠性和真实性就不能保证，故也不适合用最小公倍数法。

2）研究期法。针对以上最小公倍数法的不足，对计算期不同的互斥方案的评价，另一种比较可行的办法是研究期法，即根据对未来市场状况和技术发展前景的预测直接取一个合适的共同分析期。一般情况下，计算期的确定要综合考虑各种因素。通常有三种做法：

① 取计算期最短的方案计算期作为共同的分析计算期。
② 取计算期最长的方案计算期作为共同的分析计算期。
③ 取计划规定年限作为共同的分析计算期。

研究期的选择没有特殊的规定,但显然以诸方案中寿命最短者为研究期时计算最为简便,而且可以完全避免可重复性假设。

对于计算期短于共同研究期的方案,仍可假定其计算期完全相同地重复延续,也可按新的不同的现金流量序列延续。不过,值得注意的是对于计算期(或者是计算期加其延续)比共同的研究期长的方案,要对其在共同研究期以后的现金流量余值进行合理的估算,并回收余值,以免影响结论的正确性。目前,对存在着寿命未结束方案的未使用价值的处理方式有三种:①完全承认未使用的价值,即将方案的未使用价值全部折算到研究期末;②完全不承认未使用价值,即研究期后的方案未使用价值均忽略不计;③预测方案未使用价值在研究期末的价值并作为现金流入。下面通过例子来进一步说明三种情况的处理。

【例 4-10】 资料如 [例 4-9],用净现值法选择最优方案。

解法一:最小公倍数法。

根据 [例 4-9] 可知,A 方案自身经济效果不可行,应剔除。仅比较 B 和 C 两个方案。

假设 B 和 C 两个方案能够完全重复实施,根据最小公倍数法,B 和 C 两个方案寿命的最小公倍数为 12 年。在这期间 B 方案重复实施两次,C 方案重复实施一次,现金流量图如图 4-5 所示。

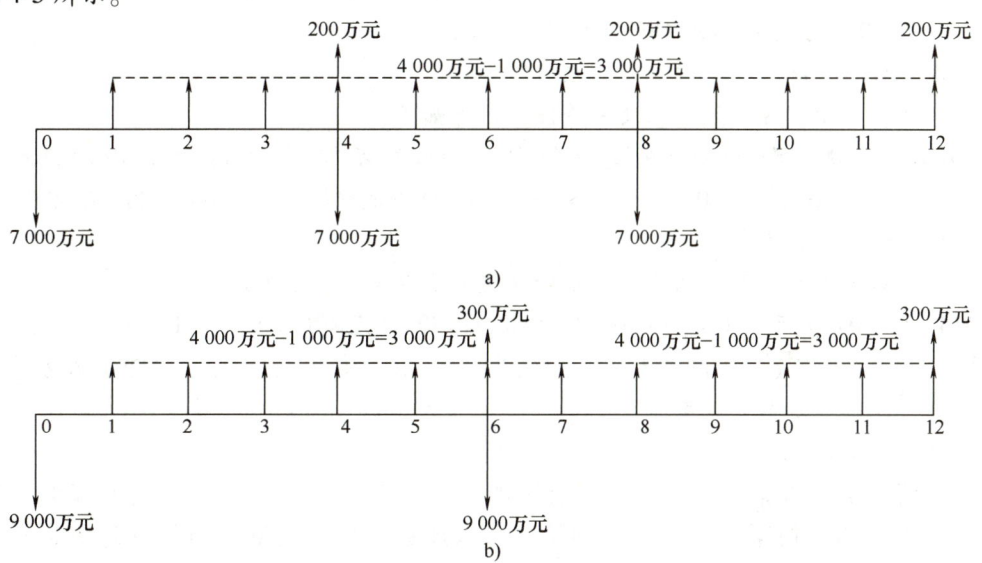

图 4-5 NPV 最小公倍数评价法 B 方案和 C 方案现金流量图
a) B 方案 b) C 方案

$NPV_B = (4\,000 - 1\,000)(P/A, 15\%, 12) - 7\,000[1 + (P/F, 15\%, 4) + (P/F, 15\%, 8)] +$
$\qquad 200[(P/F, 15\%, 4) + (P/F, 15\%, 8) + (P/F, 15\%, 12)]$
$\qquad = 3\,000\,万元 \times 5.420\,6 - 7\,000\,万元 \times 1.898\,7 + 200\,万元 \times 1.085\,6$
$\qquad = 3\,188.02\,万元$

$NPV_C = (4\,500 - 1\,500)(P/A, 15\%, 12) - 9\,000[1 + (P/F, 15\%, 6)] +$
$\qquad 300[(P/F, 15\%, 6) + (P/F, 15\%, 12)]$
$\qquad = 3\,000\,万元 \times 5.420\,6 - 9\,000\,万元 \times 1.432\,3 + 300\,万元 \times 0.619\,2$
$\qquad = 3\,556.86\,万元$

其实，通过前面叙述知道一个方案无论重复实施多少次，其年值是不变的，最小公倍数法净现值也可按如下方法求：

$$NPV_B = NAV_B(P/A, 15\%, 12)$$
$$= 587.95 \text{ 万元} \times 5.420\,6$$
$$= 3\,187.04 \text{ 万元}$$
$$NPV_C = NAV_C(P/A, 15\%, 12)$$
$$= 656.46 \text{ 万元} \times 5.420\,6$$
$$= 3\,558.41 \text{ 万元}$$

显然，$NPV_C > NPV_B$，方案 C 是最佳方案。

解法二：研究期法。

根据上述可知，A 方案自身经济效果不可行，应剔除。仅比较 B 和 C 两个方案。选定研究期为 4 年。

(1) 承认未使用价值法，计算如下：

$NPV_B = -7\,000 \text{ 万元} + 3\,000 \text{ 万元} \times (P/A, 15\%, 4) + 200 \text{ 万元} \times (1+15\%)^{-4} = 1\,679.35 \text{ 万元}$

$NPV_C = [-9\,000 \text{ 万元} + 300 \text{ 万元} \times (1+15\%)^{-6}](A/P, 15\%, 6)(P/A, 15\%, 4) +$
$\quad\quad 3\,000 \text{ 万元} \times (P/A, 15\%, 4) = 1\,874.21 \text{ 万元}$

显然，$NPV_C > NPV_B$，方案 C 是最佳方案。

(2) 不承认研究期末设备未使用价值，计算如下：

$NPV_B = -7\,000 \text{ 万元} + 3\,000 \text{ 万元} \times (P/A, 15\%, 4) + 200 \text{ 万元} \times (1+15\%)^{-4} = 1\,679.35 \text{ 万元}$

$NPV_C = -9\,000 \text{ 万元} + 300 \text{ 万元} \times (1+15\%)^{-4} + 3\,000 \text{ 万元} \times (P/A, 15\%, 4) = -263.47 \text{ 万元}$

显然，B 方案最优。

(3) 估计研究期末设备的残值，如估计值为 3 000 元，计算如下：

$NPV_B = -7\,000 \text{ 万元} + 3\,000 \text{ 万元} \times (P/A, 15\%, 4) + 200 \text{ 万元} \times (1+15\%)^{-4} = 1\,679.35 \text{ 万元}$

$NPV_C = -9\,000 \text{ 万元} + 3\,000 \text{ 万元} \times (1+15\%)^{-4} + 3\,000 \text{ 万元} \times (P/A, 15\%, 4) = 1\,280.26 \text{ 万元}$

显然，方案 B 是最佳方案

3. 计算期无限时互斥方案的选择

一般情况下，方案的计算期都是有限的，但在工程建设中，一些公共事业工程项目方案，如铁路、桥梁、运河、大坝等，可以通过大修或反复更新使其寿命延长至很长的年限直到无限。一般而言，经济分析对遥远未来的现金流量是不敏感的。例如，当利率为 6% 时，30 年后的 1 元，现值仅为 0.174 元，利率为 8% 时，50 年后的 1 元，现值仅为 0.02 元。因此对于服务寿命很长的工程方案，我们可以近似地当作具有无限服务寿命期来处理。这时，寿命无限方案的现金流量的现值与年值之间有着特别关系。

由年金现值公式得：

$$P = A\frac{(1+i)^n - 1}{i(1+i)^n} = \frac{A}{i}\left[1 - \frac{1}{(1+i)^n}\right]$$

当 $n \to \infty$ 时，

$$P = \frac{A}{i}\lim_{n \to \infty}\left[1 - \frac{1}{(1+i)^n}\right] = \frac{A}{i} \tag{4-10}$$

服务期无限的互斥方案的优选方法有费用现值法和费用年值法。

（1）费用现值法。对于无限期互斥方案采用净现值进行比较的判别准则为：净现值大于等于零且净现值最大的方案为最优方案。

对于仅有或仅需计算费用现金流量的互斥方案，可以比照净现值法，用费用现值法进行比选。判别原则是：费用现值最小的方案为优。

【例 4-11】 为修建某河的大桥，经考虑有 A、B 两个方案可供选择，A 方案投资为 1 200 万元，年维护费用 2 万元，水泥桥面每 10 年翻修一次需 5 万元；B 方案投资为 1 100 万元，年维护费用 8 万元，该桥每 3 年粉刷一次 3 万元，每 10 年整修一次 4 万元，若基准收益率为 10%，试比较哪个方案较优？

解：本题可看作服务年限为无限的两个方案，根据式（4-10），若欲求现值，必须先求年值，所以必须先把方案的翻修费、整修费等年金化，然后与年维修费相加求得相应费用项目的年值，转化为现值后再与初始投资相加。两方案的现金流量图，如图 4-6 所示。

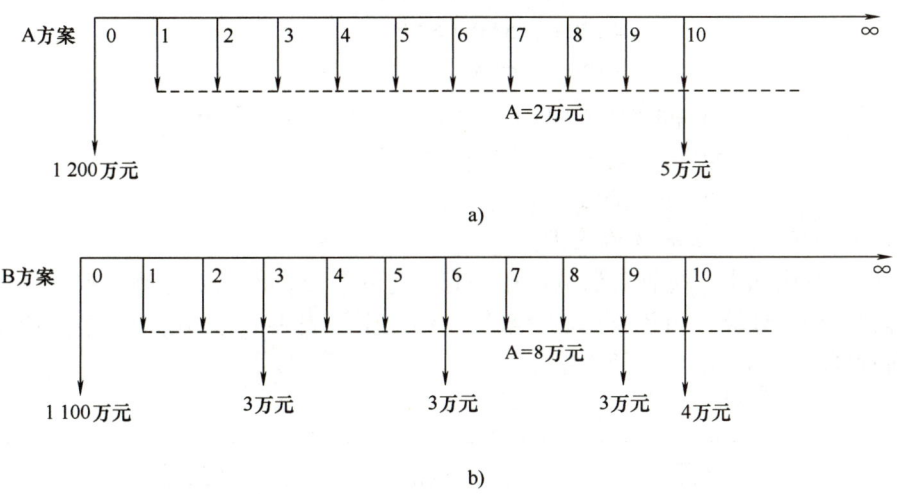

图 4-6 现金流量图 2

A 方案每年的维护费 $A_1=2$ 万元，每 10 年翻修一次需 5 万元，折合年费用 $A_2=5(A/F,10\%,10)=5×0.062\ 7=0.313\ 5$ 万元。该方案的费用现值为：

$$PC_A = 1\ 200 + \frac{2+5(A/F,10\%,10)}{10\%}$$

$$= 1\ 200 + \frac{2+0.313\ 5}{10\%}$$

$$= 1\ 223.14\ \text{万元}$$

B 方案每年的维护费 $A_1=8$ 万元，每 10 年整修一次需 4 万元，折合年费用 $A_2=4(A/F,10\%,10)=4×0.062\ 7=0.250\ 8$ 万元，每 3 年粉刷一次需 3 万元，折合年费用 $A_3=3(A/F,10\%,3)=3×0.302\ 1=0.906\ 3$ 万元。该方案的费用现值为：

$$PC_B = 1\ 100 + \frac{8 + 4(A/F, 10\%, 10) + 3(A/F, 10\%, 3)}{10\%}$$

$$= 1\ 100 + \frac{8 + 0.250\ 8 + 0.906\ 3}{10\%}$$

$$= 1\ 191.57\ 万元$$

由此可见，采用 B 方案较好。

（2）费用年值法。无限期的年值可以用下式为依据计算：

$$A = Pi \tag{4-11}$$

对于无限期互斥方案采用净年值进行比较的判别准则为：净年值非负且最大的方案为最优方案。

对于仅有或仅需计算费用现金流量的互斥方案，可以比照净年值法，用费用年值法进行比选。判别原则是：费用年值最小的方案为优。

【例 4-12】 数据见[例 4-11]，用年值法选择最优方案。

解：

$$AC_A = 1\ 200 \times 10\% + 2 + 5(A/F, 10\%, 10)$$

$$= 120 + 2 + 5 \times 0.062\ 7$$

$$= 122.31\ 万元$$

$$AC_B = 1\ 100 \times 10\% + 8 + 4(A/F, 10\%, 10) + 3(A/F, 10\%, 3)$$

$$= 10 + 8 + 4 \times 0.062\ 7 + 3 \times 3\ 021$$

$$= 11.92\ 万元$$

由于 $AC_A > AC_B$，故方案 B 为最优。

在互斥方案比选中，每种方法的应用都有一定的假设条件，要正确掌握这些方法。不仅需了解它们如何计算，而且要搞清各自使用的范围。表 4-8 给出互斥方案的特点与方法选择，同时列出了不允许使用的方法。

表 4-8 互斥方案的特点与方法选择

现金流	寿命相等	寿命不相等
投资收益型	（1）NPV 取最大或 NAV 取最大 （2）差额分析法 （3）不允许直接用 IRR、NPVR 取最大，P_t、P_t' 取最小	（1）NAV 取最大 （2）最小公倍法、无穷大寿命、研究期法，NPV 取最大 （3）不允许直接使用 NPV 取最大，或直接用 IRR、NPVR、P_t、P_t' 等
投资费用型	费用现值 AC 取最小、年费用 AC 取最小	年费用 AC 取最小

课题 3　独立方案的经济效果评价与选择

一般独立方案选择处于下面两种情况：

1）当各方案相互独立时，若资金对所有项目不构成约束，方案的采用与否只取决于各方案自身的经济性，即只需要检验它们是否能够通过净现值、净年值或内部收益率等绝对经济效果评价方法。

2）若资金不足以分配到全部自身经济性可行的方案时，即形成资金约束条件下的定量分配问题,称为"有资金限制的独立方案"。

4.3.1 无资金限制的独立方案优选

1. 静态评价方法

对独立(单一)方案进行静态评价,主要是对投资方案的投资收益率或静态投资回收期等静态评价指标进行计算,并与行业平均投资收益率 R_c 或基准投资回收期 P_c 进行比较,以此判断方案经济效果的优劣。若方案的投资收益率大于行业平均投资收益率,则方案是可行的;或者投资方案的投资回收期不超过基准投资回收期,表明方案投资能在规定的时间内回收,方案是可以考虑接受的。

2. 动态评价方法

对独立方案进行动态评价主要是采用净现值、净年值和内部收益率等动态评价指标进行评价。

【例 4-13】 现有 A、B、C 三个独立方案,其寿命周期内各年的净现金流量见表 4-9,试进行方案的选择(i_c=10%)。

表 4-9 独立方案 A、B、C 各年的净现金流量　　　　　　(单位:万元)

方案	年末	
	0	1~10
A	-1 000	300
B	-2 500	500
C	-4 500	1 000

解法一:净现值法。

$$NPV_A = -1\ 000 + 300(P/A, 10\%, 10)$$
$$= -1\ 000\ 万元 + 300\ 万元 \times 6.144\ 0 = 843.2\ 万元$$
$$NPV_B = -2\ 500 + 500(P/A, 10\%, 10)$$
$$= -2\ 500\ 万元 + 500\ 万元 \times 6.144\ 0 = 572\ 万元$$
$$NPV_C = -4\ 500 + 1\ 000(P/A, 10\%, 10)$$
$$= -4\ 500\ 万元 + 1\ 000\ 万元 \times 6.144\ 0 = 1\ 644\ 万元$$

由于,$NPV_A>0$,$NPV_B>0$,$NPV_C>0$,根据净现值的判别准则,A、B、C 三个独立方案均可接受。

解法二:净年值法。

$$NAV_A = -1\ 000(A/P, 10\%, 10) + 300$$
$$= 1\ 000\ 万元 \times 0.162\ 8 + 300\ 万元 = 137.2\ 万元$$
$$NAV_B = -2\ 500(A/P, 10\%, 10) + 600$$
$$= -2\ 500\ 万元 \times 0.162\ 8 + 600\ 万元 = 193\ 万元$$
$$NAV_B = -4\ 500(A/P, 10\%, 10) + 1\ 000$$
$$= -4\ 500\ 万元 \times 0.162\ 8 + 1\ 000\ 万元 = 267.4\ 万元$$

同样,由于 $NAV_A>0$,$NAV_B>0$,$NAV_C>0$,根据净年值的判别准则,A、B、C 三个独

立方案均可接受。

解法三：内部收益率法。

由方程：
$$NPV_A = -1\,000 + 300(P/A, IRR_A, 10) = 0$$
$$NPV_B = -2\,500 + 500(P/A, IRR_B, 10) = 0$$
$$NPV_C = -4\,500 + 1\,000(P/A, IRR_C, 10) = 0$$

解得 A、B、C 方案的内部收益率分别为 27.48%、14.10%、18.08%，均大于基准收益率（$i_c = 10\%$），故三个方案都应接受。

对于独立方案而言，方案在经济上是否可接受，取决于方案自身的经济性，即方案的经济效果指标是否满足指标的判别准则。通过前面内容的介绍知道，当项目的净现值大于零时，其内部收益率必定大于基准收益率。那么，净年值和净现值率也大于零。所以，对独立方案来说，不论采用净现值、净年值、内部收益率还是净现值率指标，评价结论都是一样的。

4.3.2 有资金限制的独立方案优选

在若干独立方案的比较和选优过程中，有资金限制的情况经常遇到。由于资金方面的约束，不可能满足所有投资方案的投资要求，或者由于投资的不可分割性，这些约束条件意味着接受某几个方案必须放弃另一些方案，使这些独立方案相互组合形成互斥的方案，因此这类方案又被称为"组合—互斥型方案"。

有资金限制的独立方案评价的基本原则是：使有限的资金获得最大的经济利益。具体评价方法有组合互斥法和净现值率排序法。

1. 组合互斥法

组合互斥法的具体步骤如下：

（1）分别对各独立方案进行绝对经济效果检验。即剔出净现值小于零或内部收益率小于基准收益率的方案。

（2）列出通过绝对经济效果检验的方案的所有可能的组合方案，则这些组合方案之间具有互斥关系。每个组合方案的现金流量为被组合的独立方案的现金流量叠加。如果有 m 个通过检验的方案，那么就有 $2^m - 1$ 个组合方案。

（3）将所有组合方案按照初始投资额由小到大排序，剔出投资额超出投资限额的组合方案。

（4）对剩余的组合方案按互斥方案的比选原则，选择最优的方案组合，即分别计算各组合方案的净现值、净年值或增量内部收益率。以净现值或净年值最大的组合方案为最佳方案；或者以增量投资内部收益率的判别原则选择最佳方案组合。由于这些方法的评价结论一致，为简化有资金限制的独立方案的评价，一般仅用净现值最大作为最优的方案组合选择的准则。

【例 4-14】某企业三个投资项目 A、B、C，它们是相互独立的，三个项目的分析期均为 8 年，各投资项目的初始投资和年净收益见表 4-10，基准收益率为 10%，若企业预算资金为 120 万元。试问企业应如何进行投资才能取得最大收益？

表 4-10 投资项目的初始投资和年净收益　　　　　（单位：万元）

方　案	初始投资	年净收益
A	40	12
B	55	15
C	72	19

解：（1）绝对效果检验，计算如下：

$$NPV_A = -40 + 12(P/A, 10\%, 8) = 24.02 \text{ 万元}$$
$$NPV_B = -55 + 15(P/A, 10\%, 8) = 25.02 \text{ 万元}$$
$$NPV_C = -72 + 19(P/A, 10\%, 8) = 29.36 \text{ 万元}$$

显然，三个方案的净现值均大于零，都通过了绝对经济效果检验。

（2）列出所有组合方案（$2^3 - 1 = 7$ 个），对每个组合方案内的各独立方案的现金流量叠加，得到组合方案的现金流量，见表 4-11。

表 4-11 组合互斥方案的评价结果　　　　　（单位：万元）

序　号	组合方案	初始投资	年净收益	净现值
1	A	40	12	24.02
2	B	55	15	24.02
3	C	72	19	29.36
4	A+B	95	27	49.04
5	A+C	112	31	53.38
6	B+C	127（超出限额）	34	—
7	A+B+C	167（超出限额）	46	—

（3）组合方案按投资额从小到大排序，见表 4-11，剔除超出限额的 B+C、A+B+C 组合方案。

（4）计算资金限额内各组合方案的净现值，见表 4-11。显然 A+C 方案的净现值最大，所以企业应选择 A 方案和 C 方案进行投资。

组合互斥法在各种情况下均能保证获得最佳组合方案，但方案数目较多时，计算比较繁琐。例如，10 个独立方案将组合成 1023（$2^{10}-1$）个组合方案。所以当项目个数较少时采用这种方法简单实用。

2. 净现值率排序法

净现值率排序法是将各方案的净现值率按大小顺序依次排列，并依此次序选取方案。其目标是达到一定总投资的净现值最大。

资金限制的独立方案评价的净现值率排序法步骤如下：

（1）计算各独立方案的净现值率（$NPVI$），淘汰不合格方案即 $IRR < i_c$ 或 $NPVI < 0$，对剩余方案按比率指标由大到小排序并绘图。

（2）标注资金限制。

（3）依次选取，直至所选取方案的投资额之和达到或接近投资限额。

净现值率大小说明单位投资所获得的净现值的大小，在一定资金限额下，净现值率越大,获得的净现值总额也就越大。

【例 4-15】 表 4-12 为 6 个相互独立的投资项目净现金流量及有关指标,寿命均为 6 年。

(1) 若基准收益率为 10%,可投资资金为 250 万元,应选择哪些项目最有利?

(2) 若基准收益率为 10%,可投资资金为 300 万元,应选择哪些项目最有利?

表 4-12　被选项目净现金流量及有关指标　　　　　　　　　　(单位:万元)

项目	初始投资	年净收益	净现值	净现值率	净现值指数排序
A	60	18	18.40	0.31	3
B	55	14	4.97	0.11	5
C	45	15	20.33	0.45	2
D	80	22	14.82	0.20	4
E	75	28	46.95	0.59	1
F	70	17.5	6.22	0.09	6

解:用净现值率排序法进行求解。

(1) 计算各方案的净现值和净现值率,见表 4-12。净现值率公式为:

$$NPVI = \frac{NPV}{I_p}$$

(2) 将各项目的净现值率排序并绘成图,标注资金限额,如图 4-7 所示。

(3) 选优:

① 根据条件(1),若资金限额为 250 万元,可依次选择 E、C、A,投资额为 180 万元,剩余 70 万元资金不够项目 D 投资之用。由于项目的不可分割性,D 项目不能被选中,但下一个项目 B 可被选中,总投资额为 215 万元,剩余资金 35 万元不够投资下一个项目 F 用,这时投资组合的净现值为 91.65 万元。项目 F 的投资额刚好为 70 万元,所以如果不选 B,选 F,

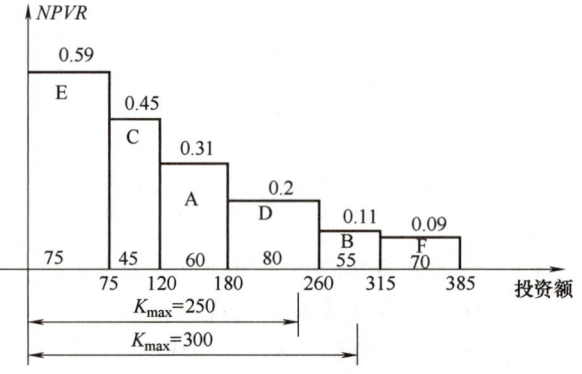

图 4-7　方案优劣顺序

则刚好能够用完全部资金,这时组合方案的净现值为 91.9 万元,所以最佳组合方案为 (E,C,A,F)。② 若资金限额为 300 万元,按照净现值率选择方案,最佳组合方案为: E+C+A+D=45+75+60+80=260 万元,最佳组合方案的净现值为 101.5 万元。

采用净现值率排序法对有资金限制的独立方案进行评选时计算简便。但是,由于投资方案的不可分割性,即一个方案只能作为一个整体被接受或放弃,经常会出现资金没有被充分利用的情况,因而不一定能保证获得最佳组合方案。只有当各方案投资占总投资比例很小或者入选方案正好分配完总投资时才能保证获得最佳组合方案。

所以,净现值率排序法常用于方案个数比较多,同时各方案投资占资金限额的比例很小的情况。

情境引入分析

解：本案例可看作服务年限为无限的互斥方案比选，可采用费用现值或费用年值法进行比选。

（1）费用现值法

$$PC_A = 60 + [3(A/F, 10\%, 5) + 1]/(10\%) = 74.914 \text{ 万元}$$

$$PC_B = [50(A/P, 10\%, 10) + 1.2 - 1 \times (A/F, 10\%, 10)]/(10\%) = 92.723 \text{ 万元}$$

由于 $PC_A < PC_B$，故方案 A 为最优。

（2）费用年值法

$$AC_A = 60 \times 10\% + 3(A/F, 10\%, 5) = 7.4914 \text{ 万元}$$

$$AC_B = 50(A/P, 10\%, 10) + 1.2 - 1 \times (A/F, 10\%, 10) = 9.2723 \text{ 万元}$$

由于 $AC_A < AC_B$，故方案 A 为最优。

启示角

对于北京 2008 年奥运会部分场馆建设计划的调整，央视"经济半小时"节目颇为传神地形容为"瘦身"。

"鸟巢"从 2004 年 7 月 30 日起暂停施工、等待方案调整。北京市政府领导表示，将积极树立"节俭办奥运"观念，对奥运场馆建设方案进行调整，通过调整投入结构，追求平实而非奢华的筹办过程。

将"鸟巢"开启式屋顶取消，最终专家评审通过顶部开口放大的方案。"瘦身"后的预算，终于接近了 23 亿元这个数字。

此前的"鸟巢"方案，造价为 38.9 亿元，用钢量高达 13.6 万 t，被指责为既昂贵又笨重。清华大学土木系教授、钢结构专家董聪受命组建"奥运场馆结构选型及优化设计关键技术"课题小组，课题小组的任务就是根据实际情况优化结构构件的截面厚度，采取局部构造性增强等措施，为场馆进行整体的科学"瘦身"，以减轻结构自重。与此同时，课题小组成功地将"鸟巢"用钢量从 13.6 万 t"瘦身"至 5.3 万 t，仅此一项，整个工程的费用将节省 8 亿元左右。课题小组通过更加细致的优化设计，"鸟巢"结构用钢量可进一步降至 4.8 万 t。如果将主结构的钢材提高一个强度等级，"鸟巢"的结构用钢量可降低至 4.2 万 t，此举又可省下 1.1 亿元。

北京市发改委多次召集专家，就"鸟巢"修改方案进行讨论，对于"去顶"提议，由中国建筑设计研究院提供了 3 个具体实施方案，专家们确定了其中的一个——体育场的开口由 1 万 m² 扩大到 2 万 m²，用钢量由此减少 1 万 t。但"鸟巢"的造价仍然过于昂贵，专家们认为，"鸟巢"还有"瘦身"的余地。

同学们，从鸟巢的"瘦身"过程中得到哪些启发？

在进行建设项目方案评价选择时，要综合考虑多方面的因素，不断优化方案，做出最佳选择。

单元 5　建设项目的不确定性分析与风险分析

单元目标

知识目标	技能目标	育人目标
1. 掌握不确定性与风险的概念，了解不确定性与风险的关系 2. 掌握盈亏平衡分析方法 3. 掌握敏感性分析的方法与步骤 4. 熟悉风险分析的方法与概念	1. 熟练掌握分析不确定性因素的方法 2. 熟练运用盈亏平衡分析解决实际问题 3. 能熟练掌握敏感性分析，解决实际问题 4. 灵活运用风险分析，解决实际问题	1. 培养学生爱国精神、历史责任感，坚定文化自信，增强使命担当 2. 培养学生严谨求实的工作作风，德法兼修的职业素养 3. 培养学生克服困难、开拓创新的职业品格和行为习惯 4. 培养学生正确对待风险的态度

情境引入

某建设项目需要安装一条自动化生产线，现在有 3 种方案可供选择。A 方案为从国外引进全套生产线，年固定成本为 1 350 万元，单位产品可变成本为 1 800 元；B 方案为仅从国外引进主机，国内组装生产线，年固定成本为 950 万元，单位产品可变成本为 2 000 元；C 方案为采用国内生产线，年固定成本为 680 万元，单位产品可变成本为 2 300 元。假设生产线的生产能力相同，试分析各种方案适用的生产规模。

课题 1　不确定性分析与风险分析概述

5.1.1　不确定性分析的概念

不确定性是指人们分析问题时所依据的基础变量以及分析的结论偏离实际状态值不为确定无疑的性质。由于人们对未来事物认识的局限性、可获信息的有限性以及未来事物本身的不确定性，使得投资建设项目的实施结果可能偏离预期目标，这就形成了投资建设项目预期目标的不确定性。

工程项目的投资决策是面对未来，项目评价所采用的基础数据，如投资、成本、产量、售价等经济要素的取值，大部分来自估算和预测，同时受政治、文化、社会因素、经济环境、资源与市场条件、技术发展情况等因素的影响，因而这些因素随着时间、地点、条件的改变是不断变化的。尽管可以使用各种方法对诸经济要素进行有效的预测或估算，主观预测能力毕竟是有局限性的，无论采用的方法多么科学，其预测值或估算值都不可能与将来的实际情况完全相符，甚至有较大的偏差，因此就存在影响方案经济性评价结论的不确定性因素，从而会对项目决策产生不利影响，使投资潜伏风险，所以在进行工程经济分析时，进行不确定性分析十分有必要。尤其对于寿命周期长、投资大的项目，进行不确定性分析显得更为必要。

工程项目的不确定性分析就是考虑建设投资、经营成本、产品售价、销售量、项目寿命等主要因素发生变化时，对项目经济评价指标所产生的影响程度，以及方案本身对各种风险的承受能力。通过该分析可以尽量弄清和减少不确定性因素对经济效益的影响，预测项目投资对某些不可预见的政治与经济风险的抗冲击能力，为投资者权衡收益和风险，稳妥进行决策提供依据。

5.1.2 项目投资风险概述

在工程项目的整个建设阶段始终存在着因为未来的不确定性因素而导致停工的风险，这也是工程项目建设的固有属性。"风险"一词，在我国通常被定义为"可能发生的危险"；而在国外，主要观点认为"风险是遭受危险、蒙受损失或者伤害等的可能"。在工程界我们倾向于认为在长期的工程建设中，风险不仅联系着灾难，也与利润并存着，关键在于我们如何有效地对其进行认识和研究。

项目风险贯穿于项目建设和生产运营的全过程中，针对工程建设的不同阶段和不同项目类型，风险因素主要有政治和社会风险、市场（行业）风险、公司（项目）风险、资源风险以及外部协作条件风险等。

投资者必须清楚风险与收益是相伴的，对风险的应对一般可采用以下四种基本方式：

（1）风险回避。风险回避就是拒绝承担风险，即完全规避风险。例如，风险分析显示产品市场存在严重风险，若采取回避风险的对策，应做出缓建或者放弃项目的建议，这也就是说回避风险对策在某种程度上意味着丧失项目可能获利的机会。

（2）风险减轻。风险减轻是减少不利的风险事件的后果和可能性到一个可以接受的范围。通常在项目的早期采取风险减轻策略可以收到更好的效果。

（3）风险转移。风险转移是将项目可能发生风险的一部分转移出去的防范方式，有保险转移和非保险转移两种。保险转移是将风险转移给保险公司承担；非保险转移是将项目的一部分风险转移给承包方，可在签订合同中将部分风险损失转移给合同方承担。

（4）风险自留。有些风险是没法转移的，或者转移是不经济的，对于造成损失小、重复性较高的风险是最适合自留的，这就是投资者往往将那些可获高利回报而甘愿冒险的项目留给自己的原因。

5.1.3 风险与不确定性的关系

美国经济学家奈特认为风险是"可测定的不确定性"，而"不可测定的不确定性"才是真正意义上的不确定性。从理论上说，风险是指由于随机原因引起的项目总体的实际价值与预期价值之间的差异。风险是与出现不利结果的概率相关联的，出现不利结果的概率越大，风险也就越大。不确定性主要是指与项目有关的因素或未来的情况缺乏足够的信息而无法做出正确的估计，没有全面考虑所有因素而造成的预期价值与实际价值之间的差异。这样，理论上是可以区分风险与不确定性的，但从项目经济评价的角度而言，将两者绝对分开没有多大的意义，也没有必要。

风险与不确定性分析是项目风险管理的前提和基础。通过分析各个技术经济变量的变化对投资方案经济效益的影响，投资方案对各种不确定因素变化的承受能力，来进一步确认项目在财务上和经济上的可靠性，这个过程称为风险与不确定性分析。风险与不确定性分析是工程项目财务分析和国民经济分析的必要补充，有助于加强项目风险管理与控制，同时可为最终的决策提供一定的保障，可在一定程度上避免决策失误导致的巨大损失，有助于决策的科学化。

工程项目不确定性分析的方法主要包括盈亏平衡分析、敏感性分析、风险分析和决策技术。在具体应用时，要综合考虑项目的类型、特点、决策者的要求，相应的人力、财力，以及项目对国民经济的影响程度等条件来选择。一般来讲盈亏平衡分析只适用于财物分析，敏感性分析则可用于财务分析和国民经济分析。

课题 2　盈亏平衡分析

盈亏平衡分析又称为量本利分析，对于一个工程项目而言，各种不确定因素（如投资、成本、销售量、销售价格等）的变化会影响方案的经济效果，当这些因素的变化达到某一临界值时，就会使方案的经济效果发生质的变化，可能致使原来盈利的项目变为亏损项目，影响方案的取舍，我们称这种临界点为盈亏平衡点。在这点上，项目既不盈利也不亏损。盈亏平衡分析的目的就是寻找这种临界值，以此判断工程项目对不确定因素变化的承受能力和抵御风险能力，为决策提供依据。盈亏平衡分析方法还广泛应用于预测成本、收入、利润，编制利润计划，估计售价、销量、成本水平变动对利润的影响，为各种经营决策提供依据。

盈亏平衡分析的基本模型是建立成本与产量、营业收入与产量之间的函数关系式，通过对这两个函数及图形的分析，找出盈亏平衡点。

根据成本、营业收入与产量之间是否呈线性关系，盈亏平衡分析一般分为线性盈亏平衡分析和非线性盈亏平衡分析。

5.2.1　线性盈亏平衡分析

1. 基本假定

在企业中，一般把收入看成是产品的单价与销售量乘积，企业的收入与销售量成正比，基本上成直线变化。

产品的总成本可分为固定成本和可变成本。固定成本是指在一定的产量范围内不随产量的增减变动而变化的成本，如辅助人员工资、折旧及摊销费、维修费等；可变成本也叫变动成本，是随产量的增减变动而成正比例变化的成本，如原材料的消耗、直接生产用的辅助材料、燃料动力等。

进行线性盈亏平衡分析，通常需要做以下假定：

（1）产量等于销售量。正常的营销策略是适销对路，以销定产。在工程经济分析中假定产销平衡，即当年生产的产品（服务）当年销售出去。

（2）产量变化，年固定成本和单位可变成本不变，从而总成本费用是产量的线性函数。在一定的生产经营状况下，这种假设显然是可行的。

（3）在一定时期和一定的产销量范围内，产量变化，产品售价不变。从而营业收入是销售量的线性函数。

（4）按单一产品计算，当生产多种产品时，应换算为单一产品。

2. 盈亏平衡点及其确定

（1）线性盈亏平衡分析的基本公式。根据以上假定可以建立如下基本公式：

年度总营业收入 $\qquad R = PQ \qquad$ (5-1)

总成本 $\qquad C = F + VQ \qquad$ (5-2)

年利润方程 $\qquad B = R - C - TQ = PQ - F - VQ - TQ \qquad$ (5-3)

式中　Q——产品产（销）量；

R——年营业收入；

C——总成本；

B——年利润总额；

P——产品（服务）售价；

F——年总固定成本；

V——单位产品可变成本；

T——单位产品税金及附加。

（2）盈亏平衡点的计算。盈亏平衡点的计算一般采用公式计算法和图解法。

1）公式计算法。根据盈亏平衡点的定义，企业年盈利为零，存在平衡关系：

$$PQ = F + VQ + TQ \qquad (5-4)$$

可得到以年产量表示的盈亏平衡点：

$$BEP_Q = \frac{F}{P - V - T} \qquad (5-5)$$

除了用产量表示外，盈亏平衡点还可以用生产能力利用率、营业收入、销售价格、单位产品变动成本等来表示。

以生产能力利用率表示的盈亏平衡点：

$$BEP_Y = \frac{BEP_Q}{Q_0} \times 100\% = \frac{F}{(P - V - T)Q_0} \times 100\% \qquad (5-6)$$

式中　Q_0——产品的设计生产能力。

或 $$BEP_Y = \frac{年固定总成本}{销售收入 - 年变动总成本 - 年销售税金及附加} \times 100\% \qquad (5-7)$$

以营业收入表示的盈亏平衡点：

$$BEP_R = P \times BEP_Q = P \frac{F}{P - V - T} \qquad (5-8)$$

以产品销售价格表示的盈亏平衡点：

$$BEP_P = \frac{F}{Q_0} + V + T \qquad (5-9)$$

以产品变动成本表示的盈亏平衡点：

$$BEP_V = P - \frac{F}{Q_0} - T \qquad (5-10)$$

项目评价中最常用的就是以产量和生产能力利用率表示的盈亏平衡点。为了说明项目（方案）经营风险的大小，还引入经营安全率的概念。

经营安全率（BEP_S）是反映项目经营状况是否安全可靠的重要指标，它是项目预计销售量（额）与盈亏平衡点销售量（额）之间的差额（称为安全边际）与预计销售量之比。表示项目不致发生亏本的保险程度。

$$BEP_S = \frac{Q_0 - BEP_Q}{Q_0} \times 100\% = 1 - BEP_Y \tag{5-11}$$

BEP_S 越高，预计销售量大于盈亏平衡点产量 BEP_Q 越多，经营越安全，项目风险越小。经营安全性的判定标准可参见表5-1。

表5-1 经营安全性的判定标准

BEP_S值	10%以下	10%~15%	15%~20%	25%~30%	30%以上
判定	危险	应警惕	不太安全	较安全	安全

2) 图解法。图解法是一种通过绘制盈亏平衡图直观反映产销量、成本和盈利间的关系，确定盈亏平衡点的分析方法。将式（5-1）和式（5-2）表示在同一坐标图上，就得出线性盈亏平衡分析图，如图5-1所示。图中，横轴表示生产量（或销售量），纵轴表示营业收入或总成本。

从图中可以看出，当产量小于 BEP_Q 时，总成本线高于营业收入线，两者之差，表现为亏损；而当产量大于 BEP_Q 时，总成本线低于营业收入线，两者之差表现为盈利；而且，

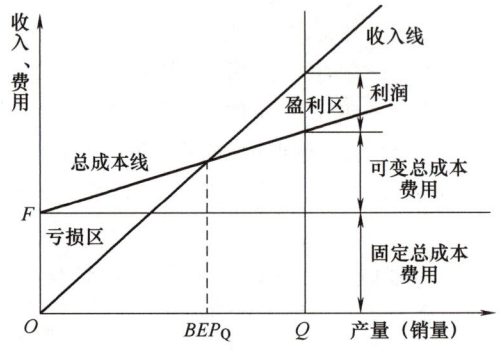

图5-1 线性盈亏平衡分析图

盈亏平衡点的数值越小，亏损区就越小，这样项目能获利的产量幅度就越大，亏损的风险就越小。

【例5-1】某建材厂设计能力为年生产某型号预制构件7 200件，每件售价5 000元，该厂固定成本680万元，每件产品变动成本为3 000元，每件产品营业税金及附加为250元。试求用产量表示的盈亏平衡点、盈亏平衡点的生产能力利用率、盈亏平衡点的售价、销售收入表示的盈亏平衡点、产品可变成本表示的盈亏平衡点。

解：（1）产量表示的盈亏平衡点：

$$BEP_Q = \frac{F}{P-V-T} = \frac{6\ 800\ 000}{5\ 000 - 3\ 000 - 250} 件 = 3\ 856 件$$

（2）盈亏平衡点生产能力利用率：

$$BEP_Y = \frac{BEP_Q}{年设计生产能力} \times 100\% = \frac{3\ 856}{7\ 200} \times 100\% = 53.97\%$$

（3）盈亏平衡点的售价：

$$BEP_P = \frac{F}{Q_0} + V + T = \left(\frac{6\ 800\ 000}{7\ 200} + 3\ 000 + 250\right) 元/件 = 4\ 194 元/件$$

(4) 销售收入表示的盈亏平衡点：

$$BEP_R = P\frac{F}{P-V-T} = P \times BEP_Q = 5\,000 \text{元} \times 3\,856 = 1\,928 \text{万元}$$

(5) 产品变动成本：

$$BEP_V = P - \frac{F}{Q_0} - T = \left(5\,000 - \frac{6\,800\,000}{7\,200} - 250\right) \text{元/件} = 3\,806 \text{元/件}$$

【例5-2】 企业生产某种产品，设计年产量6 000件，每件产品售价50元，企业固定开支为66 000元/年，单位产品变动成本为28元，则：

(1) 试计算企业的最大可能盈利。
(2) 求企业不盈不亏时的最低产量和生产能力利用率，并判断企业的抗风险能力。
(3) 企业要求年盈余4.4万元时，产量为多少？
(4) 经预测，该产品需求量将超过目前的生产能力，因此准备扩大生产规模。扩大生产规模后，当产量不超过1万件时，固定成本将增加2万元，单位变动成本将降低到27元/件，求此时的盈亏平衡点。若企业还要维持4.4万元利润，请问销售量是多少？

解：(1) 企业的最大可能盈利：

$$B = 6\,000 \times (50-28) \text{元} - 66\,000 \text{元} = 66\,000 \text{元}$$

(2) 企业不盈不亏时的最低产量：

$$BEP_Q = \frac{66\,000}{50-28} \text{件} = 3\,000 \text{件}$$

生产能力利用率：$BEP_Y = \frac{3\,000}{6\,000} \times 100\% = 50\%$

经营安全率为50%，大于30%，抗风险能力较强。

(3) 企业要求盈余4.4万元时的产量：

$$Q = \frac{F+B}{P-V} = \frac{44\,000+66\,000}{50-28} \text{件} = 5\,000 \text{件}$$

(4) 扩大规模后的盈亏平衡点：

$$BEP_Q = \frac{86\,000}{50-27} = 3\,185 \text{件}$$

企业要求盈余4.4万元时的产量：

$$Q = \frac{F+B}{P-V} = \frac{44\,000+86\,000}{50-27} \text{件} = 5\,652 \text{件}$$

5.2.2 非线性盈亏平衡分析

线性盈亏平衡分析是假定生产成本与销售收入随产量增长而呈线性变化的，但实际上的量变关系并不那么简单，也就是说销售收入与销售量之间，成本费用与产量之间，并不一定呈线性关系，在这种情况下进行的盈亏平衡分析称为非线性盈亏平衡分析，如图5-2所示。

由图5-2可以看出，当项目的产量Q、成本C、收入R之间表现为非线性关系时，会出现几个平衡点，如图中的Q_1和Q_2。显然，只有产销量在Q_1和Q_2之间时，项目才能盈利。在Q_1和Q_2之间，收入线和成本线标距最大处，即为项目盈利最大位置所对应的产销量,也就是最佳规划产量。

非线性盈亏平衡分析多采用解析法求解,非线性盈亏平衡模型是:

$$R(Q) = P(Q)Q - TQ \quad (5-12)$$
$$C(Q) = F + V(Q)Q \quad (5-13)$$

式中　$R(Q)$——扣除营业税金及附加后的营业收入函数;
　　$P(Q)$——产品单价函数;
　　Q——产品产量;
　　$C(Q)$——成本函数;
　　$V(Q)$——单位成本可变费用函数。

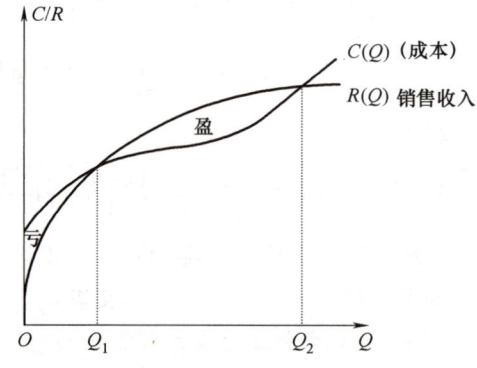

图 5-2　非线性盈亏平衡分析图

按盈亏平衡原理,当 $R(Q) = C(Q)$ 时,两条曲线相交,相交点即为盈亏平衡点,然后确定项目的盈利区范围(合理的经济产量)。

企业盈利的函数式:

$$B(Q) = R(Q) - C(Q) \quad (5-14)$$

利用极值原理,对上式求一阶偏导数,并令其等于零,就可以求得最大盈利的规划产销量。

【例 5-3】 拟建某企业,生产某工业原料,预计产品的年固定成本为 4 732 万元,单位产品可变成本 9 042.5 元,产品单位售价 15 850 元/t。由于原材料大量采购,每多生产一吨燃料,单位产品变动成本可降低 1.3‰。由于销售量增加,销量每增加一吨,售价下降 2.8‰,试求盈利的范围及最大利润时的销售量。

解: 单位产品的可变成本:

$$V(Q) = 9\ 042.5 - 9\ 042.5 \times 0.13\%Q$$
$$= 9\ 042.5 - 11.7Q$$

产品的售价为:

$$P(Q) = 15\ 850 - 15\ 850 \times 0.28\%Q$$
$$= 15\ 850 - 44.38Q$$

(1) 求盈亏平衡点的产量 Q_1 和 Q_2:

$$C(Q) = 4\ 732 + (9\ 042.5 - 11.7Q)Q$$
$$= 4\ 732 + 9\ 042.5Q - 11.7Q^2$$
$$R(Q) = (15\ 850 - 44.38Q)Q = 15\ 850Q - 44.38Q^2$$

根据盈亏平衡原理:

$$C(Q) = R(Q)$$

得　　　　　$4\ 732 + 9\ 042.5Q - 11.7Q^2 = 15\ 850Q - 44.38Q^2$

化简后得　　　$32.68Q^2 - 6\ 807.5Q + 4\ 732 = 0$

解方程得　　$Q_1 = \dfrac{6\ 807.5 - \sqrt{6\ 807.5^2 - 4 \times 32.68 \times 4\ 732}}{2 \times 32.68}$ 万 t = 0.70 万 t

$$Q_2 = \dfrac{6\ 807.5 + \sqrt{6\ 807.5^2 - 4 \times 32.68 \times 4\ 732}}{2 \times 32.68}$$ 万 t = 207.61 万 t

盈利的范围为产量在 0.70 万 t 和 207.61 万 t 之间。

(2) 求最大利润时的产量：

由 $B=R-C$ 得　　　$B(Q)= -32.68Q^2+6\,807.5Q-4\,732$

令 $B(Q)=0$ 得　　　$-65.36Q+6\,807.5=0$

解得　　　　　　　$Q_{max}=104.15$ 万 t

即当产量为 104.15 万吨时利润最大。

5.2.3　多方案的盈亏平衡分析

技术经济研究的问题常常是多方案的分析、比较和选择。若某些互斥方案的费用或效益是一个单变量函数，则盈亏平衡分析可以帮助我们做出正确的选择。

多方案的盈亏平衡分析又称优劣平衡分析，当某个不确定因素同时对两个或两个以上的多方案产生影响时，也可以采用盈亏平衡分析方法来考虑这个共有的不确定因素对各个方案的影响程度，并进行方案的比选。

多方案盈亏平衡分析是盈亏平衡分析方法的延伸，求解的过程是将同时影响各方案经济效果指标的共同的不确定性因素 X 作为自变量，将各方案的经济效果指标作为因变量，建立各方案经济效果与不确定因素之间的函数关系式：

$$E_1(X)、E_2(X)、E_3(X)\cdots\cdots E_n(X)$$

再令上述函数两两相等，解方程即可求得任意两个方案的临界点，结合对不确定因素 X 的未来取值范围的预测和盈亏平衡图就可以进行方案的取舍。

【例 5-4】 有 A、B 两个投资方案，方案 A 投资 10 000 元，年收入 5 000 元，年经营成本 2 200 元；方案 B 投资 15 000 元，年收入 8 000 元，年经营成本 4 300 元，若基准贴现率为 8%。由于该项目的市场寿命具有较大的不确定性，试分析采用何种方案比较经济（假设给定基准收益率为 12%，不考虑期末资产残值）？

解：

设寿命周期为 n，取 NPV 为评价指标，则：

$NPV_A = -10\,000+(5\,000-2\,200)(P/A,12\%,n) = -10\,000+2\,700(P/A,12\%,n)$

$NPV_B = -15\,000+(8\,000-4\,300)(P/A,12\%,n) = -15\,000+3\,700(P/A,12\%,n)$

当 $NPV_A=NPV_B$ 时，可得 $-10\,000+2\,700(P/A,12\%,n)=-15\,000+3\,700(P/A,12\%,n)$

即　　　　　　　$(P/A,12\%,n)=5$

查复利系数表得 $n\approx 8$ 年。

这就是以寿命为共同变量时，方案 A 和方案 B 的盈亏平衡点。结合 A、B 两个方案的净现值曲线（图 5-3）可知：如果根据市场预测项目寿命周期在 8 年以上，应采用方案 B；如果寿命小于 8 年则应采用方案 A；当项目实际寿命为 8 年时，A 方案与 B 方案无差异。

【例 5-5】 某建筑施工企业为适应大面积挖方任务的需要，拟引进一套现代化挖土设备，有 A、B、C 三种设备可供选择，各方案的技术经济数据见表 5-2。现设基准收益率为 12%，试比较三个方案。

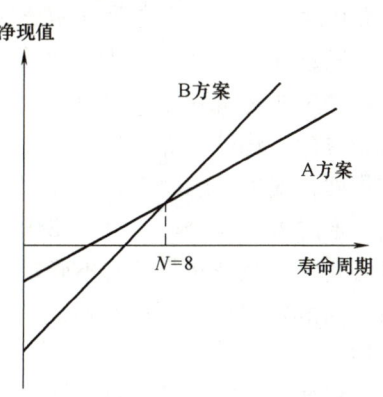

图 5-3　例 5-4 盈亏平衡分析图

表 5-2　各方案技术经济数据

方　案	初始投资/万元	单方经营费用/(元/m³)	寿命/年
A	20	10	10
B	30	8.5	10
C	40	5.5	10

解：

设施工企业每年挖方量为 $Q\text{m}^3$，各方案的费用年值为：

$AC(Q)_A = 10Q + 20(A/P, 12\%, 10) = 10Q + 3.54$

$AC(Q)_B = 8.5Q + 30(A/P, 12\%, 10) = 8.5Q + 5.31$

$AC(Q)_C = 6.5Q + 40(A/P, 12\%, 10) = 6.5Q + 7.08$

令 $AC(Q)_A = AC(Q)_B$　　求得 $Q_{AB} = 1.18$ 万 m^3

令 $AC(Q)_B = AC(Q)_C$　　求得 $Q_{BC} = 0.885$ 万 m^3

令 $AC(Q)_A = AC(Q)_C$　　求得 $Q_{AC} = 1.011$ 万 m^3

以横轴表示年挖方量，纵轴表示费用年值，绘出盈亏平衡分析图，如图 5-4 所示。

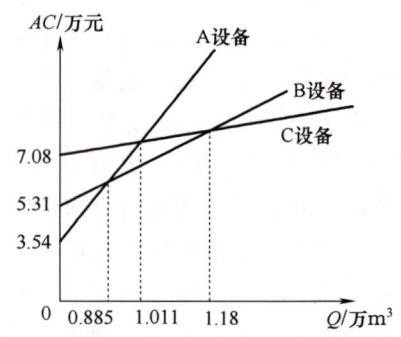

图 5-4　例 5-5 盈亏平衡分析图

由于三种方案的经济效益相当，因此，方案的选择应以费用最小化为原则。从图 5-4 中可以看出，当年挖方量小于 0.885 万 m^3 时，方案 A 最优；当年挖方量在 0.885 万～1.18 万 m^3 时，方案 B 最优；当年挖方量大于 1.18 万 m^3 时，方案 C 最优。

最后应结合投资和其他条件综合考虑选择可行方案。

课题 3　敏感性分析

5.3.1　敏感性分析的概念

敏感性是指方案的经济评价指标对其影响因素的变化的反应。若影响因素的小幅度变化导致经济指标的较大变化，则称项目经济指标对影响因素的敏感性大，或称这类因素为敏感因素；反之，则称为非敏感因素。

敏感性分析（也称为灵敏度分析）是投资项目评价中最常见的一种不确定性分析方法，就是通过研究建设项目主要不确定因素（如营业收入、成本、投资、生产能力、价格、寿命、建设期等）发生变化时对项目经济效果指标（净现值、内部收益率等）的影响程度，找出敏感因素，从而对外部条件发生不利变化时对投资方案的承受能力作出判断。通过敏感性分析，可粗略预测项目风险，为进一步的风险分析作铺垫。敏感性分析的核心问题，就是从众多的不确定因素中找出影响投资方案经济效果的敏感因素，然后针对敏感因素采用相应的针对措施，使风险力求减至最低限度，提高决策结论的正确性和可靠性。

根据不确定性因素每次变动数目的多少，敏感性分析可以分为单因素敏感性分析和多因素敏感性分析。

5.3.2 敏感性分析的作用

(1) 确定影响项目经济效益的敏感因素。寻找出影响最大、最敏感的主要变量因素，进一步分析、预测或估算其影响程度，找出产生不确定性的根源，采取相应有效措施。

(2) 计算主要变量因素的变化引起项目经济效益评价指标变动的范围，使决策者全面了解建设项目投资方案可能出现的经济效益变动情况，以减少和避免不利因素的影响，改善和提高项目的投资效果。

(3) 通过各方案敏感度大小的对比，区别敏感度大和敏感度小的方案，选择敏感度小的，即风险小的项目作投资方案。

(4) 通过可能出现的最有利与最不利的经济效益变动范围的分析，为投资决策者预测可能出现的风险程度，并对原方案采取某些控制措施或寻找可替代方案，为最后确定可行的投资方案提供可靠的决策依据。

5.3.3 敏感性分析的步骤

(1) 确定要分析的经济效果评价指标。工程项目的投资效果可用多种指标来表示，在进行敏感性分析时只需对几个重要的指标进行分析。在选择时，应根据项目经济评价深度和项目的特点来选择一种或两种评价指标进行分析。需要注意的是，选定的分析指标必须与确定性分析的评价指标相一致，这样便于进行对比说明问题。在工程经济分析评价实践中，最常用的评价指标主要是投资回收期、财务净现值和内部收益率。

(2) 选择需要分析的不确定因素，并设定其变化幅度。影响项目方案经济效果的因素众多，不可能也没有必要对所有的不确定因素逐个进行分析。选定敏感性分析的不确定因素时，主要从两方面考虑：第一，预计这些因素在其可能变化的范围内对经济评价指标的影响较大；第二，这些因素在项目的建设期和服务年限内变化的可能性较大。

对于一般项目来说，通常要设定的不确定因素有：产品产量（生产负荷）、主要产出物价格、主要投入物（原材料、燃料或动力等）价格、可变成本、年经营成本、项目寿命周期、项目建设工期、项目建设投资、建设期贷款利率及外汇汇率等。

在选定了需要分析的不确定因素后，还要结合项目实际情况，根据各不确定因素可能波动的范围，设定不确定因素的变化幅度（通常用变化率表示）。敏感性分析一般选择不确定因素变化的百分率为±5%、±10%、±15%、±20%等；对于不便用百分数表示的因素，例如建设工期，可采用延长一段时间表示，如延长一年。

(3) 计算因不确定因素变动引起的评价指标的变动值。根据设定的不确定因素的变动幅度计算与每级变动相应的经济评价指标值，建立不确定因素与分析指标之间的对应的数量关系，并用敏感性分析图或敏感性分析表的形式表示。

(4) 确定敏感因素。敏感因素是指该不确定因素的数值有较小的变动就能使项目经济评价指标出现较显著改变的因素。判别敏感因素的方法有相对测定法和绝对测定法。

1) 相对测定法：设定各不确定因素一个相同的变动幅度（相对于确定性分析中的取值）。比较在同一变动幅度下各因素的变动对分析指标的影响程度，影响程度大者为敏感因素。这种影响程度可以用敏感度系数来表示。

敏感度系数是指项目评价指标变化的百分率与不确定因素变化的百分率之比。计算公式为：

$$S_{AF} = \frac{\Delta A}{\Delta F} \tag{5-15}$$

式中　S_{AF}——评价指标 A 对于不确定因素 F 的敏感度系数；

　　　ΔF——不确定因素 F 的变化率（%）；

　　　ΔA——不确定因素 F 发生 ΔF 变化率时，评价指标 A 的相应变化率（%）。

$S_{AF}>0$，表示评价指标与不确定因素同方向变化；反之，表示评价指标与不确定因素反方向变化。$|S_{AF}|$ 较大者敏感度系数高，表示项目效益对该不确定因素敏感程度高。

2）绝对测定法：设备不确定因素均朝对方案不利的方向变动，并取该因素可能出现的对方案最不利的数值，据此计算方案的经济效果指标，视其是否达到经济上无法接受的程度——经济效果指标达到临界值，如 $NPV<0$ 或 $IRR<i_c$，如果项目已不能接受，该因素就是敏感因素。

绝对测定法的一个变通方式就是计算变动因素的临界点。临界点（又称为转换值）是指项目允许不确定因素向不利方向变化的极限值，可采用不确定因素相对基本方案的变化率或其对应的具体数值。不确定因素的变化超过了临界点所表示的不确定因素的极限变化时，项目将由可行变为不可行。如果某因素的临界点超过最大允许变动幅度，则表明该因素是方案的敏感因素。

（5）结合确定性分析进行综合评价，判断方案的风险性。根据敏感性因素对方案评价指标的影响程度，判别项目风险的大小。在技术项目方案比较分析中，对主要不确定因素变化不敏感的方案，其抵抗风险的能力比较强，获得满意经济效果的可能性比较大，优于敏感方案，应优先考虑接受。

5.3.4　单因素敏感性分析

单因素敏感性分析就是每次只变动某一个不确定因素，而假设其他的不确定因素不发生变化，分别计算其对项目经济评价指标影响程度的敏感性分析方法。下面举例说明：

【例 5-6】　某投资方案用于确定性分析的现金流量见表 5-3，表中数据是对未来最可能出现的情况预测估算得到的。基准折现率为 10%。试就投资额、年营业收入及年经营成本进行敏感性分析。

表 5-3　现金流量表

因　素	初始投资额 I/元	年营业收入 R/元	年经营成本 C/元	残值 L/元	寿命期 n/年
预测值	15 000	5 500	2 000	2 000	10

解：（1）选择项目的净现值为敏感性分析经济评价指标，并计算基础方案的净现值。

$NPV = -15\,000 + (5\,500 - 2\,000)(P/A, 10\%, 10) + 2\,000(P/F, 10\%, 10)$

　　　$= -15\,000\text{元} + 3\,500\text{元} \times 6.144\,6 + 2\,000\text{元} \times 0.385\,5$

　　　$= 7\,277.1\text{元}$

（2）选择投资额、年营业收入、年经营成本作为分析的不确定性因素，分别按 ±10% 和 ±20% 的变动量考虑。

（3）计算不确定因素变化时，对净现值的影响程度，其净现值敏感性状况，见表 5-4。

表 5-4 不确定因素变化对净现值的影响

参数	变动率					敏感度系数	临界点（%）
	变动幅度						
	-20%	-10%	0	10%	20%		
投资额	10 277.10	8 777.10	7 277.10	5 777.10	4 277.10	-2.06	48.51
年收入	518.04	3 897.57	7 277.10	10 655.63	14 035.16	4.64	-21.53
经营成本	9 734.94	8 505.02	7 277.10	6 048.18	4 819.26	-1.69	59.22

（4）确定敏感因素：

1）相对测定法，计算净现值对各因素的敏感度系数。

投资额的敏感度系数 $=\dfrac{(4\ 277.10-7\ 277.10)\div 7\ 277.10}{20\%}=-2.06$

年收入的敏感度系数 $=\dfrac{(14\ 035.16-7\ 277.10)\div 7\ 277.10}{20\%}=4.64$

经营成本的敏感度系数 $=\dfrac{(4\ 819.26-7\ 277.10)\div 7\ 277.10}{20\%}=-1.69$

显然，可以看出，在同变动率下，年收入的变动对净现值的影响最大，其次是投资额，经营成本变动的影响最小。

2）绝对测定法，计算各因素的临界值。

如果以 NPV=0 作为方案是否接受的临界条件，那么从上面的公式中可以算出各不确定因素的临界值。

如投资额，令 $NPV=-I+(5\ 500-2\ 000)(P/A,10\%,10)+2\ 000(P/F,10\%,10)=0$

解得 $I=22\ 277.1$ 万元

所以投资额变动的百分比为 $\dfrac{22\ 277.1-15\ 000}{15\ 000}\times 100\%=48.51\%$

当实际投资额超出预计投资额的 48.51%，或者当产品收入下降到比预期低 21.53%，或者经营成本超出预期 59.22%，方案就变得不可接受。

也可以用敏感性分析图进行项目的敏感性分析，根据不同不确定因素的直线斜率判定评价指标对其敏感性程度及其临界值，如图 5-5 所示。

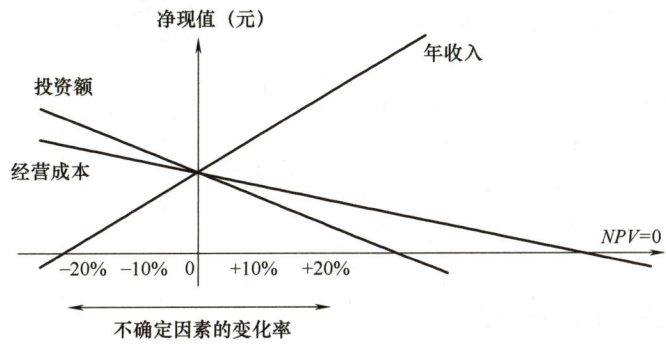

图 5-5 单因素敏感性分析图

根据上面的分析可知,对于本方案来说,年收入是最敏感的因素,应对其进行更准确的测算,如果未来产品收入变化的可能性较大,则意味着这一方案的风险较大。

5.3.5 多因素敏感性分析

多因素敏感性分析是对两个或两个以上相互独立的不确定因素同时变化时,分析这些变化对经济评价指标的影响程度和敏感度。

单因素敏感性分析在分析某一因素对经济效果的影响时,假定其他因素不变。事实上,有些因素的变动不是独立的,相互之间有关联性,某一个因素的变动的同时其他因素也会有相应的变动。因此,单因素敏感性分析没有考虑各因素之间变动的相关性,虽然简单,但有其局限性。多因素敏感性分析考虑了这种相关性,因而能反映多因素变动对项目经济效果产生的综合影响,弥补了单因素敏感性分析的缺欠,更全面地揭示事物的实质。因此,在对一些有特殊要求的项目进行敏感性分析时,除了进行单因素敏感性分析外,还应进行多因素敏感性分析。

因为多种因素可能发生不同变动情况的多种组合,所以多因素敏感性分析的计算较为复杂。如果需要分析的不确定因素不超过三个,可以用解析法和作图法进行分析。

1. 双因素敏感性分析

双因素敏感性分析是指每次要考察两个因素同时变化,而其他因素固定不变时对项目经济效益的影响。双因素敏感性分析一般是在单因素分析的基础上进行的,即首先通过单因素敏感性分析确定出两个关键因素,然后用作图法来分析两个因素同时变化时对投资效果的影响。分析的过程下面举例说明。

【例 5-7】某项目的总投资为 280 万元,年经营成本为 36 万元,年收入为 98 万元,残值为 22 万元,项目的寿命周期为 12 年,基准折现率 15%。如果投资和年收入为不确定因素,并考虑它们同时变化,试通过净现值指标进行敏感性分析。

解:设总投资额变化的百分数 x,年收入变化的百分数为 y,则:

$$NPV(12) = -280(1+x) + [98(1+y) - 36](P/A, 15\%, 12) + 22(P/F, 15\%, 12)$$
$$= 60.189 - 280x + 531.21886y$$

令 $NPV \geq 0$,即 $60.189 - 280x + 531.21886y \geq 0$

$$y \geq 0.5271x - 0.1133$$

这是一个直线方程。将其在坐标图上表示出来,如图 5-6 所示,即为 $NPV>0$ 的临界线。临界线将 $x0y$ 平面分为两个区域,平面上的任何一点 (x_i, y_i) 都表示投资与年收入的一种变动组合。当这个点位于直线上方时,$NPV>0$;当这个点位于直线下方时,$NPV<0$;当这个点位于直线上时,$NPV=0$。临界线的位置说明保持经济上可行的变动组合的多少。其位置相对靠下,说明可接受变动组合较多,方案风险较小。反之,则说明风险较大。本例中临界线位置相对靠下,说明该方案保持经济上可行的投资与收入的变动组

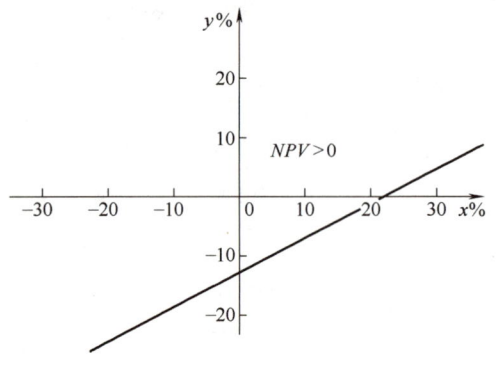

图 5-6 双因素敏感性分析

合较多，相对于投资和年收入这两个不确定因素，方案风险较小。

2. 三因素敏感性分析

三因素敏感性分析是指每次考察三个因素同时变化，其他因素固定不变时对项目经济效果的影响。三因素敏感性多采用降维法。假设 A、B、C 为项目的三个不确定因素，在进行三因素敏感性分析时，在三个因素中选定其中一个因素 A（可以是 B，或 C），令 A 在一定范围内间断取值，因素 A 每次取值后，用双因素的敏感性分析方法对 B 和 C 进行分析，这样就可以得到一组临界线，然后根据临界线的位置判断项目的风险状况。

上例中如果经济寿命也是不确定因素，取不同的寿命周期数（$n=7, 8, 9, 10, 11, 12$），可以求出每组 $NPV=0$ 的临界线方程：

$$NPV(7) = -280(1+x) + [98(1+y) - 36](P/A, 15\%, 7) + 22(P/F, 15\%, 7)$$
$$-280x - 13.7854 + 407.7192y \geq 0$$
$$y \geq 0.6867x + 0.0338$$

$$NPV(8) = -280(1+x) + [98(1+y) - 36](P/A, 15\%, 8) + 22(P/F, 15\%, 8)$$
$$-280x + 5.4044 + 439.7554y \geq 0$$
$$y \geq 0.6367x - 0.0123$$

$$NPV(9) = -450(1+x) + [98(1+y) - 36](P/A, 15\%, 9) + 22(P/F, 15\%, 9)$$
$$-280x + 22.0938 + 467.6168y \geq 0$$
$$y \geq 0.5988x - 0.0472$$

$$NPV(10) = -280(1+x) + [98(1+y) - 36](P/A, 15\%, 10) + 22(P/F, 15\%, 10)$$
$$36.604 - 280x + 491.8424y \geq 0$$
$$y \geq 0.5693x - 0.0744$$

$$NPV(11) = -280(1+x) + [98(1+y) - 36](P/A, 15\%, 11) + 22(P/F, 15\%, 11)$$
$$= 49.8112 - 280x + 512.9026y$$
$$y \geq 0.5459x - 0.0971$$

$$NPV(12) = -280(1+x) + [98(1+y) - 36](P/A, 15\%, 12) + 22(P/F, 15\%, 12)$$
$$= 60.189 - 280x + 531.21886y$$
$$y \geq 0.5271x - 0.1133$$

根据上面的不等式，可绘出一组盈亏平衡线，如图 5-7 所示。

从图中可以很清楚地看出项目对投资、年收入、寿命周期这三个因素同时发生变化的敏感性。

5.3.6 敏感性分析的局限性

敏感性分析在一定程度上就各种不确定因素的变动对经济效果的影响做了定量描述。这有助于决策者了解方案的风险情况，有助于在决策过程中及各方案实施过程中了解需要重点研究与控制的因素。但敏感性分析并没有考虑各种不确定性因素对未来发生变动的可能性大小，即发生变动的概率，而这种概率与项目的风险大小直接相关，这可能会影响分析结论的准确性。实际上，有些因素变动尽管对项目经济效果影响很大，即为敏感因素，但由于其发生的可能性很小，所以给项目带来的风险并不大，以至于可以忽略不计；而另外一些因素虽然它们变动对项目的经济效益影响不大，不是敏感因素，但因其发生的可能

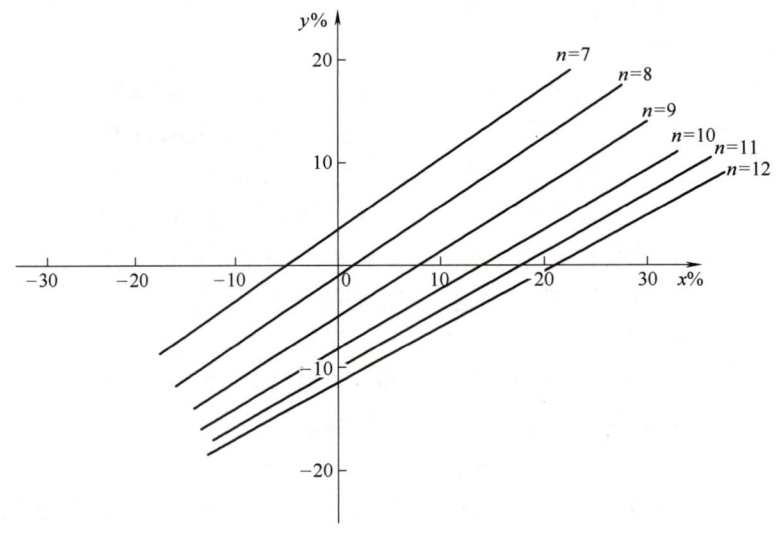

图 5-7　净现值敏感性分析图

性很大，就可能给项目带来很大的风险。对这类问题的分析，敏感性分析将无法解决，必须借助于风险分析。

课题 4　风险分析

5.4.1　风险分析的概念

对于盈亏平衡分析和敏感性分析，我们是假定在各个不确定因素发生变动可能性相同的情况下进行的分析，而忽略了它们是否发生或者发生的可能性有多大的程度，风险分析则可以明确这类问题。

风险分析也叫概率分析，概率是指事件的发生所产生某种后果的可能性大小，概率分析是借助概率研究预测不确定因素和风险因素对项目经济评价指标影响的一种定量分析技术，一般应用于大中型工程投资项目。具体地讲，概率分析是在选定不确定因素的基础上，通过估计其发生变动的范围，然后根据已有资料或者经验等情况，估计出变化值的概率，并根据这些概率的大小，来分析测算事件变动对项目经济效益带来的结果和所获结果的稳定性。

5.4.2　风险分析的方法

1. 期望值法

风险分析是在假定投资项目净现值概率分布为正态分布的基础上，通过正态分布图像面积计算净现值小于零的概率，来判断项目风险程度的决策分析方法。

这种分析方法适用于项目的每年现金流量独立的情况。

具体步骤如下：

1) 列出各种应考虑的不确定因素，如投资、经营成本、销售价格等。

2）估算每个不确定因素可能出现的概率。这种估算是建立在历史资料的统计和评价人员的丰富经验与知识的基础上，以经验概率为依据进行估算和推算，并保证每个不确定因素可能发生情况的概率之和为1。

3）根据下列公式计算变量的期望值：

$$E(x) = \sum_{i=0}^{n} x_i p_i \tag{5-16}$$

式中　$E(x)$——x 方案的损益期望值；
　　　p_i——变量随对应的概率值；
　　　x_i——随机变量的取值；
　　　n——自然状态数。

4）根据各变量因素的期望值，求项目经济评价指标的期望值：

$$E(NPV(i)) = \sum_{t=0}^{n} E_t(x)(1+i)^{-t} \tag{5-17}$$

式中　$E(NPV(i))$——净现值的期望值；
　　　$E_t(x)$——第 t 年净现金流量的期望值；
　　　i——不包括风险的折现率。

5）根据期望值，如依据 $E(NPV(i)) \geq 0$ 或者 $NPV \geq 0$ 的累计概率来判断项目的抗风险能力。

【例 5-8】某工程建设期为两年，根据历史统计经验数据，确定了各方案数据及概率，见表 5-5，求此方案净现值的期望值。

表 5-5　各状态的有关数据

投　　资		年　收　益		寿命/年	基准收益率（%）
金额/万元	概率	金额/万元	概率		
300	0.6	50	0.3	10	12
400	0.4	60	0.4		
		70	0.3		

解：投资和年收益不同的取值，经过组合后有 6 种情况，各种情况下的综合概率及净现值计算见表 5-6。

表 5-6　各种情况的综合概率及净现值

组合情况	1	2	3	4	5	6
投资额/万元	300	300	300	400	400	400
年收益/万元	50	60	70	50	60	70
综合概率	0.18	0.24	0.18	0.12	0.16	0.12
净现值/万元	-17.49	39.01	95.51	-117.49	-60.99	-4.49

方案的净现值期望值：-17.49 万元×0.18+39.01 万元×0.24+95.51 万元×0.18+(-117.49)万元×0.12+(-60.99)万元×0.16+(-4.49)万元×0.12=-0.99 万元

所以，此方案的净现值的期望值为-0.99万元，小于零，说明此方案的风险较大，不宜采用。

2. 决策树法

决策树分析法是常用的风险分析决策方法。该方法是一种用树形图来描述各方案在未来收益的计算。比较以及选择其决策是以期望值为标准的。人们对未来可能会遇到多种不同的情况。每种情况均有出现的可能，人们目前无法确知，但是可以根据以前的资料来推断各种自然状态出现的概率。在这样的条件下，人们计算的各种方案在未来的经济效果只能是考虑到各种自然状态出现的概率的期望值，与未来的实际收益不会完全相等。

如果一个决策树只在树的根部有一个决策点，则称为单级决策；若一个决策不仅在树的根部有决策点，而且在树的中间也有决策点，则称为多级决策。

（1）决策树的结构与决策过程。决策树是以方框和圆圈为节点，由直线连接而形成的一种树形图，如图5-8所示。在决策树中，用□表示决策点，由它引出的分枝叫作方案分枝。用○表示机会点，由它引出的分枝叫作事件（状态）分枝。用△表示结果点，它是决策树的叶节点，它旁边是相应状态下的损益值。根节点是决策点，是采用什么方案的决策，第二层是方案层，都是机会节点，最后一层是结果层，是叶节点。

运用决策树进行决策通常分为两个过程：首先从左到右的建树过程，即根据决策问题的内容（备选方案、客观状态及其概率、损益值等）从左向右逐步分析，绘制决策树；决策树建好后，再从右向左，计算各个方案在不同状态下的期望损益值，然后根据不同方案的期望损益值的大小做出选择，"剪去"被淘汰的方案枝，最后决策点留下的唯一一条方案枝即代表最优方案。

（2）单级决策。通过例题说明。

【例5-9】 某项目工程，施工管理人员要决定下个月是否开工，若开工后遇天气不下雨，则可按期完工，获利润5万元，遇天气下雨，则要造成1万元的损失。假如不开工，不论下雨还是不下雨都要付窝工费1 000元。据气象预测下月天气不下雨的概率为0.2，下雨的概率为0.8，利用决策树法为施工管理人员做出决策。

解： 1）根据决策问题绘制决策树，如图5-9所示。

2）计算概率分支的概率值和相应的结果节点的收益值。

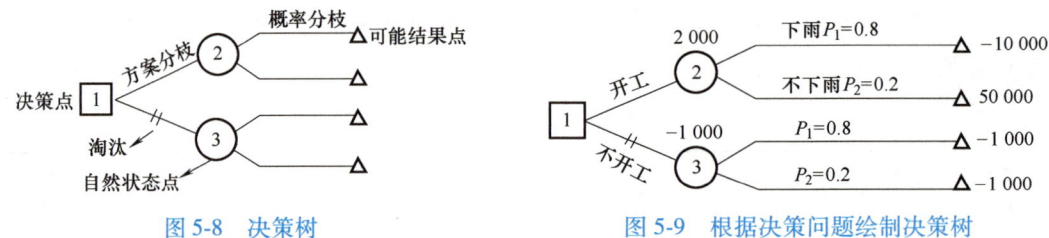

图5-8 决策树　　　　　图5-9 根据决策问题绘制决策树

3）计算各概率点的收益期望值。

节点②的期望值：$E_2 = 50\,000$ 元 $\times 0.2 + (-10\,000)$ 元 $\times 0.8 = 2\,000$ 元

节点③的期望值：$E_3 = (-1\,000)$ 元 $\times 0.2 + (-1\,000)$ 元 $\times 0.8 = -1\,000$ 元

将各状态点的期望收益值标在圆圈的上方。

4）确定最优方案。比较节点②和节点③的期望值可知，开工方案优于不开工方案，

用符号"//"在决策树上"剪去"被淘汰的方案。

(3) 多级决策。前一级决策是后一级问题进行决策的前提条件,通过例题说明。

【例 5-10】 某地区为满足水泥产品的市场需求拟扩大生产能力规划建水泥厂,提出了三个可行方案:

方案1:新建大厂,投资900万元,据估计销路好时每年获利350万元,销路差时亏损100万元,经营限期10年。

方案2:新建小厂,投资350万元,销路好时每年可获利110万元,销路差时仍可以获利30万元,经营限期10年。

方案3:先建小厂,三年后销路好时再扩建,追加投资550万元,经营限期7年,每年可获利400万元。

据市场销售形式预测,10年内产品销路好的概率为0.7,销路差的概率为0.3。按上述情况用静态方法进行决策树分析,选择最优方案。

解:(1) 绘制决策树,如图 5-10 所示。

(2) 计算各节点的期望值并选择最优方案。

节点①:(350×0.7-100×0.3)万元×10-900万元=1 250万元

节点③:400万元×1.0×7-550万元=2 250万元

节点④:110万元×1.0×7=770万元

决策点Ⅱ:比较扩建与不扩建。

因为 2 250>770 所以应选 3 年后扩建的方案。

节点②:

  2 250万元×0.7+110万元×0.7×3+30万元×0.3×10-350万元=1 546万元

决策点Ⅰ:比较建大厂建小厂。

因为 1 546>1 250 所以应选先建小厂。

【例 5-11】 针对[例 5-10],如何采用动态分析方法选择最优方案。基准收益率 $i=10\%$。

解:(1) 绘制决策树,如图 5-11 所示。

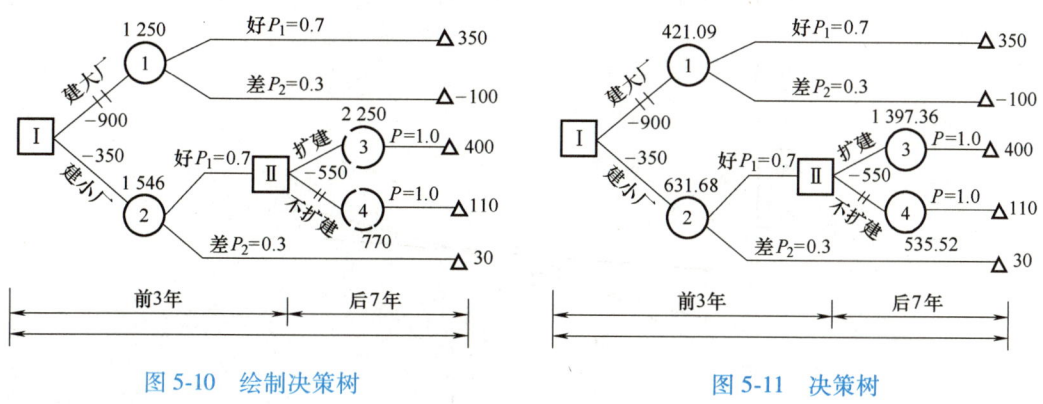

图 5-10 绘制决策树　　图 5-11 决策树

(2) 计算各节点的净现值的期望值并选择最优方案。

节点①:(350×0.7-100×0.3)万元×(P/A,10%,10)-900万元=421.09万元

节点③：400万元×1.0×(P/A,10%,7)−550万元=1 397.36万元

节点④：110万元×1.0×(P/A,10%,7)=535.52万元

决策点Ⅱ：比较扩建与不扩建。

因为1 397.36>535.52 所以应选3年后扩建的方案。

节点②：

  1 397.36万元×0.7×(P/F,10%,3)+110万元×0.7×(P/A,10%,3)+
  30万元×0.3×(P/A,10%,10)−350万元=631.68万元

决策点Ⅰ：比较建大厂建小厂。

因为421.09<631.68 所以应选先建小厂。

情境引入分析

各方案的总成本（TC）均是产量Q的函数，即

$$TC_A = 1\,350+0.18Q$$
$$TC_B = 950+0.2Q$$
$$TC_C = 680+0.23Q$$

以Q为变量，做出3个方案的总成本线（TC线），如图5-12所示，根据盈亏平衡点的定义来分别计算出Q_1、Q_2和Q_3。当产量水平为Q_1时，有

$$TC_B = TC_C，即\ 950+0.2Q_1 = 680+0.23Q_1$$

可解得$Q_1 = 0.9$万件。当产量水平为Q_2时，有

$$TC_A = TC_C，即\ 1\,350+0.18Q_2 = 680+0.23Q_2$$

可解得$Q_2 = 1.34$万件。

当产量水平为Q_3时，有

$$TC_A = TC_B，即\ 1\,350+0.18Q = 950+0.2Q$$

可解得$Q_3 = 2.0$万件。

由上面的计算结果和图5-12可知，当产量水平低于0.9万件时，以C方案为最经济；当产量水平在0.9万~2万件时，以B方案为最佳；当产量水平高于2万件时，以方案A最为合理。

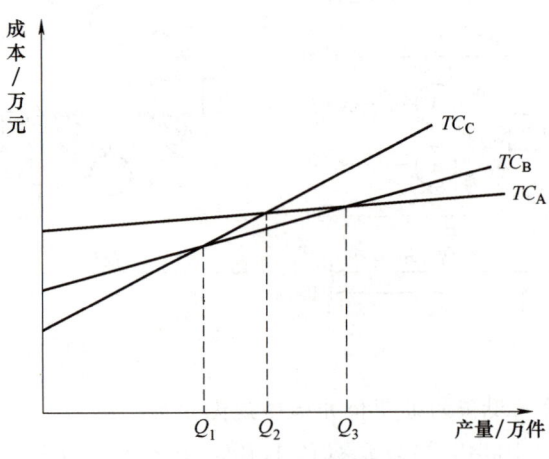

图5-12 3个方案的总成本线

启示角

港珠澳大桥是我国境内一座连接香港、广东珠海和澳门的桥隧工程，位于我国广东省珠江口伶仃洋海域内，为珠江三角洲地区环线高速公路南环段。

港珠澳大桥于2009年12月15日动工建设；于2017年7月7日实现主体工程全线贯通；于2018年2月6日完成主体工程验收，同年10月24日上午9时开通运营。

港珠澳大桥工程具有规模大、工期短，技术新、经验少，工序多、专业广，要求高、难点多的特点，为全球已建最长跨海大桥，在道路设计、使用年限以及防撞防震、抗洪抗风等方面均有超高标准。

港珠澳大桥地处外海，气象水文条件复杂，HSE［健康（Health）、安全（Safety）和环境（Environment）三位一体的管理体系］管理难度较大。港珠澳大桥穿越自然生态保护区，对中华白海豚等世界濒危海洋哺乳动物存在威胁；同时，大桥两端进入香港、珠海市，也可能对城市产生空气或噪声污染；此外，粤港澳三地在各自法律法规、技术标准、工程管理、市场环境、责任体系、机制效率等均存在较大差异，大桥运营管理复杂。

港珠澳大桥建设过程中存在诸多风险，工程实施过程中不确定因素太多，在这种经验不足、技术难题多的情况下，大桥的各位建设者们不但克服了困难，解决了问题，还创造了多项世界纪录。

同学们，通过港珠澳大桥工程项目，你有哪些感悟？

港珠澳大桥建设成功体现了中国人民的奋斗精神，在困难面前，只要我们不放弃，克服困难，就一定能够取得圆满的结果。

习近平总书记是这样评价港珠澳大桥的：港珠澳大桥是国家工程、国之重器，其建设创下多项世界之最，非常了不起，体现了一个国家逢山开路、遇水架桥的奋斗精神，体现了我国综合国力、自主创新能力，体现了勇创世界一流的民族志气。这是一座圆梦桥、同心桥、自信桥、复兴桥。大桥建成通车，进一步坚定了我们对中国特色社会主义的道路自信、理论自信、制度自信、文化自信，充分说明社会主义是干出来的，新时代也是干出来的！

单元6 建设项目的可行性研究

单元目标

知识目标	技能目标	育人目标
1. 熟悉可行性研究的概念及工作程序 2. 掌握可行性研究报告的编制依据 3. 掌握可行性研究报告的基本内容 4. 掌握基本市场调查和预测方法	能够编制可行性研究报告	1. 培养学生树立可持续发展观 2. 培养学生树立正确的人生观、价值观 3. 提高学生的生态文明意识和认知

情境引入

由某发展和改革局主持,召开了"某工程建设项目可行性研究报告"专家咨询评估会议,提出如下咨询评估意见和建议:

一、总体评价

编制框架内容基本符合可行性研究报告要求,但在建筑规模的确定依据、建筑和结构设计方案说明、消防内容和建筑设备选型等方面没有达到编制深度要求,缺乏附图,核实总投资。建议重新编制。

二、具体意见和建议

(一)总论、建筑、结构

1)报告已提供净用地面积、绿化率、停车位数量,未提供基底面积和道路面积,建议报告补充完善。既然为三期工程,应先说明地块现有设施。市场预测应针对项目内容进行。

2)"建设用地规划条件意见书"要求本项目建筑密度为20%,而本项目实施方案确定的建筑密度为26.5%,超出规划条件,建议说明理由,并重新确定实施方案建筑密度。

3)"建设用地规划条件意见书"要求本项目建筑高度80m,而本项目实施方案虽说明各建筑总层数,但未提供实施方案各建筑高度,也未说明主要建筑高度是否满足规划条件,需补充实施方案各建筑高度。

4)完善建设项目的平面布局、建筑功能、交通组织设计方案。

5)细化建筑方案内容,各建筑应分别说明,特别关于地下室应单独说明功能。

6)补充结构设计内容,说明建筑结构基础的形式、埋置深度及地基承载力的设计要求,完善建设项目上部结构和下部结构的建筑结构形式及设计要求等。

7)补充建设项目规划总平面图、建筑的相关图纸。

(二)建筑设备

1)核实市政给水排水、供热、燃气、电力、电信的条件和参数,补充室外管道和设施平面布置图,明确主要水池、设备、管道等的规格和数量,补充主要设备材料表。

2)各建筑的设备工程应按各建筑分别说明。

3)补充负荷估算的内容,如用水量、排水量、供热负荷、用电负荷、空调冷热负荷等。

4)细化动力设计内容,如换热站等。

5)补充说明设置空调和燃气供应的范围,细化设计方案说明。

6)校核消防设计内容。

(三)投资估算

补充建设规模确定依据,土建、装饰工程估算指标测算过程。

1. 编制说明

补充工程概况并说明建设地点、建设规模构成(＊栋、＊层)、投资估算编制基准期及总投资;编制依据应为当前造价依据;补充工程费用估算编制方法及土建、装饰估算指标测算过程;并计取基本预备费。

2. 单项工程估算表

1)主体工程建设规模缺乏依据,土建、装饰估算应分列,校核给水排水、暖通、电气估算指标。

2)小区辅助和基础设施工程应在补充工程量依据(图纸)基础上,其估算指标应重新测算,并补充给水泵房、换热站、配电室、燃气调压箱等设备分摊投资。

3)按照《建设项目投资估算编审规程》(CECA/GC—2015)及当地文件,合理计取工程其他费用,土地及拆迁安置补偿费应附依据。

(四)经济评价意见

完善销售价格的测算过程、核实开发成本、销售费用数据,调整评价指标。

问题:一份完整的建设项目可行性研究报告应包括哪些内容?

课题 1　可行性研究概述

6.1.1　可行性研究的概念

建设项目可行性研究是指在项目决策时,通过对项目有关的工程、技术、经济等各方面条件和情况进行调查、研究、分析,对各种可能的建设方案和技术方案进行比较论证,并对项目建成后的经济效益进行预测和评价的一种科学分析方法,由此考察项目技术上的先进性和适用性,经济上的合理性,建设的可能性和可行性。

可行性研究的基本任务是对新建或改建项目的主要问题,从技术经济角度进行全面的分析研究,并对其投产后的经济效果进行预测,在既定的范围内进行方案论证的选择,以便最合理地利用资源,达到预定的社会效益和经济效益。

可行性研究必须从系统总体出发,对技术、经济、财务、商业以至环境保护、法律等多个方面进行分析和论证,以确定建设项目是否可行,为正确进行投资决策提供科学的依据。项目的可行性研究是对多因素、多目标系统进行的不断地分析研究、评价和决策的过程。它需要有各方面知识的专业人才通力合作才能完成。可行性研究不仅应用于建设项目，还可应用于科学技术和工业发展的各个阶段和各个方面。例如，工业发展规划、新技术的开发、产品更新换代、企业技术改造等工作的前期，都可应用可行性研究。可行性研究自20世纪30年代美国开发田纳西河流域时开始采用以后，已逐步形成一套较为完整的理论、程序和方法。1978年联合国工业发展组织编制了《工业可行性研究编制手册》。1980年，该组织与阿拉伯国家工业发展中心共同编辑《工业项目评价手册》。我国从1982年开始，已将可行性研究列为基本建设中的一项重要程序。

6.1.2 可行性研究的作用

1）投资决策的依据。

2）申请借款的依据（目前世界银行等国际金融组织及国家开发银行、中国建设银行等对申请贷款的项目进行全面评估时都有要求）。

3）开展外部协作的依据（对于技术引进和进口设备项目，国家规定必须在可行性研究报告批准后才能同外商正式签约）。

4）作为项目编制初步设计的基础。

5）作为拟采用新技术、新设备研制计划的依据。

6）建设项目补充地形、地质工作和补充工业性试验的依据。

7）作为环保当局审查建设项目对环境影响的依据。

6.1.3 可行性研究的阶段划分

可行性研究按其工作进展程序和内容的深浅一般划分为三个阶段，即机会研究、初步可行性研究、详细可行性研究。各阶段的工作内容和要求见表6-1。

表6-1 可行性研究的阶段划分、工作内容和要求

研究阶段	机会研究	初步可行性研究	详细可行性研究
研究性质	项目设想	项目初步选择	项目拟定准备
研究工作目的	鉴别投资方向和目标，选择项目，寻求投资机会（地区、行业、资源和项目的机会研究），提出项目投资建议	对项目初步评价做专题辅助研究，广泛分析，筛选方案，鉴定项目的选择依据和标准，研究项目的初步可行性	对项目进行深入细致的技术经济论证，重点对项目进行财务效益和经济效益分析评价，多方案比选，提出结论性意见，确定项目投资的可行性和选择依据标准
研究工作要求及作用	编制项目建议书，为初步选择投资项目提供依据，批准后列入建设前期工作计划，作为国家对投资项目的初步决策	编制初步可行性报告，判定是否有必要进行下一步详细可行性研究，进一步判明建设项目的生命力	编制可行性研究报告，作为项目投资决策的基础和重要依据
估算精度	±30%	±20%	±10%
研究费用占总投资的百分比（%）	0.1~1	0.25~1.25	大项目 0.2~1.0 中、小项目 1.0~3.0
需要时间	大、中项目 1~2个月 小项目 2个星期	4~6个月	大项目 8~12个月或更长 中、小项目 4~6个月

6.1.4 可行性研究的基本工作程序

可行性研究的基本工作程序如图 6-1 所示。

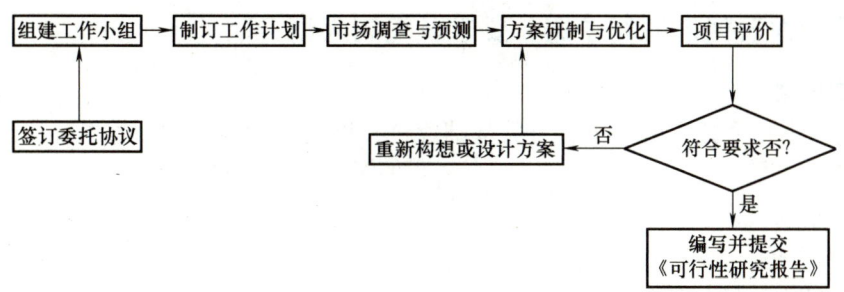

图 6-1 可行性研究的基本工作程序

 小知识

国际上典型的可行性研究报告的工作程序分 6 个步骤。在整个程序中，雇主和咨询单位必须紧密合作。

第一步，开始阶段。要讨论研究的范围，细心限定研究的界限及明确雇主的目标。

第二步，进行实地调查和技术经济研究。每项研究要包括项目的主要方面，需要量、价格、工业结构和竞争决定市场机会，同时，原材料、能源、工艺需求、运输、人力和外部工程又影响适当的工艺技术选择。所有这些方面都是相互关联的，但是每个方面都要分别评价。

第三步，优选阶段。将项目的各不同方面设计成可供选择的方案。这里咨询单位的经验是很重要的，它能用较多的有代表性的设计组合制定出少数可供选择的方案，便于有效地取得最优方案，随后进行详细讨论，雇主要做出非计量因素方面的判定，并确定协议项目的最后形式。

第四步，对选出的方案详细地进行论证，确定具体的范围，估算投资费用、经营费用和收益，并做出项目的经济分析和评价。为了达到预定目标，可行性研究必须论证选择的项目在技术上是可行的，建设进度是能达到的。估计的投资费用应包括所有的合理的未预见费用（如包括施工中的涨价预备费）。经济和财务分析必须说明项目在经济上是可以接受的，资金是可以筹措到的。敏感性分析则用来论证成本、价格或进度等发生时，可能给项目的经济效果带来的影响。

第五步，编制可行性研究报告。其结构和内容常常有特定的要求（如各种国际贷款机构的规定）。这些要求和涉及的步骤，在项目的编制和实施中能帮助雇主。

第六步，编制资金筹措计划。项目的资金筹措在比较方案时，已做出详细的考查，其中一些潜在的项目资金会在贷款者讨论可行性研究时冒出来。实施中的期限和条件的改变也会导致资金的改变，这些都可以根据可行性研究的财务分析作相应的调整。最后，要做出一个明确的结论，以供决策者做出最终判断。

课题 2　可行性研究报告的编制

6.2.1　可行性研究的编制依据、要求及编制大纲

1. 编制依据

项目建议书；委托方的要求；有关基础资料，规范、标准、定额等指标；经济评价的基本参数等。

2. 编制要求

1）实事求是。
2）有资格的单位编制。
3）研究内容完整且应达到一定的深度。
4）严格签证和审批。

3. 建设项目可行性研究报告编制大纲

1）建设项目总论。总论作为可行性报告的首要部分，要综合叙述研究报告中各部分的主要问题和研究结论，并对项目的可行与否提出最终建议，为可行性研究的审批提供方便。

2）建设项目建设可行性。

3）建设项目市场需求分析。市场分析在可行性研究中的重要地位在于，任何一个项目，其生产规模的确定、技术的选择、建设估算甚至厂址的选择，都必须在对市场需求情况有了充分了解以后才能决定。而且市场分析的结果，还可以决定产品的价格、销售收入，最终影响到项目的盈利性和可行性。在可行性报告中，要详细研究当前市场现状，以此作为后期决策的依据。

4）建设项目产品规划方案。

5）建设项目建设地与土建总规划。

6）建设项目环保、节能与劳动安全方案。在项目建设中，必须贯彻执行国家有关环境保护、能源节约和职业安全方面的法规、法律，对项目可能造成周边环境污染或影响劳动者健康和安全的因素，必须在可行性研究阶段进行论证分析，提出防治措施，并对其进行评价，推荐技术可行、经济，且布局合理，对环境有害影响较小的方案。按照国家现行规定，凡从事对环境有影响的建设项目都必须执行环境影响报告书的审批制度，同时，在可行性报告中，对环境保护和劳动安全要有专门论述。

7）建设项目组织和劳动定员。在可行性报告中，根据项目规模、项目组成和工艺流程，研究提出相应的企业组织机构、劳动定员总数、劳动力来源及相应的人员培训计划。

8）建设项目实施进度安排。项目实施时期的进度安排是可行性报告中的一个重要组成部分。项目实施时期亦称建设时间，是指从正式确定建设项目到项目达到正常生产这段时期，这一时期包括项目实施准备，资金筹集安排，勘察设计和设备订货，施工准备，生产准备，试运转直到竣工验收和交付使用等各个工作阶段。这些阶段的各项建设活动和各个工作环节，有些是相互影响的，前后紧密衔接的，也有同时开展，相互交叉进行的。因此，在可行性研究阶段，需将项目实施时期每个阶段的工作环节进行统一规划，综合平衡，做出合理又切实可行的安排。

9）建设项目财务评价分析。
10）建设项目财务效益。
11）建设项目风险分析及风险防控。
12）建设项目可行性研究结论与建议。

6.2.2 可行性研究的内容

可行性研究包括的内容广泛，不同投资项目对应的内容也不尽相同，但无论什么项目，其可行性研究报告的内容都至少包括三个大的方面。一是市场研究，解决建设上的"必要性"和"可能性"问题，是前提；二是技术研究，解决技术上的"先进性"和"适用性"问题，是基础；三是经济评价，解决经济上的"盈利性"和"合理性"问题，是核心。

1. 总论

总论包括项目背景、项目概况和主要结论。

1）项目背景。介绍建设项目的背景、投资环境、项目建设投资的必要性和经济意义，说明项目对国民经济部门及有关经济方面的影响等。

2）项目概况。主要介绍项目名称及项目概况、项目承办单位和项目投资者等内容。

3）主要结论。综述可行性研究的主要结论和存在的问题及建议，并对建设项目的主要技术经济指标进行列表加以说明。

2. 市场研究和生产规模的确定

市场需求状况和生产规模是可行性研究中首先需要进行调查研究的问题。只有对当前市场进行详细调查，掌握需求状况，才能估算出某种特定产品进入市场的可能性和占有程度。在此基础上考虑拟建项目的建设规模和产品方案。

3. 原材料和技术路线的选择

工业项目的产品都是以一定的原材料投入，按照一定的工艺技术进行生产的。项目的原材料和技术路线决定项目产品生产的形式与过程，从而基本上决定了项目产品的内在特征、外部形态、质量、生产成本等方面及项目的基本框架，因而对项目的成败十分关键。

1）原材料的选择。原材料费用是产品成本的重要组成部分，原材料的选择关系着工艺技术路线及设备选择、厂址方案选择等项目的决策。一种产品可能用不同的原材料或原材料组合起来生产，每种原材料一般具有多种用途，因此有一个合理的选择问题。要遵循可用性、可供性、经济性和合理性等原则选择原材料。

2）工艺技术路线的选择。工艺技术路线是指产品生产的工艺技术方案或方法，是项目成败的关键所在。项目工艺技术路线的选择应从可靠性、先进性、适用性和经济性等方面进行考察，同时还应评价其环境影响，包括地区环境质量的目标性、可处理性及经济性三个方面的评价。此外，广义的工艺技术路线选择还应包括设备的选择。设备选择除遵照工艺技术路线选择的一般原则外，还应考虑设备的成套性和灵活性。

4. 建厂地区和厂址的选择

基于对市场需求、项目的生产规模、生产规划和投入需要等作出的预测结论，确定适于该项目建设的厂址，也就是通过对建设项目经营与厂址周围环境的相互影响的研究，进行厂址选择。厂址选择包括选择项目的坐落地点和确定具体厂址两项内容。选择地点是指在相当广阔的范围内，在一个地区、省或某段河岸等范围内选择适宜的区域，然后在选定的区域内考虑几个可供选择的厂址。

在确定工业项目地点时,应该考虑以下几个方面的因素:

1) 国家的方针政策。在选择建厂地区时,应考虑力求合理地配置工业,减少在工业城市建设大型工业企业的必要性;考虑国防要求;考虑禁止在风景区建设工厂的政策要求;还应考虑鼓励和帮助少数民族地区与边远落后地区发展工业等政策。

2) 与产、供、销的关系。建厂地区应选择在靠近原材料、燃料产地、产品消费地区,有水源、电源方便条件及交通便利的地区。当然,对于不同产品、不同特点的原料及不同的生产方法,厂区的选择标准也不完全相同。总之,在选择建厂地区时,应结合项目的具体情况进行。

3) 当地的基础结构状况。建厂地区必须考虑到地区的能源、运输、水源、通信及工业结构的状况,因为这些基础结构状况对项目选址的影响很大。如果某一项目在生产过程中需要耗费大量的电力,那么就不能把该项目建设在供电不足或单位电费很高的地区。

5. 项目的财务规划

项目的财务规划,即估计和测算反映项目建设及生产经营过程中费用与效益的基础经济数据,为项目经济评价准备数据。

6. 项目资金筹措与债务偿还

筹措项目所需的资金是项目建设的基本条件之一。资金成本是项目成本的一个重要组成部分。项目资金来源有国内资金和国外资金,其中每类资金来源都包含若干不同的渠道。项目的总资金成本是项目实际使用的各种资金成本的加权平均值。总资金成本最低的方案为最佳筹资方案。

债务的偿还应在履行借贷合同的条件下,先偿还资金成本高的债务,后偿还资金成本低的债务。能否如期偿还债务取决于项目的偿还能力。

7. 项目的财务评价

项目的取舍最终取决于项目投资的预期效益。项目的财务评价是从项目承办企业的角度对项目财务效益进行的评价,其评价结论是项目决策的重要依据。

财务评价中,项目的财务效益通过财务评价指标值来反映。按是否考虑资金的时间价值划分,财务评价指标分静态评价指标和动态评价指标两类。静态评价指标有静态投资回收期和动态投资回收期、投资利润率、投资利税率、借款偿还期等;动态评价指标有财务净现值、财务净现值率、财务内部收益率、财务外汇净现值等。

为计算上述指标,需要编制财务现金流量表、利润表、财务外汇平衡表等基本财务报表和相应的基础财务报表。

8. 项目的国民经济评价

项目建设的最终目的是实现国民经济的增长。国民经济评价就是从国民经济增长目标出发评价项目的经济合理性。在项目的国民经济评价中,常用影子价格代替财务价格,以反映资源对国民经济的真实价值。项目的国民经济评价的主要指标是经济内部收益率和经济净现值,它们是在编制经济现金流量表的基础上计算得出的。

9. 结论与建议

对项目及方案做总体论证,从技术、经济、环境和财务各个方面论述项目的可行性,分析项目的效益情况、主要的优缺点及存在的问题，提出有效的项目建设建议。

以上介绍了可行性研究的基本内容，但对每一个具体项目，其内容有所增减或侧重。例如：对于轻纺工业项目，首先考虑产品的销售条件；对于宾馆项目，重点考虑客源，分析其数量和特点，以确定建设项目的规模、等级等。总之，在进行可行性研究论证工作时，必须根据建设项目的特点，采取认真、客观的态度，实事求是地进行分析。

课题3 市场调查方法与预测方法

市场研究、技术研究、经济评价是可行性研究报告的主要内容，本节将主要论述市场研究的具体内容。经济评价部分将在单元9详细论述。

市场分析是对市场规模、位置、性质、特点、市场容量及吸引范围等调查资料所进行的经济分析。它是指通过市场调查和供求预测，根据项目产品的市场环境、竞争力和竞争者，分析、判断项目投产后所生产的产品在限定时间内是否有市场，以及采取怎样的营销战略来实现销售目标。市场分析是根据已获得的市场调查资料，运用统计原理，分析市场及其销售变化。从市场营销角度看，它是市场调查的组成部分和必然结果，又是市场预测的前提和准备过程。市场分析是一门综合性科学，它涉及经济学、统计学、经济计量学、运筹学、心理学、社会学、语言学等学科。市场分析已经成为现代企业管理人员不可缺少的分析技术。市场分析的主要任务是：分析预测全社会对项目产品的需求量；分析同类产品的市场供给量及竞争对手情况；初步确定生产规模；初步测算项目的经济效益。

市场分析包括市场调查和市场预测，市场调查又包括产品用途、现有生产能力、产量及销售量、替代产品、产品价格、国外市场等；市场预测包括消费对象、消费条件、产品更新周期特点、市场成长速度及趋势、可能出现的替代产品、产品可能的新用途、产品出口或进口替代分析等内容。

6.3.1 市场调查

市场调查是获取市场信息的一种手段，实际上就是观察、了解、记录、整理及分析市场情况的活动，市场信息包括一手资料和二手资料的获取或是调查，包括：书面问卷、电话访谈、当面访谈等；或是档案研究：通过收集和查阅有关资料获取信息。可利用的资料包括宏观社会、经济统计资料，公众传播媒介信息，专业机构业务信息等。

1. 市场调查的程序

1）调查准备阶段。
2）调查实施阶段。
3）调查结果的处理阶段。

 知识链接

中国10家最具代表性的市场调研公司（排名不分先后）
- 央视市场研究（CTR）

- 广州策点市场调研有限公司（CMR）
- 央视-索福瑞媒介研究（CSM）
- 上海尼尔森市场研究有限公司（ACNielsen）
- 北京特恩斯市场研究咨询有限公司（TNS）
- 北京益普索市场咨询有限公司（Ipsos）
- 新华信国际信息咨询（北京）有限公司（SINOTRUST）
- 北京捷孚凯市场调查有限公司（GFK）
- 北京新生代市场监测机构有限公司
- 赛立信研究集团（SMR）

2. 市场调查的方法

市场调查分为普遍调查（普查）和抽样调查。普遍调查：对调查对象进行全样本调查；抽样调查：抽取调查对象样本进行调查。普遍调查费时费力，成本高，一般不采用。抽样调查是一种非全面调查，它是从全部调查研究对象中，抽选一部分单位（样本）进行调查，并据以对全部调查研究对象做出估计和推断的一种调查方法。显然，抽样调查虽然是非全面调查，但它的目的在于取得反映总体情况的信息资料，因而，也可起到全面调查的作用。根据抽选样本的方法，抽样调查可以分为概率抽样和非概率抽样两类。概率抽样是按照概率论和数理统计的原理从调查研究的总体中，根据随机原则来抽选样本，并从数量上对总体的某些特征做出估计推断，对推断出可能出现的误差可以从概率意义上加以控制。习惯上将概率抽样称为抽样调查。抽样调查需要根据拟调查问题的性质和调查对象的具体情况进行抽样设计。

（1）随机抽样

1）简单随机抽样法。这是一种最简单的抽样法，它是从总体中选择出抽样单位，从总体中抽取的每个可能样本均有同等被抽中的概率。抽样时，处于抽样总体中的抽样单位被编排成 $1\sim n$ 编码，然后利用随机数码表或专用的计算机程序确定处于 $1\sim n$ 间的随机数码，那些在总体中与随机数码吻合的单位便成为随机抽样的样本。

这种抽样方法简单，误差分析较容易，但是需要样本容量较多，适用于各个体之间差异较小的情况。

2）系统抽样法。这种方法又称顺序抽样法，是从随机点开始在总体中按照一定的间隔（即"每隔第几"的方式）抽取样本。此法的优点是抽样样本分布比较好，有好的理论，总体估计值容易计算。

3）分层抽样法。它是根据某些特定的特征，将总体分为同质、不相互重叠的若干层，再从各层中独立抽取样本，是一种不等概率抽样。分层抽样利用辅助信息分层，各层内应该同质，各层间差异尽可能大。这样的分层抽样能够提高样本的代表性、总体估计值的精度和抽样方案的效率，并使得抽样的操作、管理比较方便。但是抽样框较复杂，费用较高，误差分析也较为复杂。此法适用于母体复杂、个体之间差异较大、数量较多的情况。

4）整群抽样法。整群抽样是先将总体单元分群，可以按照自然分群或按照需要分群，在交通调查中可以按照地理特征进行分群，随机选择群体作为抽样样本，调查样本群中的所有单元。整群抽样样本比较集中，可以降低调查费用。例如，在进行居民出行调查中，可以采用这种方法，以住宅区的不同将住户分群，然后随机选择群体为抽取的样本。此法优点是组织简单，缺点是样本代表性差。

5）多阶段抽样法。多阶段抽样是采取两个或多个连续阶段抽取样本的一种不等概率抽样。对阶段抽样的单元是分级的，每个阶段的抽样单元在结构上也不同，多阶段抽样的样本分布集中，能够节省时间和经费。调查的组织复杂，总体估计值的计算复杂。

6）等距抽样法。等距抽样法也称为系统抽样法或机械抽样法，它是首先将总体中各单位按一定顺序排列，根据样本容量要求确定抽选间距，然后随机确定起点，每隔一定的间距抽取一个单位的一种抽样方式。

根据总体单位排列方法，等距抽样法的单位排列可分为三类：按有关标志排队、按无关标志排队以及介于按有关标志排队和按无关标志排队之间的按自然状态排列。

按照具体实施等距抽样的做法，等距抽样法可分为直线等距抽样、对称等距抽样和循环等距抽样三种。

等距抽样法的最主要优点是简便易行，且当对总体结构有一定了解时，充分利用已有信息对总体单位进行排队后再抽样，可提高抽样效率。

7）双重抽样。双重抽样，又称二重抽样、复式抽样，是指在抽样时分两次抽取样本的一种抽样方式，其具体为：首先抽取一个初步样本，并搜集一些简单项目以获得有关总体的信息；然后，在此基础上再进行深入抽样。在实际运用中，双重抽样可以推广为多重抽样。

8）按规模大小成比例的概率抽样。按规模大小成比例的概率抽样，简称为 PPS 抽样，它是一种使用辅助信息，从而使每个单位均有按其规模大小成比例地被抽中概率的一种抽样方式。

PPS 抽样的主要优点是：使用了辅助信息，减少抽样误差；主要缺点是：对辅助信息要求较高，方差的估计较复杂等。

9）任意抽样。随意抽取调查单位进行调查（与随机抽样不同，不保证每个单位相等的入选机会），如柜台访客调查，街头路边拦人调查。

（2）非随机抽样

1）重点抽样。只对总体中为数不多但影响很大（标志值在总体中所占比重很大）的重点单位调查。它具有专门性、非全面性、选择性、重点性、数量性等特点。重点抽样市场调查的优点是，调查单位数目不多，可节省人力、物力、财力和时间；可及时获取信息，了解和掌握总体的基本情况；调查工作量小，易于组织。主要缺点是，当总体各单位发展比较平衡呈现均匀分布时，则不能采用重点抽样市场调查；当总体中的少数重点单位与众多的非重点单位的标志值结构不具有稳定性时，重点抽样市场调查的结果只能说明总体的基本情况，而不能用来推断总体的数量特征。重点抽样市场调查的应用范围很广泛，只要重点单位可以根据抽样框进行科学的选择，样本量能达到单位数目少，其标志值在总体中比重大的要求，各重点单位具有接受调查的基础条件，那么，重点抽样市场调查就能够取得较为理想的调查结果。例如，要了解全国钢铁产、销、存的情况，可从全国众多的钢铁企业中，选择首钢、包钢、鞍钢、宝钢、攀钢等几家大型钢铁公司组成重点样本进行调查，就可掌握全国的钢铁产、销、存的基本情况。

2）典型抽样。挑选若干有代表性的单位进行研究。典型抽样调查是根据调查目的和要求，在对调查对象进行初步分析的基础上，有意识地选取少数具有代表性的典型单位进行深入细致的调查研究,借以认识同类事物的发展变化规律及本质的一种非全面调查。该种调查法较为细致,适用于对新情况、新问题的调研。用典型抽样调查法时须注意所选的对象要具有代表性,能够集中的、有力的体现问题和情况的主要方面。典型抽样调查法具有省时、省力的优点,但也有不够准确的缺点。典型抽样调查一般用于调查样本太大,而调查者又对总体情况比较了解,同时又能比较准确地选择有代表性样本的情况。

3)配额抽样。对总体作若干分类和样本容量既定的情况下,按照配额从总体各部分进行抽取调查样本。

6.3.2 市场预测

市场预测就是运用科学的方法,对影响市场供求变化的诸因素进行调查研究,分析和预见其发展趋势,掌握市场供求变化的规律,为经营决策提供可靠的依据。预测为决策服务,是为了提高管理的科学水平,减少决策的盲目性,我们需要通过预测来把握经济发展或者未来市场变化的有关动态,减少未来的不确定性,降低决策可能遇到的风险,使决策目标得以顺利实现。

1. 市场预测基本步骤

(1)确定预测目标。明确目的是开展市场预测工作的第一步,因为预测的目的不同,预测的内容和项目、所需要的资料和所运用的方法都会有所不同。明确预测目标就是根据经营活动存在的问题,拟定预测的项目,制订预测工作计划,编制预算,调配力量,组织实施,以保证市场预测工作有计划、有节奏地进行。

(2)搜集资料。进行市场预测必须占有充分的资料。有了充分的资料,才能为市场预测提供进行分析、判断的可靠依据。在市场预测计划的指导下,调查和搜集预测有关资料是进行市场预测的重要一环,也是预测的基础性工作。

(3)选择预测方法。根据预测的目标以及各种预测方法的适用条件和性能,选择出合适的预测方法。有时可以运用多种预测方法来预测同一目标。预测方法的选用是否恰当,将直接影响到预测的精确性和可靠性。运用预测方法的核心是建立描述、概括研究对象特征和变化规律的模型,根据模型进行计算或者处理,即可得到预测结果。

(4)预测分析和修正。分析判断是对调查搜集的资料进行综合分析,并通过判断、推理,使感性认识上升为理性认识,从事物的现象深入到事物的本质,从而预计市场未来的发展变化趋势。在分析评判的基础上,通常还要根据最新信息对原预测结果进行评估和修正。

(5)编写预测报告。预测报告应该概括预测研究的主要活动过程,包括预测目标、预测对象及有关因素的分析结论、主要资料和数据、预测方法的选择和模型的建立,以及对预测结论的评估、分析和修正等。

2. 市场预测常用方法

市场预测可以分为定性预测和定量预测两大类。

(1)定性预测法。定性预测法也称为直观判断法,是市场预测中经常使用的方法。定性预测主要依靠预测人员所掌握的信息、经验和综合判断能力,预测市场未来的状况和发展趋势。这类预测方法简单易行,特别适用于那些难以获取全面的资料进行统计分析的问题。因此,定性预测方法在市场预测中得到广泛的应用。定性预测方法包括:专家会议法、德尔菲法(Delphi)、销售人员意见汇集法、顾客需求意向调查法。

(2) 定量预测法。定量预测法是利用比较完备的历史资料,运用数学模型和计量方法,来预测未来的市场需求。定量预测基本上分为两类,一类是时间序列模式,另一类是因果关系模式。

市场预测中定量预测方法很多,应掌握的主要有以下几种:

1) 算数平滑法。该方法的含义是把已知的时间数列,以适当数据点个数为一段,取该段数据之和的平均值,为算数平均值,而后按数据顺序逐点推移,每推移一次就舍去最前的一个数据而同时增加一个新数据。如此向前推移,得出一个平均值数列。该方法又称一次移动平均法。若对一次移动平均值再进行一次移动平均,就称为二次移动平均法。

一次移动平均值 $M_t^{(1)}$ 的计算式为:

$$M_t^{(1)} = \frac{x_t + x_{t-1} + \cdots + x_{t-n+1}}{n} \tag{6-1}$$

式中 t——任一周期;

x_t——第 t 周期的实测值;

n——每段内数据点的个数。

当已知前一周期的移动平均值 $M_{t-1}^{(1)}$ 时,则后一周期的移动平均值:

$$M_t^{(1)} = M_{t-1}^{(1)} + \frac{x_t - x_{t-n+1}}{n} \tag{6-2}$$

这样就可以利用前面的计算结果从而大大减少计算工作量。

可以用移动平均值作为下一周期的预测值:

$$y_{t+1} = M_t^{(1)} \tag{6-3}$$

从上述分析可知,若 n 值不同则 $M_t^{(1)}$ 值也不同。若 n 值小,对近期数据变化的灵敏度高,但反映的区间短;若 n 值大则反映的区间长,但对近期数据变化的灵敏度低,因此 n 值的选择应根据预测人员的经验而定。

【例 6-1】 已知某建筑构建厂过去 25 个月的实际产值见表 6-2,求当 $n=5$ 和 $n=10$ 的一次移动平均值。

解:

$$M_5^{(1)} = \frac{x_5 + x_4 + \cdots + x_1}{5} = 50.4$$

$$M_6^{(1)} = M_5^{(1)} + \frac{51-50}{5} = 50.6$$

其他同理可得,结果见表 6-2。

表 6-2 实际产值

周期数 t/月	产值 y_i	$M_t^{(1)} n=5$	$M_t^{(1)} n=10$	周期数 t/月	产值 y_i	$M_t^{(1)} n=5$	$M_t^{(1)} n=10$
1	50			6	51	50.6	
2	45			7	60	53.6	
3	60			8	43	50.2	
4	52			9	57	51.2	
5	45	50.4		10	40	50.2	50.3

（续）

周期数 t/月	产值 y_i	$M_t^{(1)} n=5$	$M_t^{(1)} n=10$	周期数 t/月	产值 y_i	$M_t^{(1)} n=5$	$M_t^{(1)} n=10$
11	56	51.2	50.9	19	97	84.4	69.7
12	87	56.6	55.1	20	86	91.2	74.3
13	49	56.8	54.0	21	91	92.4	76.8
14	43	55.0	53.1	22	83	89.4	76.4
15	52	56.4	63.8	23	97	90.8	82.2
16	85	63.2	56.2	24	86	88.6	86.5
17	98	65.4	61.0	25	89	89.2	90.2
18	90	73.6	65.7				

2）指数平滑法。由于算数平滑法的预测精度不仅与 n 的取值有关，而且对 n 期内的数据是同等权重，没有对近期数据与远期数据区别对待。指数平滑法则不仅考虑了 t 期前面的所有实际数列，而且还对远期数据与近期数据区别对待。其计算公式为：

$$M_t = \alpha x_t + (1-\alpha) M_{t-1} \tag{6-4}$$

式中 M_t——第 t 期的指数平滑平均值；

x_t——第 t 期的实测值；

α——平滑系数，$0<\alpha<1$。

由上式推出：$M_{t-1} = \alpha x_{t-1} + (1-\alpha) M_{t-2}$

$M_{t-2} = \alpha x_{t-2} + (1-\alpha) M_{t-3}$

$\vdots$

$M_1 = \alpha x_1 + (1-\alpha) M_0$

将上述公式逐一代入原始公式得：

$$M_t = \alpha x_t + \alpha(1-\alpha) M_{t-1} + \alpha(1-\alpha)^2 M_{t-2} + \cdots + (1-\alpha)^t M_0$$

如计算以第 1 数据为起始周期，M_0 可以近似取为第 1 个实测数据。如以某一周期为起始周期，则 M_0 可近似取此周期前几个数据的算数平均值。α 取值越接近 1，近期数据的权重越大。适当的选择 α 值，第 t 周期的 M_0 值可以作为 $t+1$ 期的预测值，即：

$$y_{t+1} = M_t$$

3）回归分析法。回归分析法分为一元线性回归和多元线性回归，这里只介绍一元线性回归，理论比较完整、成熟，并且可以推广到多元线性回归的应用中。一元线性回归的基本方程是：

$$y = a + bx \tag{6-5}$$

式中 y——预测目标；

x——影响因素（或称为自变量）；

a，b——回归系数。

预测步骤是：根据已知数据 x_i 和 y_i 计算出回归系数 a 和 b，确定回归方程，然后根据回归方程进行预测。为了使回归系数计算合理，常采用误差平方和最小的准则，即是用最小二乘法求的回归系数的值，计算公式为：

$$a = \bar{y} - b\bar{x} \tag{6-6}$$

$$b = \frac{\sum x_i y_i - n\,\overline{x}\,\overline{y}}{\sum x_i^2 - n\overline{x^2}} \tag{6-7}$$

为了简化计算,假如时间序列的年数为奇数,则可把原点放在居中的一年上。其上一年为-1年,上两年为-2年,下一年为+1年,下两年为+2年。这样,年数的总和等于0,便于求解 a,b 两个回归系数:

$$a = \overline{y} \tag{6-8}$$

$$b = \frac{\sum x_i y_i}{\sum x_i^2} \tag{6-9}$$

【例6-2】 某预制构件厂已有7年的销售收入数据,见表6-3,根据这些数据确定销售收入回归方程,并预测第9年的销售收入。

表6-3 某预制构件厂7年销售收入数据

年 份	销售额 y_i/万元	x_i	$x_i y_i$	x_i^2
1	3 500	-3	-10 500	9
2	4 000	-2	-8 000	4
3	2 500	-1	-2 500	1
4	5 000	0	0	0
5	4 500	1	4 500	1
6	5 500	2	11 000	4
7	6 500	3	19 500	9
合计	31 500	0	14 000	28

解:

$$\overline{x} = \frac{1+2+3+4+5+6+7}{7} = 4$$

$$\overline{y} = \frac{31\,500}{7} = 4\,500$$

$$b = \frac{\sum x_i y_i}{\sum x_i^2} = \frac{140\,000}{28} = 500$$

$$a = \overline{y} - b\overline{x} = 4\,500 - 500 \times 4 = 2\,500$$

所以回归方程为:$y = a + bx = 2\,500 + 500x$

$$y_9 = 2\,500\text{ 万元} + 500 \times 9 \text{ 万元} = 7\,000 \text{ 万元}$$

即预测结果为:第9年预测销售额为7 000万元。

课题4 建筑工程可行性研究报告实例

第一部分 建筑工程项目总论

总论作为可行性研究报告的首要部分,要综合叙述研究报告中各部分的主要问题和研究结论，并对项目的可行与否提出最终建议，为可行性研究的审批提供方便。

一、建筑工程项目概况

（一）项目基本情况

（二）项目承办单位

（三）可行性研究工作承担单位

（四）项目可行性研究依据

（五）项目建设内容、规模、目标

（六）项目建设地点

二、建筑工程项目可行性研究主要结论

在可行性研究中，对项目的产品销售、原料供应、政策保障、技术方案、资金总额及筹措、项目的财务效益和国民经济、社会效益等重大问题，都应得出明确的结论，主要包括：

（一）项目产品市场前景

（二）项目原料供应问题

（三）项目政策保障问题

（四）项目资金保障问题

（五）项目组织保障问题

（六）项目技术保障问题

（七）项目人力保障问题

（八）项目风险控制问题

（九）项目财务效益结论

（十）项目社会效益结论

（十一）项目可行性综合评价

三、主要技术经济指标表

在总论部分中，可将研究报告中各部分的主要技术经济指标汇总，列出主要技术经济指标表，使审批和决策者对项目作全貌了解。

四、存在的问题及建议

对可行性研究中提出的项目的主要问题进行说明并提出解决的建议。

（一）项目总投资来源及投入问题

（二）项目原料供应及使用问题

（三）项目技术先进性问题

第二部分　建筑工程项目建设背景、必要性、可行性

这一部分主要应说明项目发起的背景、投资的必要性、投资理由及项目开展的支撑性条件等。

一、建筑工程项目建设背景

（一）建筑工程项目市场迅速发展

（二）国家产业规划或地方产业规划

（三）项目发起人以及发起缘由

二、建筑工程项目建设必要性

三、建筑工程项目建设可行性
（一）经济可行性
（二）政策可行性
（三）技术可行性
（四）模式可行性
（五）组织和人力资源可行性

第三部分　建筑工程项目产品市场分析

市场分析在可行性研究中的重要地位在于，任何一个项目，其生产规模的确定、技术的选择、投资估算甚至厂址的选择，都必须在对市场需求情况有了充分了解以后才能决定。而且市场分析的结果，还可以决定产品的价格、销售收入，最终影响到项目的盈利性和可行性。在可行性研究报告中，要详细研究当前市场现状，以此作为后期决策的依据。

一、建筑工程项目产品市场调查
（一）建筑工程项目产品国际市场调查
（二）建筑工程项目产品国内市场调查
（三）建筑工程项目产品价格调查
（四）建筑工程项目产品上游原料市场调查
（五）建筑工程项目产品下游消费市场调查
（六）建筑工程项目产品市场竞争调查

二、建筑工程项目产品市场预测

市场预测是市场调查在时间上和空间上的延续，是利用市场调查所得到的信息资料，根据市场信息资料分析报告的结论，对本项目产品未来市场需求量及相关因素所进行的定量与定性的判断与分析。在可行性研究工作中，市场预测的结论是制订产品方案、确定项目建设规模所必须的依据。

（一）建筑工程项目产品国际市场预测
（二）建筑工程项目产品国内市场预测
（三）建筑工程项目产品价格预测
（四）建筑工程项目产品上游原料市场预测
（五）建筑工程项目产品下游消费市场预测
（六）建筑工程项目发展前景综述

第四部分　建筑工程项目产品规划方案

一、建筑工程项目产品产能规划方案
二、建筑工程项目产品工艺规划方案
（一）工艺设备选型
（二）工艺说明
（三）工艺流程
三、建筑工程项目产品营销规划方案
（一）营销战略规划
（二）营销模式
（三）促销策略

第五部分　建筑工程项目建设地与土建总规划

一、建筑工程项目建设地

（一）建筑工程项目建设地地理位置

（二）建筑工程项目建设地自然情况

（三）建筑工程项目建设地资源情况

（四）建筑工程项目建设地经济情况

（五）建筑工程项目建设地人口情况

（六）建筑工程项目建设地交通运输

二、建筑工程项目土建总规划

（一）项目厂址及厂房建设

1. 厂址

2. 厂房建设内容

3. 厂房建设造价

（二）土建规划总平面布置图

（三）场内外运输

1. 场外运输量及运输方式

2. 场内运输量及运输方式

3. 场内运输设施及设备

（四）项目土建及配套工程

1. 项目占地

2. 项目土建及配套工程内容

（五）项目土建及配套工程造价

（六）项目其他辅助工程

1. 供水工程

2. 供电工程

3. 供暖工程

4. 通信工程

5. 其他

第六部分　建筑工程项目环保、节能与劳动安全方案

在项目建设中，必须贯彻执行国家有关环境保护、能源节约和职业安全卫生方面的法规、法律，对项目可能对环境造成的近期和远期影响，对影响劳动者健康和安全的因素，都要在可行性研究阶段进行分析，提出防治措施，并对其进行评价，推荐技术可行、经济，且布局合理，对环境的有害影响较小的最佳方案。按照国家现行规定，凡从事对环境有影响的建设项目都必须执行环境影响报告书的审批制度，同时，在可行性研究报告中，对环境保护和劳动安全要有专门论述。

一、建筑工程项目环境保护方案

（一）项目环境保护设计依据

（二）项目环境保护措施

（三）项目环境保护评价

二、建筑工程项目资源利用及能耗分析
（一）项目资源利用及能耗标准
（二）项目资源利用及能耗分析
三、建筑工程项目节能方案
（一）项目节能设计依据
（二）项目节能分析
四、建筑工程项目消防方案
（一）项目消防设计依据
（二）项目消防措施
（三）火灾报警系统
（四）灭火系统
（五）消防知识教育
五、建筑工程项目劳动安全卫生方案
（一）项目劳动安全设计依据
（二）项目劳动安全保护措施

启示角

三峡工程是当今世界最大的水利枢纽工程，它的规划经过了几代人的论证。1950年，国家成立了长江流域规划办公室，从组织上保证了三峡工程计划的研究和制订。1983年水利电力部提交了工程可行性研究报告，并着手进行前期准备。1986年到1988年，国务院召集张光斗、陆佑楣等412位专业人士，分14个专题对三峡工程进行全面重新论证，结论认为技术方面可行、经济方面合理，"建比不建好，早建比晚建更为有利"。1990年，我国完成了《长江三峡水利枢纽工程可行性研究报告》，并经国务院审查，于1991年8月批准并报全国人大审议。1992年3月，第七届全国人民代表大会第五次会议审议通过了《关于兴建长江三峡工程的决议》。从此，三峡工程由论证阶段走向实施阶段。

在对三峡工程系统分析和研究之后，三峡工程的坝址选择方案、开发方案和水库蓄水位方案被作为系统关键要素进行深入研究。三峡坝址经过了近半个世纪的选择和20余年大规模的地质勘探研究，结合枢纽布置的要求、综合利用效益的可靠发挥等要求，经过多方面的考察，确定了南津关、太平溪和三斗坪作为最有可能的建坝地址。专家们结合实际，拟定了三个开发方案：一级开发、两级开发、多级开发。水库蓄水位的选择受到众多方面因素的影响，比如发电容量、坝高、移民区、防洪库容量等，在考虑了14个主要因素，兼顾各方面效益，以最合理地发挥防洪效益、合理的发电容量及良好的通航要求为前提，经过充分论证比较，最后确定的正常蓄水水位是175m。

同学们，通过阅读三峡工程项目的论证过程，你有哪些启发？

三峡工程是我国的重大工程项目，是一项集传统、现实和理性为一体的工程，是世界上最大规模的水利水电工程，又是一项综合性的多功能工程，其建设必然会遇到前所未有的工程难点和各类挑战，只有在工程建设的前期，做好深入细致的调查研究，充分论证各方案的优劣，确定最合理的实施方案，才能取得圆满成功。

单元 7　设备更新经济分析

单元目标

知识目标	技能目标	育人目标
1. 了解设备更新的特点，掌握设备更新的原则 2. 熟悉设备磨损的类型与补偿方式 3. 掌握设备寿命的概念及设备经济寿命的计算 4. 掌握设备租赁与购买方案的比选	1. 具备计算设备的经济寿命的能力 2. 具有在租赁设备和购买设备方案中能够做出正确选择的能力	1. 调动学生学习兴趣，激发学生学习的内驱力 2. 培养学生树立正确的世界观、人生观、价值观 3. 培养学生严谨求实的工作态度，提升其职业素养

情境引入

某建筑企业正在考虑更新用了 3 年的旧塔式起重机，旧塔式起重机目前的残值为 80 000 元。由于工艺及流行的迅速变化，这种塔式起重机最多还能使用 5 年，估计旧塔式起重机的年使用费和年末残值见表 7-1。

表 7-1　塔式起重机年使用费和年末残值　　　　（单位：元）

年　末	1	2	3	4	5
年使用费	10 000	15 000	20 000	25 000	30 000
残　值	60 000	40 000	30 000	20 000	0

市场上有一种新的塔式起重机，原始费用为 100 000 元，估计使用寿命为 6 年，有关的费用资料见表 7-2。

表 7-2　塔式起重机费用统计　　　　（单位：元）

年　末	1	2	3	4	5	6
年使用费	7 000	9 000	11 000	13 000	15 000	30 000
残　值	80 000	60 000	40 000	20 000	10 000	0

新塔式起重机随时都可以更换，若 $i=15\%$，应选择哪种塔式起重机？

课题 1　概述

设备是企业生产的物质与技术基础。设备的总体数量与质量是衡量企业与国家的生产与技术水平的重要标志,是判断企业与国家的市场竞争能力、技术创新能力的重要标准,也是影响企业与国家各项经济技术指标的重要因素。

建筑施工企业都存在着如何使企业的技术结构合理化,如何使企业设备利用率、机械效率和设备运营成本等指标保持在良好状态的问题,这就必须对设备磨损的类型及补偿方式、设备更新方案的比选进行科学的技术经济分析。

7.1.1 设备更新的含义

设备经企业购置以后就进入了服务期。在此期间,设备的效能会由于物理磨损和老化而逐渐降低,会由于技术进步而过时,企业生产能力、技术开发能力和市场竞争力会因此而下降。要使企业在市场竞争中处于有利地位,就要使设备经常保持高效能的运行状态和先进的技术水平,除了加强日常维护与管理外,更重要的是要不失时机地对设备进行更新改造。因此,对设备在服务期内的运行状况做工程经济分析,适时做出更新改造的决策,是促进企业技术改造、提高经济效益、保持市场竞争力的重要战备措施。

设备更新是对旧设备的整体更换,也就是用原型新设备或结构更加合理、技术更加完善、性能和生产效率更高、比较经济的新设备,更换已经陈旧的,在技术上不能继续使用,或在经济上不宜继续使用的旧设备。就实物形态而言,设备更新是用新的设备替换陈旧落后的设备;就价值形态而言,设备更新是设备在运动中消耗掉的价值的重新补偿。设备更新是消除设备有形磨损和无形磨损的重要手段,目的是为了提高企业生产的现代化水平,尽快地形成新的生产能力。

7.1.2 设备更新的特点

通常新设备的特点是原始费用高,但运行和维修费用低,而旧设备恰恰相反。为了决定设备是否需要更新,就应权衡利弊,全面比较,以经济效益的高低作为判断的依据。

在采用新设备时,一切有关费用,包括购置费、运输费、装置费都应考虑进去,作为原始费用。在更换旧设备时,应把其出售所得收入,拆卸费用以及可能发生的修理费用等都计算在内,求出其净残值,有时,这个残值可能是负数。

设备更新方案比较的基本原理在实际比较时,有以下两个特点。

1)通常,在考虑设备更新方案的比较时,我们假定设备产生的收益相同,因此只对它们的费用进行比较。

2)由于不同的设备方案的服务寿命不同,因此通常都采用年度费用(相当于前面所讲的年度等值)进行比较。

设备的年度费用,一般包括两部分:资金恢复费用和年度使用费用。年度使用费用是指设备的年度运行费(人工、燃料、动力、刀具、润滑油等消耗)和年度维修费。资金恢复费用是指设备的原始费用扣除设备弃置不用时的估计残值(净残值)后分摊到设备使用各年上的费用。设 P 代表设备的原始费用,F 代表估计残值,N 代表服务年限,则设备的资金恢复费用可用式(7-1)、式(7-2)进行计算:

$$资金恢复费用 = \frac{P-F}{N}(不计利息) \tag{7-1}$$

$$资金恢复费用 = P(A/P,i,N) - F(A/F,i,N) \qquad (7\text{-}2)$$

由于

$$(A/F,i,N) = \frac{i}{(1+i)^N - 1} = \frac{i(1+i)^N}{(1+i)^N - 1} - i = (A/P,i,N) - i$$

代入式（7-2）可得：

$$资金恢复费用 = (P-F)(A/P,i,N) + Fi \qquad (7\text{-}3)$$

【例 7-1】 某建筑施工企业有一部设备的原始费用为 5 000 万元，估计可以使用 5 年，5 年末的估计残值为 1 000 万元。不计利息和按 6% 的年利率计算，资金恢复费用各为多少？

解：（1）不计利息：

$$资金恢复费用 = \frac{P-F}{N} = \frac{5\,000 - 1\,000}{5} 万元 = 800 万元$$

（2）按 6% 的年利率计算：

$$\begin{aligned}
资金恢复费用 &= (P-F)(A/P,i,N) + Fi \\
&= (5\,000 - 1\,000)(A/P,0.06,5) + 1\,000\,万元 \times 0.06 \\
&= 4\,000\,万元 \times 0.237\,4 + 1\,000\,万元 \times 0.06 \\
&= 1\,009.6\,万元
\end{aligned}$$

从式（7-1）和式（7-3）中可以看出设备的资金恢复费用随着服务年限的增长而逐渐变小。

7.1.3 设备更新方案比较的原则

设备更新方案比选的基本原理和评价方法与互斥性投资方案比选相同。但在实际设备更新方案比选时，应遵循如下原则：

1）不考虑沉没成本。沉没成本是过去已支付的靠今后决策无法回收的金额，即已经发生的成本，不管企业生产什么产品和生产多少产品，这项成本都不可避免地要发生，因而决策对它不起作用。

在进行设备更新方案比选时，原设备的价值应按目前实际价值计算，而不考虑其沉没成本。因为不论是将该费用考虑进去，还是不予考虑，其结论是相同的。沉没成本一般不会影响方案的选择。例如，某设备 4 年前的原始成本是 80 000 元，目前的账面价值是 30 000 元，现在的净残值仅为 15 000 元。在进行设备更新分析时，4 年前的原始成本为 80 000 元是过去发生的而与现在决策无关，因此是沉没成本。目前该设备的价值等于净残值 15 000 元。

2）不要简单地按照新、旧设备方案的直接现金流量进行比较，而应该站在一个客观的立场上，同时应对原设备目前的价值（或净残值）考虑买卖双方及机会成本并使之实现均衡。只有这样才能客观地、正确地描述新、旧设备的现金流量。

3）逐年滚动比较。该原则是指在确定最佳更新时机时，应首先计算比较现有设备的剩余经济寿命和新设备的经济寿命，然后利用逐年滚动计算方法进行比较。

【例 7-2】 假定某企业在 4 年前以原始费用 2 200 万元买了机器 A，估计还可以使用 6 年，第 6 年年末估计残值 200 万元，年度使用费用为 700 万元。现在市场上出现了机器 B，原始费用为 2 400 万元，估计可以使用 10 年，第 10 年末的估计残值 300 万元，年度使用费为 400 万元。现采用的两个方案如下。

方案甲：继续使用机器 A；

方案乙：把机器 A 以 600 万元出售，然后购买机器 B。

如果在年利率为 15% 的情况下，试比较甲、乙两个方案的优劣。

解： 如按照两个方案的直接现金流量图（图 7-1），计算结果如下：

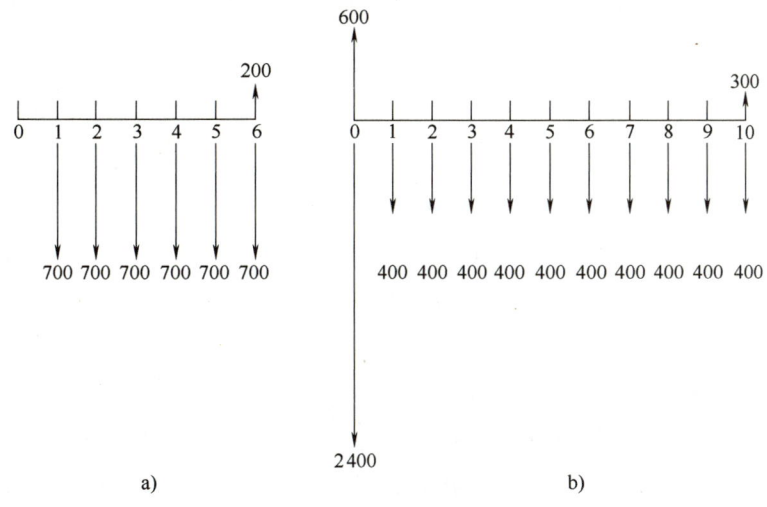

图 7-1　方案的直接现金流量图（一）（单位：万元）
a) 方案甲的直接现金流量图　b) 方案乙的直接现金流量图

$AC(15\%)_甲 = 700 - 200(A/F, 15\%, 6) = 700\ 万元 - 200\ 万元 \times 0.1142 = 667\ 万元$

$AC(15\%)_乙 = (2\ 400 - 600)(A/P, 15\%, 10) + 400 - 300(A/F, 15\%, 10)$

$\qquad\qquad\quad = 1\ 800\ 万元 \times 0.199\ 3 + 400\ 万元 - 300\ 万元 \times 0.049\ 3$

$\qquad\qquad\quad = 744\ 万元$

按照这样的计算方法，方案甲比方案乙在 6 年内每年可以节约费用 (744-667) 万元 = 77 万元。这种计算方法是错误的，因为把机器 A 的残值（售价）分摊在 10 年的期间，而实际上它只应该分摊到 6 年的期间。

此外，把旧机器（机器 A）的售价作为新机器（机器 B）的收入也不妥当，因为这笔收入不是由新机器本身所带来的。因此正确的计算方法如下：站在这样一个客观的立场上，或者花 600 万元购买机器 A，或者花 2 400 万元购买机器 B。这样两个方案进行比较，其现金流量如图 7-2 所示。其计算结果如下：

$AC(15\%)_甲 = 600(A/P, 15\%, 6)\ 万元 - 200(A/F, 15\%, 6)\ 万元 + 700\ 万元 = 836\ 万元$

$AC(15\%)_乙 = 2\ 400(A/P, 15\%, 10)\ 万元 + 400\ 万元 - 300(A/F, 15\%, 10)\ 万元 = 864\ 万元$

由此可见，方案甲比方案乙在 6 年内每年节约费用 864 万元 - 836 万元 = 28 万元。上一计算方法的结果是 77 万元，显然是夸大了两个方案的差别。

 **知识点**

沉没成本是指由于过去的决策已经发生了的，而不能由现在或将来的任何决策改变的成本。人们在决定是否去做一件事情的时候，不仅是看这件事对自己有没有好处，而且也

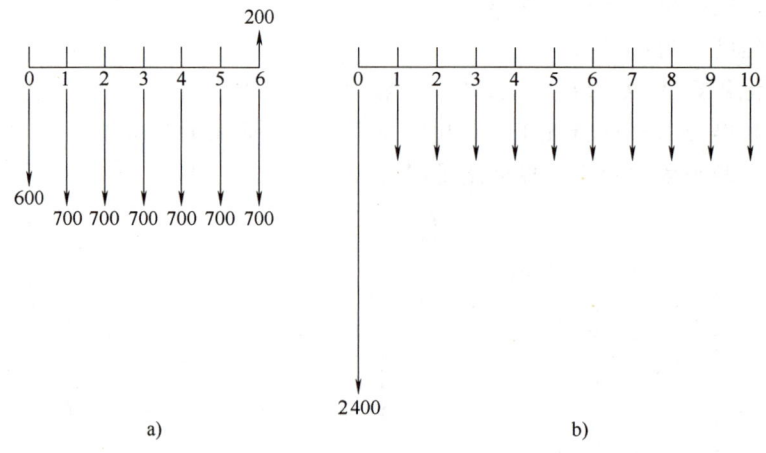

图 7-2　方案的直接现金流量图（二）（单位：万元）
a）方案甲的直接现金流量图　b）方案乙的直接现金流量图

看过去是不是已经在这件事情上有过投入。我们把这些已经发生不可收回的支出，如时间、金钱、精力等称为"沉没成本"（Sunk Cost）。在经济学和商业决策制订过程中会用到"沉没成本"（Sunk Cost）的概念，代指已经付出且不可收回的成本。沉没成本常用来与可变成本作比较，可变成本可以被改变，而沉没成本不能被改变。

> **知识链接**

2001 年诺贝尔经济学奖得主斯蒂格利茨教授说，普通人（非经济学家）常常不计算"机会成本"，而经济学家则往往忽略"沉没成本"——这是一种睿智。他在《经济学》一书中说："如果一项开支已经付出并且不管做出何种选择都不能收回，一个理性的人就会忽略它。这类支出称为沉没成本（Sunk Cost）。"接着，他举了个例子："假设现在你已经花 7 美元买了电影票，你对这场电影是否值 7 美元表示怀疑。看了半小时后，你的最坏的怀疑应验了：这电影简直是场灾难。你应该离开电影院吗？在做这一决策时，你应该忽视这 7 美元。这 7 美元是沉没成本，不管是去是留，这钱你都已经花了。"斯蒂格利茨不愧是大师，他用通俗的话语道出了生活和投资的智慧。

课题 2　设备的磨损与补偿

7.2.1　设备磨损的类型

设备是企业生产的重要物质条件，企业为了进行生产，必须花费一定的投资，用以购置各种设备。设备在使用或闲置过程中会逐渐发生磨损，按其成因分为有形磨损与无形磨损两大类，四种形式。

1. 有形磨损（又称物理磨损）

设备在使用或闲置过程中所发生的实体磨损称为有形磨损，也称为物理磨损。

物理磨损：使得设备的运行费用和维修费用增加，因而服务的效果降低。按引起磨损的原因可作如下区分：

1）第Ⅰ种有形磨损：引起设备有形磨损的主要原因在于生产过程中对设备的使用。运转中的设备受机械力作用，其零部件会发生摩擦、振动、冲击和扭曲等现象，致使设备实体发生磨损。一般表现为零部件原始形状及尺寸的变化，公差配合性质发生某种程度的变化，严重的会使零部件实体破坏。

设备发生第Ⅰ种有形磨损的后果是工作精度降低、劳动生产率下降、故障率升高、维护费用增加，严重的将导致设备不能正常运转、丧失工作能力以至报废。

2）第Ⅱ种有形磨损：引起设备有形磨损的原因与设备的闲置和封存有关。长期闲置不用的设备受自然力的作用也会产生有形磨损，如金属件锈蚀、橡胶件老化等。严重的也会使设备自然丧失精度和功能，失去工作能力。

2. 无形磨损（又称精神磨损）

无形磨损：是技术进步的结果，当出现了性能显著提高的新设备时，即使旧设备还处于良好的状态，有时也要考虑用新设备代替旧设备，以取得更好的经济效益。

与有形磨损不同，无形磨损是由于非使用、非自然力作用而造成的。不表现为设备实体物理性变化，而表现为设备原始价值的贬值，也称为精神磨损。按引起无形磨损的原因又分为如下两种形式：

1）第Ⅰ种无形磨损：设备的技术结构和性能并没有变化，但由于制造工艺不断进步、劳动生产率提高、消耗节约而使生产同类设备的再生产价值降低，因而设备的市场价格也降低了，致使原设备相对贬值。这种无形磨损的后果只是现有设备原始价值部分贬值，设备本身的技术特性和功能即使用价值并未发生变化，故不会影响现有设备的使用。因此，不产生提前更换现有设备的问题。

2）第Ⅱ种无形磨损：由于科学技术的进步，在设计中采用先进的工作原理，出现了结构更合理、功能更完善、效率更高、运行费用更低的新型设备而使原有设备相对陈旧过时，其经济效益相对降低而发生贬值。这种无形磨损不仅使原有设备原始价值降低，而且会使其局部或全部丧失使用价值。这是由于新型设备的使用会提高社会平均生产率、降低社会平均成本，相比之下继续使用旧型号设备在经济上是不合算的；这就产生了是否用新设备代替现有陈旧落后的老设备的问题。

有形和无形两种磨损都引起机器设备原始价值的贬值，这一点两者是相同的。不同的是，遭受有形磨损的设备，特别是有形磨损严重的设备，在修理之前，常常不能工作；而遭受无形磨损的设备，即使无形磨损很严重，其固定资产物质内容却可能没有磨损，仍然可以使用，只不过继续使用它在经济上是否合算，需要分析研究。

3. 设备的综合磨损

设备的综合磨损是指同时存在有形磨损和无形磨损的损坏和贬值的综合情况。对任何特定的设备来说，这两种磨损必然同时发生和同时互相影响。某些方面的技术进步可能加快设备有形磨损的速度，例如高强度、高速度、大负荷技术的发展，必然使设备的物理磨损加剧。同时，某些方面的技术进步又可提供耐热、耐磨、耐腐蚀、耐振动、耐冲击的新材料，使设备的有形磨损减缓，但使其无形磨损加快。

7.2.2 设备磨损的补偿方式

设备发生磨损后，需要进行补偿，以恢复设备的生产能力。由于机器设备遭受磨损的形式不同，补偿磨损的方式也不一样。设备有形磨损的局部补偿是修理，无形磨损的局部补偿是现代化改造。有形磨损和无形磨损的完全补偿是更新，如图7-3所示。大修理是更换部分已磨损的零部件和调整设备，以恢复设备的生产功能和效率为主；现代化改造是对设备的结构作局部的改进和技术上的革新，如增添新的、必需的零部件，以增加设备的生产功能和效率为主。这两者都属于局部补偿。更新是对整个设备进行更换，属于完全补偿。

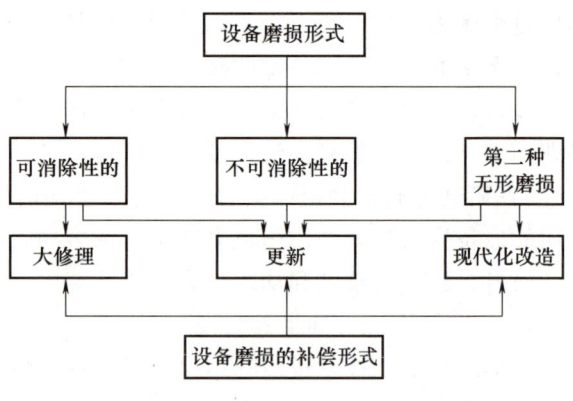

图 7-3 设备磨损的补偿

由于设备总是同时遭受到有形磨损和无形磨损，因此，对其综合磨损后的补偿形式应进行更深入地研究，以确定恰当的补偿方式。

课题3 设备经济寿命

设备在使用过程中，由于有形磨损和无形磨损的共同作用，在设备使用到一定期限时，就需要利用新设备进行更新。这种更新取决于设备使用寿命的效益或成本高低。

7.3.1 设备寿命

设备的寿命在不同需要情况下有不同的内涵和意义。现代设备的寿命不仅要考虑自然寿命，而且还要考虑设备的技术寿命和经济寿命。

1. 设备的自然寿命

设备的自然寿命又称为物质寿命。它是指设备从投入使用开始，直到因物质磨损而不能继续使用、报废为止所经历的全部时间。它主要是由设备的有形磨损所决定的。搞好设备维修和保养可延长设备的物质寿命，但不能从根本上避免设备的磨损，任何一台设备磨损到一定程度时，都必须进行更新，因为随着设备使用时间的延长，设备不断老化，维修所支出的费用也逐渐增加，从而出现恶性使用阶段，即经济上不合理的使用阶段。因此，设备的自然寿命不能成为设备更新的估算依据。

2. 设备的技术寿命

由于科学技术迅速发展，一方面，对产品的质量和精度的要求越来越高；另一方面，也不断涌现出技术上更先进、性能更完美的机械设备，这就使得原有设备虽还能继续使用，但已不能保证产品的精度、质量和技术要求而被淘汰。因此，设备的技术寿命（又称有效寿命）就是指设备从投入使用到技术落后而被淘汰所延续的时间。由此可见，技术寿命主要是由设备的无形磨损所决定的，它一般比自然寿命要短，而且科学技术进步越快，技术寿命越短。所以，在估算设备寿命时，必须考虑设备技术寿命期限的变化特点及其使用的制约或影响。

3. 设备的经济寿命

经济寿命是指设备从投入使用开始，到因继续使用在经济上不合理而被更新所经历的时间。它是由维护费用的提高和使用价值的降低决定的。设备使用年限越长，每年所分摊的设备购置费（年资本费或年资产消耗成本）越少。但是随着设备使用年限的增加，一方面需要更多的维修费用来维持原有功能；另一方面机器设备的操作成本及原材料、能源耗费也会增加，年运行时间、生产效率、质量将下降。因此，年资本费（或年资产消耗成本）的降低，会被年度运行成本的增加或收益的下降所抵消。在整个变化过程中，年均总成本（或年均净收益）是时间的函数，这就存在着使用到某一年份，其平均综合成本最低，经济效益最好。即在这个时间之前，或者在这一时间之后，年资产消耗成本和年运行成本的总和都将会增高，如图7-4所示，在N_0年时，等值年成本达到最低值。我们称设备从开始使用到其等值年成本最小（或年盈利最高）的使用年限N_0为设备的经济寿命。所以，设备的经济寿命就是从经济观点（即成本观点或收益观点）确定的设备更新的最佳时刻。

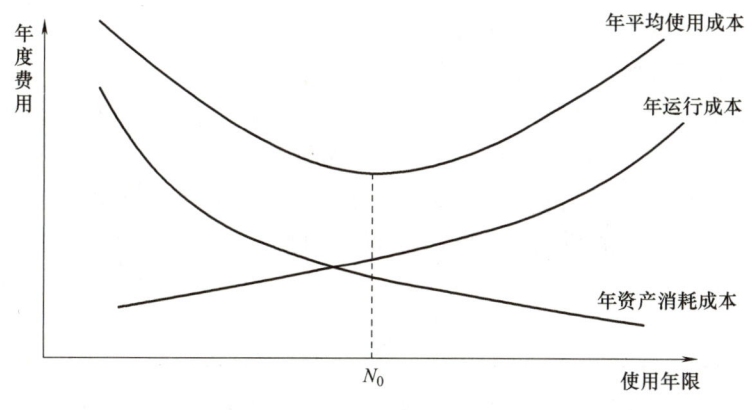

图 7-4　设备年度费用曲线

4. 设备寿命期限的影响因素

影响设备寿命期限的因素较多，其中主要有：
1）设备的技术构成，包括设备的结构及工艺性、技术进步。
2）设备成本。
3）加工对象。
4）生产类型。
5）工作班次。
6）操作水平。
7）产品质量。
8）维护质量。
9）环境要求。

7.3.2 设备的经济寿命

设备的年度费用由资金恢复费用和年度使用费组成。年度使用费又由年运行费和维修费组成。如果 C 代表年度使用费（年平均使用成本）；O 代表年运行费（年运行成本）；M 代表年维修费（年资产消耗成本），如估计残值 F 为零，N 代表服务年限，当不考虑货币时间价值时，有：

$$C = \frac{P}{N} + O + M$$

式中：P/N 是设备的资金恢复费用，随使用年限的增长而逐渐变小，如 O 和 M 随使用年限的增长而变大，设备的年度费用曲线如图 7-4 所示。从图 7-4 上可以看出在 N_0 年上的年度费用最小，这 N_0 年就是设备的经济寿命。设备的经济寿命是指设备从开始使用至其年度费用最小的使用年限。使用年限超过设备的经济寿命，设备的年度费用又将上升，所以设备使用到其经济寿命的年限更新最为经济。

当设备的 P 和 N 为一定时，资金恢复费用曲线基本上也是一定的。年度使用费曲线取决于年度使用费的变化，设备经济寿命的长短主要取决于年度使用费的变化。年度使用费通常分三种情况：不规则的，固定不变的，不断增加的。

第一种情况：年度使用费是不规则的。

假定一部机器的原始费用为 400 元，不论其何时退出使用，都不计残值，不计算利息，有关的数据见表 7-3。从表中可以看出，资金恢复费用与使用年限成反比，计算平均年度使用费可以使其高值和低值适当均匀化。尽管年度费用逐渐下降，但是如果年度使用费没有上升的趋势，则不能找到年度费用最小的年度。显然，如果要更新机器，应在出现较高年度使用费的前一年。

表 7-3　某机器在不同使用年限的平均成本　　　　　　（单位：元）

年末 (1)	年度使用费 (2)	使用费之和 (3)	平均使用费 (4)	年末退出使用的资金恢复费用 400÷(1) (5)	在该时间内的年度费用 (4)+(5) (6)
1	100	100	100	400	500
2	100	200	100	200	300
3	300	500	167	133	300
4	100	600	150	100	250
5	100	700	140	80	220
6	100	800	133	67	200
7	100	900	129	57	186
8	300	1 200	150	50	200
9	100	1 300	144	44	188
10	100	1 400	140	40	180

第二种情况：年度使用费不变。

如果年度使用费在设备的使用年限中一直保持不变，则一般来说机器永远不需要更新。这种情况又可分为不计算利息和计算利息两种。

(1) 不计算利息和残值：

由
$$C = \frac{P}{N} + O + M$$

可知，C 永远不会达到一个最小值，则一般来说机器永远不需要更新。

(2) 计算利息和残值：

则
$$C = (P-F)(A/P, i, N) + Fi + O + M$$

如果 F 保持不变，则从 $(A/P, i, N)$ 的系数表上可以看出，当 N 增加时，系数不断减小，C 也减小。如果 F 逐年减小，C 也趋向于逐年减小。但如果 F 随着时间的增长而减少较大时，也可能出现相反的趋势。

第三种情况：年度使用费用不断增加（只有用列表法求得）。

【例 7-3】 有一新机器，原始费用为 800 元，不论使用多久，其残值都是零，而其使用费第一年为 200 元，以后每年增加 100 元，暂不计息，有关的数据见表 7-4。

解：由于使用费用逐年上升，所以在设备的使用年限中可以找到一个年度费用最小的年份，我们从表 7-4 中可以找到是第四年。

如果我们用 Q 代表设备的使用费，则 $Q = O + M$，用 q 代表使用费的每年增加额，利息不计，则可以得出：

$$C = \frac{P}{N} + Q + \frac{q + 2q + \cdots + (N-1)q}{N}$$

$$= \frac{P}{N} + Q + \frac{N(N-1)q}{2N}$$

$$= \frac{P}{N} + Q + (N-1)\frac{q}{2}$$

表 7-4 某新机器在不同使用年限平均成本 （单位：元）

年末 (1)	年末使用费 (2)	使用费之和 Σ (3)	平均使用费 (3)÷(1) (4)	年末退出使用的资金恢复费用 800÷(1) (5)	该时间内的年度费用 (4)+(5) (6)
1	200	200	200	800	1 000
2	300	500	250	400	650
3	400	900	300	267	567
4	500	1 400	350	200	550
5	600	2 000	400	160	560
6	700	2 700	450	133	583

若要使 C 为最小，求上式对 N 的导数，并使其等于零，可得：

$$\frac{dC}{dN} = -\frac{P}{N^2} + \frac{q}{2} = 0$$

$$N = \sqrt{\frac{2P}{q}} \tag{7-4}$$

由原题意得 $P=800$，$Q=200$，$q=100$，代入上式，可求得机器的经济寿命：

$$N=\sqrt{\frac{2P}{q}}=\sqrt{\frac{2\times 800}{100}}\text{年}=4\text{年}$$

最小年度费用为：

$$C=\frac{800}{4}\text{元}+200\text{元}+3\times\frac{100}{2}\text{元}=550\text{元}$$

与表 7-4 的结果一样。

经济寿命的求解分为不考虑时间因素和考虑时间因素两种情况。如果不考虑时间因素，残值 F 为零，使用费每年增加一个固定额，经济寿命可用式（7-4）计算。假如年度使用费是逐年变化的，年末的估计残值也是变化的，其年度费用不能用公式来表示，这种设备的经济寿命可通过列表计算求得。

【例 7-4】 某小载货汽车的年使用费用和年末的估计残值见表 7-5。原始费用为 60 000 元。

表 7-5　某小载货汽车年使用费用和年末的估计残值　　　　　　（单位：元）

年　　末	1	2	3	4	5	6	7
年度使用费	10 000	12 000	14 000	18 000	23 000	28 000	34 000
年末估计残值	30 000	15 000	7 500	3 750	2 000	2 000	2 000

求：(1) 按不计息，求小载货汽车的经济寿命。

(2) 按年利率 10%，计算小载货汽车的经济寿命。

解：(1) 按不计息情况求解见表 7-6。

表 7-6　不计算利息算小载货汽车经济寿命　　　　　　（单位：元）

年末 (1)	年末 使用费 (2)	年末使用费 之和 Σ(2) (3)	年末平均使用 费(3)÷(1) (4)	年末的估计 残值 (5)	年末退出使用的资金恢复 费用[60 000-(5)]÷(1) (6)	该时间内的年度费用 (4)+(6) (7)
1	10 000	10 000	10 000	30 000	30 000	40 000
2	12 000	22 000	11 000	15 000	22 500	33 500
3	14 000	36 000	12 000	7 500	17 500	29 500
4	18 000	54 000	13 500	3 750	14 063	27 563
5	23 000	77 000	15 400	2 000	11 600	27 000
6	28 000	105 000	17 500	2 000	9 667	27 167
7	34 000	139 000	19 857	2 000	8 286	28 143

从上表中可以看出小载货汽车的经济寿命为 5 年，第 5 年年末应更新小载货汽车。

(2) 按年利率 10%，计算其经济寿命见表 7-7。

表 7-7　计算利息算小载货汽车经济寿命　　　　　　　　　　　　　　（单位：元）

年末 (1)	年末 使用费 (2)	现值系数 $(P/F,10\%,n)$ (3)	使用费在 第一年年 初的现值 $(2)\times(3)$ (4)	现值之和 $\Sigma(4)$ (5)	年末的 估计残值 (6)	资金恢 复系数 $(A/P,10\%,n)$ (7)	等值的年度 使用费 $(5)\times(7)$ (8)	年末退出使用的 资金恢复费用 $[6\,000-(6)]\times(7)+$ $(6)\times i$ (9)	该时间内 的年度 费用 $(8)+(9)$ (10)
1	10 000	0.909 1	9 091	9 091	30 000	1.100 0	10 000	36 000	46 000
2	12 000	0.826 5	9 918	19 009	15 000	0.576 2	10 953	27 429	38 382
3	14 000	0.751 3	10 518	29 527	7 500	0.402 1	11 873	21 860	33 733
4	18 000	0.683 0	12 294	41 821	3 750	0.315 5	13 195	18 122	31 347
5	23 000	0.620 9	14 281	56 102	2 000	0.263 8	14 800	15 500	30 300
6	28 000	0.564 5	15 806	71 908	2 000	0.229 6	16 510	13 517	30 027
7	34 000	0.513 2	17 449	89 357	2 000	0.205 4	18 354	12 113	30 467

从表 7-7 可以看出，在利率为 10% 的情况下，经济寿命为 6 年。

除了上述的一般方法之外，还有两种特殊情况，其经济寿命不需要反复的计算就可以确定其经济寿命。

第一种特殊情况：如果一部设备在整个使用寿命期间，其年度使用费用固定不变，其估计残值也固定不变。这时，其使用的年限越长，年度费用越低。这就是说，它的经济寿命等于它的服务寿命。

第二种特殊情况：如果一部设备目前的估计残值和未来的估计残值相等，而年度使用费逐年增加，最短的寿命（一般为 1 年）就是它的经济寿命。这是因为：

年度费用 = 资金恢复费用 + 年度使用费

而

资金恢复费用 = $(P-F)(A/P,i,N)+Fi$

由于 $P=F$，所以年度费用等于年度使用费加了一个常数 Fi，既然年度使用费逐年增加，那么设备的经济寿命应是最短的时期即一年。

7.3.3　更新方案的比较

1. 寿命不等的更新方案的分析

为了精确地比较两个方案，从理论上来说，应该把考察的时间从现在起一直延长到两个方案效果完全相同的未来，但实际上这是很难做到的。因此，我们不得不选定一个研究期作为比较方案的依据，这种选定带有主观随意性。由下面这个例子说明这种方法。

【例 7-5】　假定正在使用的设备是机器 A，其目前的残值估计为 2 000 元。据估计，这部机器还可使用 5 年，每年的使用费为 1 200 元。第五年年末的残值为零。为这机器的使用提出两种方案。

方案甲：5 年之后用机器 B 来代替机器 A。机器 B 的原始费用估计为 10 000 元，寿命估计为 15 年，残值为 0，每年使用费 600 元。

方案乙：现在就用机器 C 来代替机器 A。机器 C 的原始费用估计为 8 000 元，寿命估计为 15 年，残值为 0，每年使用费 900 元。

详细数据见表 7-8，在利率为 10% 的情况下，试比较方案甲和方案乙，哪个方案的经济效果好。

表 7-8　方案甲和方案乙有关统计数据　　　　　　　　　　　　（单位：元）

年 末	方 案 甲		方 案 乙	
	原始费用	年使用费	原始费用	年使用费
0	机器 A 2 000		机器 C 8 000	
1		1 200		900
2		1 200		900
3		1 200		900
4		1 200		900
5	机器 B 10 000	1 200		900
6		600		900
研 7		600		900
究 8		600		900
期 9		600		900
15 10		600		900
年 11		600		900
12		600		900
13		600		900
14		600		900
15		600		900
16		600		
17		600		
18		600		
19		600		
20		600		

解：将选定研究期和未使用价值两个因素考虑以下三种情况进行比较。

(1) 选定研究期为 15 年，考虑未使用的价值。

由于对更远时期的估计比较困难，选定 15 年作为研究期，这相当于机器 C 的寿命。

方案甲：15 年研究期包括机器 A 使用 5 年，机器 B 使用 10 年。

机器 B 的年度费用是：

$AC(10\%)_B = 10\ 000(A/P, 10\%, 15) + 600\ 元 = 10\ 000\ 元 \times 0.131\ 5 + 600\ 元 = 1\ 915\ 元$

研究期 15 年中的费用现值是：

$PC(10\%)_甲 = 2\ 000 + 1\ 200(P/A, 10\%, 5) + 1\ 915(P/A, 10\%, 10)(P/F, 10\%, 5)$

$= 2\ 000\ 元 + 1\ 200\ 元 \times 3.798 + 1\ 915\ 元 \times 6.144\ 6 \times 0.620\ 9 = 13\ 856\ 元$

按照上列的计算，机器 B 还可使用 5 年，这到研究期末未使用的价值为：

10 000(A/P ,10%,15)(P/A, 10%,5)= 1 000×0.131 5×3.790 8 元=4 985 元

按照方案乙，机器 C 在 15 年中的费用现值是：

$$PC(10\%)_乙 = 8\,000+900(P/A,10\%,15)$$
$$= 8\,000\,元+900\,元×7.606\,1$$
$$= 14\,845\,元$$

结果：方案甲用的现值是 13 856 元，而方案乙用的现值是 14 845 元，所以方案甲比较优越。

(2) 选定确定期为 15 年，忽略未使用的价值。按照上述假定，计算结果如下。机器 B 的年度费用：

$$AC(10\%)_B = 10\,000(A/P, 10\%,10)+600$$
$$= 10\,000\,元×0.162\,8+600\,元$$
$$= 2\,228\,元$$

这样，方案甲在 15 年内发生的费用现值是：

$$PC(10\%)_甲 = 2\,000+1\,200(P/A,10\%,5)+2\,228(P/A,10\%,10)(P/F,10\%,5)$$
$$= 2\,000\,元+1\,200\,元×3.791+2\,228\,元×6.144\,6×0.620\,9$$
$$= 15\,050\,元$$

不同于原来计算出的 13 856 元。这是当然的，因为现在是把机器 B 的原始费用分摊在前 10 年，尽管它可以使用 15 年。这种计算方法显然不利于机器 B。计算的误差刚好等于设备未使用价值的现值。

$$4\,985(P/F,10\%,15)= 1\,194\,元 =(15\,050-13\,856)\,元$$

虽然习惯上在计算时大多数把设备的未使用价值加以忽略，但还是以考虑进去为好。因为计算的工作量相差不大。

(3) 选定研究期为 5 年。

如果情报不足，往往不得不采用较短的研究期。例如在表 7-7 中如果采用什么机器来继续机器 B 的工作并不清楚，就只能选定机器 A 还可使用的时期 5 年以作为研究期，这时：

方案甲：(也就是机器 A)

$$AC(10\%)_A = 2\,000(A/P,10\%,5)+1\,200$$
$$= 2\,000×0.263\,8\,元+1\,200\,元$$
$$= 1\,728\,元$$

方案乙：(也就是机器 C，这时我们选择期寿命为 15 年计算其年度费用)

$$AC(10\%)_C = 8\,000(A/P,10\%,15)+900$$
$$= 8\,000×0.131\,15\,元+900\,元$$
$$= 1\,952\,元$$

结论：在前 5 年中采用机器 A 比采用机器 C 每年可节约 224(1 952-1 728)元，至于一年以后的情况则未加考虑。

一般来说，研究期越长，所得到的结果越重要，但是所做的估计也越可能是错误的，因此，研究期的选定必须根据估计和判断决定。

2. 以经济寿命为依据的更新分析

以经济寿命的更新方案比较，使设备都使用到最有利的年限进行分析。在比较时应注意下列几点：

第一条：不考虑沉没成本。

第二条：求出各种设备的经济寿命。

如果年度使用费固定不变，估计值也固定不变，应选定尽可能长的寿命。

如果年度使用费逐年增加而且目前残值和未来残值相等，应选定尽可能短的寿命。

第三条：取经济寿命时年度费用小者为优。

课题4　设备租赁与购买方案的比选分析

在企业生产经营管理中，设备租赁常见于企业设备投资决策。在什么情况下企业选择租赁设备或直接购买设备，做出何种抉择取决于投资决策者对二者的费用与风险的全面综合比较分析。

7.4.1　影响设备租赁与购买方案的主要因素

1. 设备租赁的概念

设备租赁是设备使用者（承租人）按照合同规定，按期向设备所有者（出租人）支付一定费用而取得设备使用权的一种经济活动。设备租赁一般有融资租赁和经营租赁两种方式。

在融资租赁中，租赁双方承担确定时期的租让和付费义务，而不得任意中止和取消租约，贵重的设备（如车皮、重型机械设备等）宜采用这种方法；而在经营租赁中，租赁双方的任何一方可以随时以一定方式在通知对方后的规定期限内取消或中止租约，临时使用的设备（如车辆、仪器等）通常采用这种方式。

由于租赁具有把融资和融物结合起来的特点，这使得租赁能够提供及时且灵活的资金融通方式，是企业取得设备进行生产经营的一种重要手段。

对于承租人来说，设备租赁与设备购买相比的优越性在于：①在资金短缺的情况下，既可以用较少资金获得生产急需的设备，也可以引进先进设备，加快技术进步的步伐；②可以获得良好的技术服务；③可以保持资金的流动状态，防止呆滞，也不会使企业资产负债状况恶化；④可以避免通货膨胀和利率波动的冲击，减少投资风险；⑤设备租金可以在所得税前扣除，能享受税费上的利益。

其不足之处则在于在租赁期间承租人对租用设备无所有权，只有使用权，故承租人无权随意对设备进行改造，不能处置设备，也不能用于担保、抵押贷款。

正是由于设备租赁有利有弊，故在租赁前要进行慎重的决策分析。

2. 影响设备租赁的主要因素

1）项目的寿命期。

2）企业是否需要长期占有设备，还是只希望短期需要这种设备。

3）设备的技术性能和生产效率。

4）设备对工程质量（产品质量）的保证程度，对原材料、能源的消耗量，生产的安全性。

5) 设备的成套性、灵活性、维修的难易程度、耐用性、环保性。
6) 设备的经济寿命。
7) 技术过时风险的大小。
8) 设备的资本预算计划，资金可获量，包括自由资金和融通资金。
9) 提交设备的进度。
10) 租赁期长短。
11) 设备租金额，包括总租金额和每租赁期租金额。
12) 租金的支付方式，包括租赁期起算日、支付日期、支付币种和支付方法等。
13) 企业经营费用减少与折旧费和利息减少的关系，租赁的节税优惠。
14) 预付资金（定金）和租赁保证金。
15) 承租人付给担保人为其租赁交易担保的费用。
16) 维修方式，即是由企业自行维修，还是由租赁机构提供维修服务。
17) 租赁期满，资产的处理方式。
18) 租赁机构的信用度、经济实力，与承租人的配合情况。
19) 租赁合同的质量。

3. 影响设备购买的主要因素

1) 项目的寿命期。
2) 企业是否需要长期占有设备，还是只希望短期需要这种设备。
3) 设备的技术性能和生产效率。
4) 设备对工程质量（产品质量）的保证程度，对原材料、能源的消耗量，生产的安全性。
5) 设备的成套性、灵活性、维修的难易程度、耐用性、环保性。
6) 设备的经济寿命。
7) 技术过时风险的大小。
8) 设备的资本预算计划；资金可获量，包括自有资金和融通资金；融通资金时，借款利息或利率高低。
9) 提交设备的进度。
10) 设备的购置价格；设备价款的支付方式，包括一次支付和分期支付；分期支付分几期，每期间隔时间，每次支付多少；支付币种和支付方法，付款期内的利率是固定利率还是浮动利率等。
11) 设备的年运转费用和维修费用。
12) 保险费，包括购买设备的运输保险费，设备在使用过程中的各种财产保险费。

总之，企业是否做出购买决定的关键在于技术经济可行性分析。因此，企业在决定进行设备投资之前，必须充分考虑影响设备购买的主要因素，才能获得最佳的经济效益。

7.4.2 设备租赁与购买方案的分析方法

采用购买设备或者采用租赁设备应取决于这两种方案在经济上的比较，比较的原则和方法与一般的互斥投资方案比选的方法相同。

1. 设备租赁与购买方案分析的步骤

1) 根据企业生产经营目标和技术状况,提出设备更新的投资建议。

2) 拟定若干设备投资、更新方案,包括购买(有一次性付款和分期付款购买)、租赁方案。

3) 定性分析筛选方案,包括:分析企业财务能力,分析设备技术风险、使用、维修等特点。

4) 定量分析并优选方案,结合其他因素,做出租赁还是购买的投资决策。

2. 设备经营租赁与购买方案的经济比选方法

(1) 设备经营租赁方案的净现金流量。采用设备经营租赁的方案,租赁费可以直接进入成本,其净现金流量为:

$$\text{净现金流量} = \text{销售收入} - \text{经营成本} - \text{租赁费用} - \text{与销售相关的税金} - \text{所得税率} \times (\text{销售收入} - \text{经营成本} - \text{租赁费用} - \text{与销售相关的税金}) \tag{7-5}$$

式(7-5)中租赁费用主要包括:租赁保证金(5%)、租金、担保费。

对于租金的计算主要有附加率法和年金法。

1) 附加率法。附加率法是在租赁资产的设备货价或概算成本上再加上一个特定的比率来计算租金。每期租金 R 的表达式为:

$$R = P\frac{(1+Ni)}{N} + Pr \tag{7-6}$$

式中 P——租赁资产的价格;

N——还款期数,可按月、季、半年、年计;

i——与还款期数相对应的折现率;

r——附加率。

【例 7-6】 租赁公司拟出租给某企业一台设备,设备的价格为 68 万元,租期为 5 年,每年年末收取租金,折现率为 10%,附加率为 4%,问每年租金为多少?

解:

$$R = 68 \text{万元} \times \frac{(1+5\times 10\%)}{5} + 68 \text{万元} \times 4\% = 23.12 \text{万元}$$

2) 年金法。年金法是将一项租赁资产价值按相同比率分摊到未来各租赁期间内的租金计算方法。年金法计算有期末支付和期初支付租金之分。

期末支付方式是在每期期末等额支付租金。每期租金 R 的表达式为:

$$R = P\frac{i(1+i)^N}{(1+i)^N - 1} \tag{7-7}$$

式中 P——租赁资产的价格;

N——还款期数,可按月、季、半年、年计;

i——与还款期数相对应的折现率。

期初支付方式是在每期期初等额支付租金,期初支付要比期末支付提前一期支付租金。每期租金 R 的表达式为:

$$R = P \frac{i(1+i)^{N-1}}{(1+i)^N - 1} \qquad (7\text{-}8)$$

【例 7-7】 折现率为 12%，其余数据与例 7-6 相同，试分别按每年年末、每年年初支付方式计算租金，两者相差多少？

解：

若按年末支付方式：

$$R = 68 \text{ 万元} \times \frac{12\% \times (1+12\%)^5}{(1+12\%)^5 - 1} = 68 \text{ 万元} \times 0.277\,4 = 18.86 \text{ 万元}$$

若按年初支付方式：

$$R = 68 \text{ 万元} \times \frac{12\% \times (1+12\%)^{5-1}}{(1+12\%)^5 - 1} = 68 \text{ 万元} \times 0.247\,7 = 16.84 \text{ 万元}$$

两者相差：18.86 万元 − 16.84 万元 = 2.02 万元

(2) 购买设备方案的净现金流量。与租赁相同条件下的购买设备方案的净现金流量为：

$$\begin{aligned}
\text{净现金流量} = &\text{销售收入} - \text{经营成本} - \text{设备购买费} - \text{贷款利息} - \\
&\text{与销售相关的税金} - \text{所得税率} \times (\text{销售收入} - \\
&\text{经营成本} - \text{折旧} - \text{贷款利息} - \text{与销售相关的税金}) \qquad (7\text{-}9)
\end{aligned}$$

(3) 设备租赁与购买方案的经济比选。对于承租人来说，关键的问题是决定租赁，还是购买设备。而设备租赁与购置的经济比选也是互斥方案选优问题，一般寿命相同时可以采用净现值法，设备寿命不同时可以采用年值法。无论用净现值法，还是年值法，均以收益效果较大或成本较少的方案为宜。

在假设所得到设备的收入相同的条件下，最简单的方法是将租赁成本和购买成本进行比较。根据互斥方案比选的增量原则，只需比较它们之间的差异部分。从式 (7-5) 和式 (7-9) 中可以看出，只需比较以下内容。

设备租赁：

$$\text{设备租赁} = \text{所得税率} \times \text{租赁费} - \text{租赁费} \qquad (7\text{-}10)$$

设备购置：

$$\text{设备购置} = \text{所得税率} \times (\text{折旧} + \text{贷款利息}) - \text{设备购买费} - \text{贷款利息} \qquad (7\text{-}11)$$

由于每个企业都要依利润大小缴纳所得税，按财务制度规定，租赁设备的租金允许计入成本；购买设备每年计提的折旧费也允许计入成本；若用借款购买设备，其每年支付的利息也可以计入成本。在其他费用保持不变的情况下，计入成本越多，则利润总额越少，企业交纳的所得税也越少。因此，在充分考虑各种方式的税收优惠影响下，应该选择税后收益更大或税后成本更小的方案。

情境引入分析

解：以经济寿命为依据的更新方案，在比较时应注意下列几点。

第一条：不考虑沉没成本。

第二条：求出各设备的经济寿命。

第三条：取经济寿命时年度费用小者为优。

现分析求出旧塔式起重机和新塔式起重机的经济寿命，见表7-9和表7-10。

表7-9 旧塔式起重机经济寿命计算 （单位：元）

年末	年末使用费	现值系数 $(P/F\ i,N)$	使用费在第一年年初的现值 $(2)\times(3)$	现值之和 $\Sigma(4)$	年末的估计残值	资金恢复系数 $(A/P\ i,N)$	等值的年度使用费 $(5)\times(7)$	年末退出使用的资金恢复费用 $[80000-(6)]\times(7)+(6)\times i$	该时间内的年度费用 $(8)+(9)$
(1)	(2)	(3)	(4)	(5)	(6)	(7)	(8)	(9)	(10)
1	10 000	0.869 6	8 695.65	8 695.65	60 000	1.150 0	10 000.00	32 000.00	42 000.00
2	15 000	0.756 1	11 342.16	20 037.81	40 000	0.615 1	12 325.58	30 604.65	42 930.23
3	20 000	0.657 5	13 150.32	33 188.13	30 000	0.438 0	14 535.64	26 398.85	40 934.49
4	25 000	0.571 8	14 293.83	47 481.96	20 000	0.350 3	16 631.29	24 015.92	40 647.21
5	30 000	0.497 2	14 915.30	62 397.27	0	0.298 3	18 614.07	23 865.24	42 479.32

表7-10 新塔式起重机经济寿命计算 （单位：元）

年末	年末使用费	现值系数 $(P/F\ i,N)$	使用费在第一年年初的现值 $(2)\times(3)$	现值之和 $\Sigma(4)$	年末的估计残值	资金恢复系数 $(A/P\ i,N)$	等值的年度使用费 $(5)\times(7)$	年末退出使用的资金恢复费用 $[80\ 000-(6)]\times(7)+(6)\times i$	该时间内的年度费用 $(8)+(9)$
(1)	(2)	(3)	(4)	(5)	(6)	(7)	(8)	(9)	(10)
1	7 000	0.869 6	6 086.96	6 086.96	80 000	1.150 0	7 000.00	35 000.00	42 000.00
2	9 000	0.756 1	6 805.29	12 892.25	60 000	0.615 1	7 930.23	33 604.65	41 534.88
3	11 000	0.657 5	7 232.68	20 124.93	40 000	0.438 0	8 814.25	32 278.62	41 092.87
4	13 000	0.571 8	7 432.79	27 557.72	20 000	0.350 3	9 652.51	31 021.23	40 673.74
5	15 000	0.497 2	7 457.65	35 015.37	10 000	0.298 3	10 445.63	28 348.40	38 794.03
6	20 000	0.432 3	8 646.00	43 661.37	0	0.264 2	11 535.33	26 420.00	37 955.33

通过表7-9和表7-10可知旧、新塔式起重机经济寿命分别是4年、6年，而对应的年度费用分别是40 647.21元和37 955.33元，根据第三条：取经济寿命时年度费用小者为优。故新塔式起重机为最优方案。

启示角

1964年10月16日，我国第一颗原子弹爆炸成功；1966年10月27日，我国第一颗装有核弹头的地导弹飞行爆炸成功；1967年6月17日，我国第一颗氢弹空爆试验成功；1970年4月24日，我国第一颗人造卫星发射成功。"两弹一星"的宏伟事业，是我国建设成就的重要象征，是中华民族的荣耀与骄傲。

中国北斗卫星导航系统（英文名称：BeiDou Navigation Satellite System，简称BDS）是我国自行研制的全球卫星导航系统，也是继GPS、GLONASS之后的第三个成熟的卫星导航系统。北斗卫星导航系统 BDS 和美国 GPS、俄罗斯 GLONASS、欧盟 GALILEO，是联合国卫星导航委员会已认定的供应商。

同学们，从"两弹一星"到北斗卫星导航系统，取得这些科技成就的背后是科技工作者们的艰辛及默默付出，作为一名学生，你有哪些启发呢？

这些科技工作者们是工匠精神的体现。希望同学们在今后的工作岗位上也要发扬工匠精神，在工作岗位上要耐得住寂寞，具有敬业精神，不能好高骛远，避免心浮气躁。同样在工作岗位上也需要创新精神，创新精神是工匠精神的核心和延续，要把创新精神和工匠精神相结合，真正做到爱岗敬业，精益求精。

单元 8 建设项目的经济评价

 单元目标

知识目标	技能目标	育人目标
1. 熟悉财务评价与国民经济评价的概念、作用与意义 2. 掌握项目的财务评价 3. 熟悉国民经济评价	具备对简单的投资项目做出财务分析和国民经济评价的能力	1. 培养学生将小我融入大我，弘扬爱国主义精神 2. 培养学生树立正确的人生观、价值观 3. 培养学生严谨求实的工作态度，增强职业责任感

 情境引入

某工业项目计算期12年，建设期2年，运营期10年。建设投资总额3 600万元（具体见表8-1），建设投资预计形成无形资产600万元，其余形成固定资产，固定资产使用年限10年，残值率为4%，固定资产余值在项目运营期末收回。无形资产在运营期10年中，均匀摊入成本。流动资金为800万元，在项目的运营期末全部收回。该项目建设投资借款合同规定的还款方式为：运营期前4年等额还本，利息照付。借款利率为6%（按年计息）；流动资金的借款利率、短期临时借款利率均为4%（按年计息）。

该项目的设计生产能力为年产量130万件产品，产品不含税售价35元/件，年销售量和年经营成本见表8-2，增值税税率为13%，增值税附加综合税率为12%，所得税税率为25%，行业基准收益率为8%，行业平均总投资收益率为10%，资本金净利润率为15%。该项目应付投资者各方股利按股东会事先约定计取：运营期头两年按可供投资者分配利润10%计取，以后各年均按30%计取，亏损年份不计取。各年剩余利润转为下年期初未分配利润。本项目不考虑计提任何盈余公积金。假定建设投资中无可抵扣固定资产进项税额，不考虑增值税对固定资产投资、建设期利息计算、建设期现金流量的可能影响。

表 8-1　某工业项目资金投入表　　　　　　　　　　　　（单位：万元）

年份		1	2	3	4
建设投资	资本金	1 200	400		
	借款本金		2 000		
流动资金	资本金			300	
	借款本金			100	400

表 8-2　某工业项目的预计年销售量和年经营成本　　　　　（单位：万元）

年末	3	4	5~12
年销售量/万件	65	130	130
年经营成本	1 950	3 560	3 560
其中：可抵扣进项税	170	330	330

问题：
1. 编制借款还本付息表、总成本费用估算表和利润分配表。
2. 计算项目总投资收益率和资本金净利润率。
3. 编制项目资本金现金流量表，计算项目的动态投资回收期和财务净现值。
4. 从财务角度评价项目的可行性。

课题 1　概述

财务评价

8.1.1　项目财务评价的概念

　　财务评价就是根据现行的国家财税、金融、外汇制度和价格体系，分析计算项目直接发生的财务效益和费用，编制财务报表，考察项目的盈利能力、清偿能力及外汇效果等财务状况，据以判断项目财务上是否可行的一种经济评价方法。

　　财务评价是在对市场、环境、技术方案等的充分调查研究的基础上，根据搜集到的各种统计资料和类似企业实际情况，对有关财务分析的基础数据进行较为准确的预测。在此基础上，通过各种财务报表，使用各种财务分析的手段和方法，计算出投资项目财务分析的各项评价指标，对企业或项目的财务状况做出评价。项目财务效益的好坏，关系到项目建成后企业本身的生存和发展。因此，财务评价在项目评估中占有十分重要的地位，其评估结论是决定项目取舍的基本依据。

8.1.2　建设项目财务评价的原则

1. 坚持效益与费用计算口径一致的原则

　　财务效益评估要正确识别项目的财务效益和费用，计算口径对应一致。正确的做法是，只计算项目的内部效果，即项目本身的内部效益和内部费用，不考虑项目存在而产生的外部效益和外部费用，避免因人为的扩大效益和费用的计算范围，使得效益和费用缺乏可比的基础，造成财务效益评估失误。

2. 坚持动态分析为主、静态分析为辅的原则

　　静态分析是一种不考虑资金时间价值和项目寿命期，只根据某一年或某几年的财务数据判断项目的盈利能力和清偿能力的方法。它具有计算简便、指标直观、容易理解掌握等优点。但也存在计算不够准确，不能正确全面地反映拟建项目财务可行性等缺点。而动态分析方法则可以弥补静态分析方法的不足。它强调考虑资金时间价值因素对投资效果的影响，根据项目整个寿命期各年的现金流入和现金流出情况判断项目的财务效益。尽管动态分析的计算过程复杂，但计算出的指标能够较为准确地反映拟建项目的财务效益。因此，在财务效益评估中，应坚持以动态分析为主、静态分析为辅的原则。

3. 坚持采用预测价格的原则

由于项目计算期一般较长，受市场供求变化等因素的影响，投入物与产出物的价格在项目计算期内肯定会发生某些变化，若仅以现行价格为衡量项目投入物和产出物的价值尺度，显然是不科学的。因此，在财务效益评估中，应以现行市场价格为基础预测生产期初的价格，计算项目的效益和费用，据以对拟建项目的财务可行性做出客观的评价。

4. 坚持定量分析为主、定性分析为辅的原则

投资项目经济评价的本质要求是对项目建设和生产经营过程中的诸多经济因素，通过效益和费用计算，给出明确的数量概念。即对项目进行财务效益评估时，要以数据说话，做到评之有据。这就要求采用定量分析的方法对项目的财务效益进行评估。但是，一个复杂项目，总会有一些很难甚至不能数量化的经济因素，因而无法直接进行定量分析。对此，则应进行实事求是的、准确的定性分析，并与定量分析结合在一起进行评价。

8.1.3 财务评价的作用

建设项目的财务评价无论是对项目投资主体，还是对为项目建设和生产经营提供资金的其他机构或个人，均具有十分重要的作用。

1. 考察项目的财务盈利能力

项目的财务盈利水平如何，能否达到国家规定的基准收益率，项目投资主体能否取得预期的投资效益；项目的清偿能力如何，是否低于国家规定的基准投资回收期，项目债权人的权益是否有保障等，是项目投资主体、债权人以及国家、地方各级决策部门、财政部门共同关心的问题。因此，一个项目是否值得兴建，首先要考察项目的财务盈利能力等各项经济指标，要进行财务评价。

2. 用于制定适宜的资金规划

确定项目实施所需资金的数额，根据资金的可能来源及资金的使用效益，安排恰当的用款计划及选择适宜的筹资方案，都是财务评价要解决的问题。项目资金的提供者们据此安排各自的出资计划，以保证项目所需资金能及时到位。

3. 为协调企业利益和国家利益提供依据

对某些国民经济评价结论好，财务评价不可行，但又为国计民生所急需的项目，必要时可向国家提出采取经济优惠措施的建议，使项目具有财务上的生存能力。此时，财务评价可以为优惠方式及幅度的确定提供依据。

4. 为中外合资项目提供双方合作的基础

对中外合资项目的外方合营者而言，财务评价是作出项目决策的唯一依据。项目的财务可行性是中外双方合作的基础。中方合营者视审批机关的要求，需要时还要进行国民经济评价。

8.1.4 国民经济评价的概念

国民经济评价是按照资源合理配置的原则，从国家整体角度考虑项目的效益和费用，用货物影子价格、影子工资、影子汇率和社会折现率等经济参数分析、计算项目对国民经济的净贡献，评价项目的经济合理性。这个定义规定了国民经济评价是计算项目对国民经济的净贡献，从而评价项目的经济合理性。

目前对国民经济评价的范围与目标有不同的理解。由于对国民经济的范围有不同的理解，因而国民经济评价的内容也有所不同。

对国民经济评价的狭义理解，认为项目的评价应分为多方面的，经济评价应与社会评价分开，经济评价仅仅分析和评价项目对国家经济产生的影响，项目对就业、消费、文化教育、文学艺术、生态环境、科学技术等社会生活的其他方面产生的影响放在社会评价中去分析和评价。

对国民经济评价的广义理解，认为可以将费用和效益的比较方法用于项目影响的各个方面，可以将各种影响的费用和效益都用统一的计量单位、用统一的费用与效益相比较、分析的方法，以确定项目各种影响的总费用和总效益。由联合国工业发展组织（UNIDO）和世界银行发表的两种项目经济评价方法，采用这种广义的经济评价概念。但这两种方法还有不少差别。

我国现在采用的《建设项目经济评价方法与参数》基本上采用了狭义的国民经济评价概念，即要求用统一量纲（货币），将项目对国民经济产生的各种影响，用统一的费用、效益分析方法进行分析、比较和评价，考虑到我国的实际情况，采用了比较简便的处理方法。这个定义规定了国民经济评价是按照资源最优配置的原则和从国家整体角度考虑项目的费用与效益。这就规定了我国的国民经济评价是以资源达到有效利用为目标，即效率目标。不对所产生的效益是用于积累还是消费加以区别。

国际上有的经济评价方法以国民经济增长为目标。认为积累能增加今后的消费，促进经济增长，而现时的消费却不能增加今后的消费。因此，消费和积累（投资）虽都属于经济效益，但认为现时积累的价值大于消费，对积累和消费赋予不同的权重。另外，还有一种经济评价方法，认为国民经济评价不仅要考虑经济增长，同时还要考虑公平分配，即认为同样数量（货币量）的效益，对于不同收入水平的阶层会产生不同的效益。这个定义还规定了用货物的影子价格、影子工资、影子汇率和社会折现率等经济参数计算项目对国民经济的净贡献。

8.1.5 国民经济评价的意义

在现行的财务、税收制度和价格体系下，财务评价往往不能说明项目对于整个国民经济的真实贡献。有些项目财务评价的效益很好，盈利性很高，但实际上对国民经济的贡献并不大。比如某些地区一些小烟厂，若从财务评价角度考察，企业盈利性很好，利润很高，税收也很高，似乎对国家的贡献也很大。可是如果站在国家的角度，从全社会的利益考察，这些项目的经济效益很成问题。由于我国烟草加工业的生产能力已经过剩，香烟消费和原料烟草的生产都是有限的，新上的烟厂势必与原有的烟厂抢市场，使生产能力的过剩更加严重，造成生产和市场的混乱。有些项目，也许财务评价的盈利性并不高，但可能是由于价格、税收等方面的政策原因，项目实际上对国民经济的贡献还是很大的，比如一些原油、煤炭开采、采矿、电力等项目，还有一些水利工程、公路、桥梁、文教、卫生等工程。国民经济评价正是为了解决财务评价不能正确反映项目对国民经济的真实效益和费用的问题。

项目的财务评价不能说明项目对整个国民经济的真实贡献，主要有两方面的原因。首先，由于项目或投资者与国家是两个不同的评价角度，企业利益并不总是与国家利益完全一致的，因此一个项目对于企业和对于国家的费用和效益的范围不完全一致，比如税金对于企业是费用支出，但对于国家则不是费用支出；企业无偿占有、开采、利用某种自然资源，并没有费用支出，但对于国家来说，这种资源被占用则往往应该考虑是有代价的。另一方面，由于种种原因，项目的投入品和产出品财务价格失真，不能正确反映其对国民经济的真实价值。

8.1.6 国民经济评价与财务评价的区别

国民经济评价与财务评价是相联系的，它们之间既有共同之处，又有区别。

（1）两者的共同之处

1）评价的目的相同。两者都是寻求以最小的投入获得最大的产出。

2）评价的基础相同。两者都是在完成产品需求预测、厂址选择、工艺技术路线和技术方案论证、投资估算和资金筹措等基础上进行的。

3）基本分析方法和主要指标的计算方法类同。两者都采用现金流量分析方法，通过基本报表计算净现值、内部收益率等指标。

（2）两者的主要区别

1）评价角度不同。财务评价是从财务角度考察项目货币收支、盈利状况和借款偿还能力，以确定投资行为的财务可行性。国民经济评价是从国家整体的角度考察项目需要国家付出的代价和对国家的贡献即国民经济效益，确定投资行为的宏观可行性。

2）效益与费用的含义及划分范围不同。财务评价是根据项目的实际收支确定项目的效益和费用。税金、利息等均计为费用。国民经济评价是着眼于项目对社会提供的有用产品和服务，以及项目所耗费的全社会有用资源，考察项目的效益和费用，故税金、国内借款利息和补贴等属于国民经济范围内的转移支付（资金在经济部门之间的单向转移，并无双向交易，并未创造额外收入或资源耗费），不计为项目的效益和费用。财务评价只计算项目直接发生的效益与费用，国民经济评价对项目引起的间接效益与费用，即外部效果也要进行计算和分析。

3）费用、效益的计算价格不同。财务评价采用实际的财务价格计算费用与效益，国民经济评价则采用较能反映资源真实价值的影子价格计量费用与效益。

4）评价的判据不同。财务评价的主要判据是行业基准收益率或要求达到的收益率、固定资产投资贷款的偿还期。国民经济评价的判据则是社会折现率。

（3）财务评价与国民经济评价的结论

1）财务评价与国民经济评价结论都表明项目可行，项目应予通过。

2）财务评价与国民经济评价结论都表明项目不可行，项目应予否定。

3）财务评价结论表明项目可行，而国民经济评价结论表明项目不可行，项目一般应予否定。

4）财务评价结论表明项目不可行，国民经济评价结论表明项目是个好项目，一般应予推荐。但是，在社会主义市场经济条件下，一个财务上没有生命力的项目是难以生存的。因此，必要时可重新考虑方案，进行"再设计"，使其具有财务生存能力。比如，对某些国计民生急需、国民经济效益好而财务收益欠佳的项目，可建议采用某些优惠措施，使其也能具有财务生存能力。

课题 2　建设项目的财务评价

8.2.1　资本性投入基础数据的测算

1. 总成本费用及其构成

建设项目的总成本费用是指在项目生产经营期内发生的为组织生产和销售应当发生的全部成本和费用，通常按年反映，主要包括生产成本和期间费用。

（1）生产成本的构成。生产成本由生产过程中消耗的直接材料、直接工资、其他直接支出和制造费用构成。即包括各项直接支出和制造费用，具体内容包括：

1）直接材料。直接材料是指项目在生产经营过程中实际消耗的原材料、辅助材料、备品配件、外购半成品、燃料、动力、包装物、低值易耗品以及其他直接材料。

2）直接工资。直接工资包括直接从事产品生产人员的工资、奖金、津贴和补贴。

3）其他直接支出。其他直接支出是指按照直接工资的一定百分比计算的直接从事产品生产人员的职工福利费。

4）制造费用。制造费用是指为组织和管理生产产品和提供劳务所发生的各项间接费用。其主要包括以下几种类型。

① 间接用于产品生产的费用，包括机物料消耗，房屋及建筑物折旧费、修理费、经营租赁费和保险费，生产用的照明费、取暖费、运输费、劳动保护费、季节性停工和生产用固定资产修理期间的停工损失等。

② 虽然直接用于生产，但管理上不要求或核算上不便于单独核算，因而没有专设成本项目的费用，包括其设备的折旧费、修理费、经营租赁费和保险费，生产工具摊销，设计制图费和实验费，以及没有专设成本项目的生产工艺动力费等。

③ 用于组织和管理生产的费用，包括人员（不包括直接生产工人）工资及福利费，管理用的房屋及建筑物折旧费、修理费、经营租赁费和保险费，管理用的照明费、水费、取暖费、差旅费和办公费等。

如果企业的组织机构分为车间、分公司和总公司等若干层次，且分公司也与车间相似，是企业的一级生产单位，则分公司用于组织和管理生产的费用也应作为制造费用核算。

（2）期间费用的构成。期间费用是与生产成本相对立的概念，它是指那些不能归属于特定产品成本，而是与特定的生产经营期密切相关，直接在当期得以补偿的费用。期间费用包括销售费用、管理费用和财务费用三项内容。

1）销售费用。销售费用是指项目产品在销售过程中所发生的有关费用以及专设销售机构所发生的各项费用，包括销售产品而发生的运输费、装卸费、包装费、保险费、展览费和广告费以及为销售本项目商品而专设的销售机构（含销售网点、售后服务网点）的职工工资及福利费、类似工资性质的费用、业务费等。

2) 管理费用。管理费用是指为组织和管理企业生产经营所发生的各项费用,包括企业的董事会和行政管理部门在企业经营管理中发生的,或者应当由企业统一负担的公司经费(包括行政管理部门职工工资及福利费、修理费、物料消耗、低值易耗品摊销、办公费和差旅费等)、工会经费、失业保险费、劳动保险费、董事会费、聘请中介机构费、咨询费、诉讼费、业务招待费、房产税、车船使用税、土地使用税、印花税、技术转让费、矿产资源补偿费、无形资产递延资产摊销、职工教育经费、研究与开发费、排污费等。

3) 财务费用。财务费用是指为筹集生产经营所需资金而发生的费用,包括生产经营期间发生的利息净支出、金融机构手续费及汇兑净损失等。

2. 总成本费用的估算方法

估算总成本费用可分别采取项目成本估算法和要素成本估算法。

(1) 项目成本估算法。项目成本估算法是指通过分别估算每一个具体的成本项目来估算总成本费用的方法。此法类似于实际成本计算,不仅要分年按产品分别计算各主要产品的直接材料、直接工资及福利费,按车间计算制造费用,按全厂计算期间费,而且还分项计算主要产品的单位生产成本。需要进行复杂的费用归集与分配。为简化计算,可选择生产期经营期内已达到设计生产能力的年份来进行细致测算,其他年份可比照该年根据各年生产负荷系数进行推算。由于该法过于复杂,通常较少采用。

(2) 要素成本估算法。要素成本估算法是指通过分别对每一类费用要素来估算总成本费用的方法。其原理就是按照费用要素的内容,将分散在生产成本、营业费用、管理费用和财务费用中的相同费用要素汇总列示,它是项目评估经常采用的方法。

在本法下,总成本费用的估算通常是通过编制总成本费用估算表(见表8-3)来完成的。

总成本费用的计算见式(8-1):

$$\begin{aligned}总成本费用 &= 生产成本+期间费用=生产成本+销售费用+管理费用+财务费用\\ &= 外购原材料+外购燃料及动力+工资及福利费+折旧费+\\ &\quad 修理费+摊销费+利息支出+其他费用\end{aligned} \quad (8-1)$$

式中,其他费用是指在制造费用、营业费用、管理费用和财务费用中扣除工资及福利费、折旧费、修理费、摊销费、利息支出后的费用。

表 8-3 总成本费用估算表 (单位:万元)

序 号	项目	年份					合 计
		投产期		达到设计能力生产期			
		3	4	5	6	…	n	
1	外购原材料						
2	外购燃料动力						
3	工资及福利费						
4	折旧费						
5	修理费						
6	摊销费						
7	利息支出						
8	其他费用						

（续）

序号	项目	年份						合计
		投产期	达到设计能力生产期					
		3	4	5	6	…	n	
9	总成本费用（1+2+…+8）							
9.1	变动成本（1+2）							
9.2	固定成本（9-9.1）							
9.3	经营成本（9-4-6-7）							

1）外购原材料的估算。外购原材料（包括其他材料）可按式（8-2）估算：

外购原材料＝∑（某种原材料的单价×该原材料单耗定额×相关产品的年产量）　　（8-2）

式中，原材料单价根据市场调查进行预测，如采用国内供应可参照商品流通企业供应价预测；如直接进口可按到岸价加上国内费用预测；产品单耗定额可根据产品设计的技术经济定额，参照已建企业同类产品成本的历史资料和已达到的单耗定额预测确定；年产量可根据测定的设计生产能力和投产期各年的生产负荷加以确定。

2）外购燃料及动力的估算。可以按照外购原材料的测算方法，按外购油、煤、电分别测算。

3）工资及福利费的估算。

① 工资的估算。工资的估算可以采取以下两种方法：

一是按人均年工资额和全厂职工人员数计算的年工资总额。

年工资成本＝年人均工资额×全厂职工定员数　　（8-3）

二是按照不同的工资级别对职工进行划分，分别估算同一级别职工的工资，然后再加以汇总，工资级别一般可分为高级管理人员、中级管理人员、一般管理人员、技术工人和一般工人五个级别。若有国外的技术和管理人员，需要单独列出。

② 福利费的估算。职工福利费主要用于职工的医药费、医务经费、职工生活困难补助以及按国家规定开支的其他职工福利支出，不包括职工福利设施的支出。一般按照职工工资总额的一定比例提取。

职工福利费＝工资总额×14%　　（8-4）

由于职工工资和职工福利费的估算是全口径的，因此在估算制造费用、管理费用、销售费用时，应扣除职工工资、职工福利费等已估算的因素，避免重复估算。

4）折旧费的估算。折旧是指固定资产在使用过程中通过逐渐损耗（包括有形损耗和无形损耗）而转移到产品成本或商品流通费的那部分价值。计提折旧是企业回收其固定资产投资的一种手段。按照国家规定的折旧制度，企业把已发生的资本性支出转移到产品成本费用中去，然后通过产品的销售，逐步回收创始的投资费用。

根据国家有关规定，计提折旧的固定资产范围是：企业的房屋、建筑物；在用的机器设备、仪器仪表、运输车辆、工具器具；季节性停用和修理停用的设备；以经营租赁方式租出的固定资产；以融资租赁方式租入的固定资产。我国现行的固定资产折旧方法，一般采用平均年限法、工作量法和加速折旧法。

① 平均年限法。平均年限法也称为直线法，即根据固定资产的原值、估计的净残值和折旧年限计算折旧费。

$$年折旧额 = \frac{固定资产原值 \times (1 - 预计净残值率)}{折旧年限} \quad (8-5)$$

式(8-5)中,固定资产原值需要根据固定资产投资额、预备费、投资方向调节税和建设期利息计算求得。

$$某项固定资产原值 = 固定资产投资额 + 预备费 + 建设期利息 + 投资方向调节税 \quad (8-6)$$

预计净残值率是预计的企业固定资产净残值与固定资产原值的比率,根据行业会计制度规定,企业净残值率按照固定资产原值的3%~5%确定。特殊情况,净残值率低于3%或高于5%的,由企业自主确定,并报主管财政机关备案。在项目评估中,由于折旧年限是根据项目的固定资产经济寿命期决定的,因此固定资产的残余价值较大,净残值率一般可选择10%,个别行业如港口等可选择大于10%。

折旧年限,国家有关部门在考虑到现代生产技术发展快,世界各国实行加速折旧的情况下,为能适应资产更新和资本回收的需要,对各类固定资产折旧的最短年限做出如下规定:

a. 房屋、建筑物为20年;

b. 火车、轮船、机器、机械和其他生产设备为10年;

c. 电子设备和火车、轮船以外的运输工具以及与生产、经营业务有关的器具、工具、家具等为5年。

若采用综合折旧,项目的生产期即为折旧年限。在项目评估中,对轻工、机械、电子等行业的折旧年限,一般可确定为8~15年;有些项目的折旧年限可确定为20年;对港口、铁路、矿山等项目的折旧年限可超过30年。

② 工作量法。对于下列专用设备可采用工作量法计提折旧:

a. 交通运输企业和其他企业专用车队的客货运汽车,按照行驶里程计算折旧费。

$$单位里程折旧额 = \frac{原值 \times (1 - 预计净残值率)}{总行驶里程} \quad (8-7)$$

$$年折旧额 = 单位里程折旧额 \times 年行驶里程$$

b. 大型专用设备,可根据工作小时计算折旧费。

$$每工作小时折旧额 = \frac{原值 \times (1 - 预计净残值率)}{总工作小时} \quad (8-8)$$

$$年折旧额 = 每工作小时折旧额 \times 年工作小时$$

③ 加速折旧法。加速折旧法又称为递减折旧费用法,指在固定资产使用前期提取折旧较多,在后期提得较少,使固定资产价值在使用年限内尽早得到补偿的折旧计算方法。它是一种鼓励投资的措施,国家先让利给企业,加速回收投资,增强还贷能力,促进技术进步。因此只对有特殊原因的企业,才准许采用加速折旧。加速折旧的方法很多,常用的有双倍余额递减法和年数总和法等。

a. 双倍余额递减法。双倍余额递减法是以平均年限法确定的折旧率的双倍乘以固定资产在每一会计期间的期初账面净值,从而确定当期应提折旧的方法。其计算见式(8-9):

$$年折旧率 = \frac{2}{折旧年限} \times 100\% \quad (8-9)$$

$$年折旧额 = 年初固定资产账面净值 \times 年折旧率$$

实行双倍余额递减法的固定资产,应当在其固定资产折旧年限前两年内,将固定资产净值扣除预计净残值后的净额平均摊销。

【例8-1】 某设备原值8 000元,使用期限为4年,4年末残值为100元。试用双倍余额递减法计算折旧。

解:第一年的折旧费 = $\frac{2}{4}$×(8 000-0)元 = 4 000元

第二年的折旧费 = $\frac{2}{4}$×(8 000-4 000)元 = 2 000元

第三年的折旧费 = (8 000-6 000-100)元÷2 = 950元

第四年的折旧费 = (8 000-6 000-100)元÷2 = 950元

b. 年数总和法。年数总和法是以固定资产原值扣除预计净残值后的余额作为计提折旧的基础,按照逐年递减的折旧率计提折旧的一种方法。采用年数总和法的关键是每年都要确定一个不同的折旧率。其计算见式(8-10):

$$年折旧率 = \frac{2×(折旧年限-已使用年数)}{折旧年限×(折旧年限+1)}×100\% \qquad (8-10)$$

年折旧额 = (固定资产原值-预计净残值)×年折旧率

【例8-2】 某设备原值8 000元,使用期限为4年,4年末残值为100元。试用年数总和法计算折旧。

解:第1年折旧费 (8 000-100)元×$\frac{2×4}{4×5}$×100% = 3 160元

第2年折旧费 (8 000-100)元×$\frac{2×3}{4×5}$×100% = 2 370元

第3年折旧费 (8 000-100)元×$\frac{2×2}{4×5}$×100% = 1 580元

第4年折旧费 (8 000-100)元×$\frac{2×1}{4×5}$×100% = 790元

在项目评估中,一般采用平均年限法计算折旧费。如果项目采用综合折旧的方法,可根据固定资产原值、法定净残值率和折旧年限直接计算出各年的折旧费,这样,生产经营期各年的折旧费是相等的。需要编制固定资产折旧费估算表(见表8-4)。

表8-4 固定资产折旧费估算表　　　　　　　　(单位:万元)

序号	项目	折旧年限	年份					
			投产期		达到设计能力生产期			
			3	4	5	6	…	n
1	固定资产合计							
1.1	原值							
1.2	折旧费							
	净值							

5) 修理费的估算。修理费是指固定资产在使用过程中因为维修而发生的各项费用,包括大修理费用和中小修理费用。

现行会计制度规定，中小修理费应按实际发生额直接计入当期成本费用中；发生额比较大的大修理费用则应计入长期待摊费用，并在下一轮大修理前的各年中按直线法平均摊销。

在项目评估时，由于无法确定修理费具体发生的时间和金额，只能按照折旧费的一定比例进行估算，估算比率需参照同类行业的经验数据确定。

6) 摊销费的估算。这里的摊销费是指无形资产和开办费在一定期限内所摊销的费用。

① 无形资产摊销费的估算。无形资产的原始价值需要在规定的年限内，按年度或产量转移到产品的成本之中，这就是所谓的无形资产摊销。企业通过计提摊销费，回收无形资产投资。无形资产摊销的方法采用直线法计算，但与固定资产不同之处在于它不需要考虑残值。

无形资产摊销的关键是确定摊销期限。对于那部分已经有法律、合同或企业立项申请书等明确规定有法定有效期和受益年限的无形资产，应按照法定有效期、合同，或者企业申请书规定的受益年限孰短的原则确定摊销期限；没有规定期限的，按不少于 10 年的期限分期摊销。

如各项无形资产摊销年限不同，就需要分项计算无形资产的摊销费，然后将其加总，从而求得生产经营期各年的无形资产摊销费。如各项无形资产摊销年限相同，就可根据全部无形资产的原值和摊销年限直接计算出各年的摊销费，在这种情况下，各年的无形资产摊销费相等。无形资产摊销估算表见表 8-5。

表 8-5　无形资产摊销估算表　　　　　　　　　　（单位：万元）

序　号	项目	摊销年限	投　产　期		达到设计能力生产期			
			3	4	5	6	…	n
1	无形资产合计							
1.1	摊销							
1.2	净值							

② 开办费的估算。开办费是指项目在筹建期内发生的，未能形成有形资产和无形资产的各类费用支出。如项目筹备人员工资、差旅费、培训费、办公费、广告费、印刷费、注册登记费等。

开办费按预计可能发生的支出计价。开办费应当从项目开始生产、经营的月份起，在不短于 5 年的期限内分期摊入管理费用。

7) 利息支出的估算。这里的利息支出是指在生产经营期因存在借款而发生的，计入财务费用的各项利息净支出，包括以下三项内容：

第一，在生产经营期因存在尚未偿还的建设期借款本息而发生的利息。

第二，在生产经营期新增加的长期借款利息。

第三，在生产经营期因存在尚未偿还的流动资金借款而发生的利息。

前两者通常与筹集项目投资资金有关，都属于长期借款建设。由于长期借款的还本付息方式比较多，会直接影响其利息的估算方法；同时短期借款期间的长短也会影响利息的估算。为简化计算，一般假定全部长期借款均为建设借款，生产经营不再发生长期借款；

假定各项借款的付息与还本均于年末发生;假定流动资金借款的取得均发生在年初。

① 长期借款利息的估算。对生产期各年的还款均按年末偿还考虑,即每年应计利息的计算见式(8-11):

$$\text{每年应计利息} = \text{年初借款本息累计} \times \text{年利率} \tag{8-11}$$

② 流动资金借款利息的估算。如果流动资金借款发生在年初,付息或还本发生在年末,则流动资金借款利息的计算见式(8-12):

$$\text{流动资金借款利息} = (\text{年初流动资金借款余额} + \text{本年发生的流动资金借款}) \times \text{年利率} \tag{8-12}$$

8) 其他费用的估算。在项目评估中,其他费用一般是根据总成本费用中前六项(外购原材料成本、外购燃料动力成本、工资及福利费、折旧费、修理费、摊销费)之和的一定比率计算的,其比率应按照同类企业的经验数据加以确定。

9) 总成本费用估算额的汇总。只要将总成本费用估算表中前 8 项内容加总合计,即得出生产经营期各年的总成本费用资料。

8.2.2 经营性投入基础数据的测算

在项目评估中,经营成本是指项目总成本费用扣除折旧费、摊销费和利息支出以后的成本费用。它是生产经营期最主要的现金流出项目之一。经营成本作为工程经济学特有的概念,涉及项目产品生产及销售、企业管理过程中的物料、人力和能源的投入费用,能够在一定程度上反映企业的生产和管理水平。同类企业的经营成本具有可比性。在项目评估的经济评价中,主要应用于现金流量分析。

在计算经营成本时,之所以要从总成本费用中剔除折旧费、摊销费和利息支出,主要出于现金流量计算的考虑。

在项目评估中,经营成本可以在总成本估算表上直接计算出来,计算见式(8-13):

$$\text{某年经营成本} = \text{总成本费用} - \text{折旧费} - \text{摊销费} - \text{利息支出} \tag{8-13}$$

也可以利用固定成本、变动成本和预测产量的数据进行估算,见式(8-14):

$$\text{某年经营成本} = \text{固定成本} + \text{单位变动成本} \times \text{该年预测产量} - \text{折旧费} - \text{摊销费} - \text{利息支出} \tag{8-14}$$

8.2.3 项目产出效果基础数据的测算

1. 营业收入的估算

在项目评估中,营业收入是指项目销售产品(提供劳务)取得的主营业务收入,通常不包括其他业务收入。估算营业收入主要考虑产品销售单价和产品年销售量两大因素。

如果项目生产单一产品,则可以直接用产品单价乘以产量即可得到每年的营业收入。

$$\text{营业收入} = \text{产品销售单价} \times \text{产品年销售量} \tag{8-15}$$

如用项目的产品种类比较多,就要分别计算每一种产品的年营业收入,然后再进行汇总,求出项目生产期的各年营业收入;如果产品部分销往国外,则应首先计算外汇收入,然后再按外汇牌价折算成人民币,最后与内销收入进行合并,求得项目的年营业收入总额。在这两种情况下,都需要编制产品营业收入和税金及附加估算表(表 8-6)。

表 8-6 产品营业收入和税金及附加估算表（外销单位：万美元）

（内销与小计单位：万元）

序号	项目	单价		（试生产）生产负荷						（运营期）生产负荷					
		外销	内销	销售量			销售收入			销售量			销售收入		
				外销	内销	小计	外销	内销	小计	外销	内销	小计	外销	内销	小计
1	营业收入														
2	增值税（应交税额）														
3	税金及附加														

2. 各项税金及附加的估算

(1) 税金及附加的含义。项目评估中的税金及附加主要指项目投产后依法交纳给国家和地方的主营业务税金及附加、增值税和所得税等税费。它不包括直接纳入固定资产成本的固定资产投资方向调节税和直接纳入管理费用的房产税、车船使用税、土地使用税和印花税等税金。

(2) 增值税的估算方法

1) 增值税的含义。增值税是对在中华人民共和国境内销售货物、进口货物以及提供加工、修理修配劳务以及进口货物的单位和个人生产经营过程中取得的增值额为课税对象征收的一种税。从计税原理来讲，增值税是对商品生产、流通、劳务服务中多个环节的新增价值或商品的附加值征收的一种流转税。实行价外税，也就是由消费者负担，有增值才征税没增值不征税。

2) 税率。一般纳税人适用的税率有：13%、9%、6%、0%等。

纳税人销售货物或者提供加工、修理修配劳务以及进口货物，提供有形动产租赁服务，税率为13%；提供交通运输业服务，销售或者进口农产品（含粮食）、自来水、暖气、石油液化气、天然气、食用植物油、冷气、热水、煤气、居民用煤炭制品、食用盐、农机、饲料、农药、农膜、化肥、沼气、二甲醚、图书、报纸、杂志、音像制品、电子出版物等货物，税率为9%；提供现代服务业服务（有形动产租赁服务除外），适用6%税率为6%；出口货物等特殊业务，税率为0%。

纳税人兼营不同税率的货物或者应税劳务的，应当分别核算不同税率货物或者应税劳务的销售额。未分别核算销售额的，从高适用税率。纳税人销售不同税率货物或应税劳务，并兼营应属一并征收增值税的非应税劳务的，其非应税劳务应从高适用税率。

3) 计税方法。纳税人销售货物、劳务、服务、无形资产、不动产（以下统称应税销售行为），应纳税额为当期销项税额抵扣当期进项税额后的余额。应纳税额计算公式：

$$应纳税额 = 当期销项税额 - 当期进项税额 \qquad (8-16)$$

当期销项税额小于当期进项税额不足抵扣时，其不足部分可以结转下期继续抵扣。

纳税人发生应税销售行为，按照销售额和规定的税率计算收取的增值税额，为销项税额。销项税额计算见式 (8-17)：

$$销项税额 = 销售额 \times 税率 \qquad (8-17)$$

销售额为纳税人发生应税销售行为收取的全部价款和价外费用，但是不包括收取的销项税额。销售额以人民币计算。纳税人以人民币以外的货币结算销售额的，应当折合成人民币计算。

进项税额是指纳税人购进货物、劳务、服务、无形资产、不动产支付或者负担的增值税额。进项税额计算见式（8-18）：

$$进项税额 = 买价 \times 扣除率 \tag{8-18}$$

（3）税金及附加的估算方法

1）消费税的估算。消费税是对工业企业、委托加工和进口的部分应税消费品按差别税率征收的一种价内流转税。目前，我国只选少数消费品在征收增值税的基础上再征收消费税。

① 纳税人。纳税人包括在我国境内生产、委托加工和进口应税消费品的单位和个人。

② 税目、税率（税额）。目前，我国的消费税税目有烟、酒及酒精、化妆品、护肤护发品、贵重首饰及珠宝玉石、鞭炮焰火、汽油、柴油、汽车轮胎、摩托车、小汽车等11个类别。消费税的税率，按从价定率和从量定额分别采用比例税率和定额税率。消费税税率可从消费税税目税率表中查得。纳税人兼营不同税率的应税消费品时，应当分别核算其销售额或者销售数量。不分别核算应税消费品的销售额或者销售数量的，或者将不同税率的应税消费品组成成套消费品销售的，从高适用税率。

③ 计税方法。消费税采用从价定率和从量定额两种计税方法计算应纳税额，一般以应税消费品的生产者为纳税人，于销售时纳税。

$$实行从价定率办法计算的应纳税额 = 应税消费品销售额 \times 适用税率 \tag{8-19}$$
$$实行从量定额办法计算的应纳税额 = 应税消费品销售数量 \times 单位税额 \tag{8-20}$$

应税消费品的销售额是指纳税人销售应税消费品向买方收取的全部价款和价外费用，不包括向买方收取的增值税税款。销售数量是指应税消费品数量。

④ 减免税。除国家限制出口的应税消费品外，出口的应税消费品免征消费税。

2）资源税的估算。资源税是国家对在我国境内开采应税矿产品或者生产盐的单位和个人征收的一种税。

① 纳税人。纳税人包括在我国境内开采应税矿产品和生产盐的各类企业、单位和个人。收购未税矿产品的单位为资源税的扣缴义务人。

② 税目、税额。资源税的征收范围包括：矿产品包括原油、天然气、煤炭、金属矿产品和其他非金属矿产品；盐包括固体盐、液体盐。单位税额可从资源税税目税额幅度表中查得。

纳税人具体适用的单位税额，由财政部根据纳税人开采、生产应税产品的资源状况，在税法规定的税额幅度内确定，并由财政部根据资源和开采条件因素的变化情况定期适当调整。

③ 计税方法。资源税的应纳税额，按照应税产品的课税数量和规定的单位税额计算。

$$应纳税额 = 应税产品课税数量 \times 单位税额 \tag{8-21}$$

式中，课税数量是指纳税人开采或者生产应税产品用于销售的，以销售数量为课税数量；纳税人开采或者生产应税产品自用的，以自用数量为课税数量。纳税人开采或者生产人同税目应税产品的，应当分别核算不同税目应税产品的课税数量，没有分别核算或者不能准确提供各类应税产品课税数量的，从高适用税额。

④ 免税、减税规定。下列项目免税或者减征资源税：采原油过程中用于加热、修井的原油，免税；纳税人开采或者生产应税产品过程中，因意外事故或者自然灾害等原因遭受重大损失的，由省、自治区、直辖市人民政府酌情给予减税或者免税；国务院规定的其他减税、免税项目。

3）城市维护建设税的估算。城市维护建设税是为扩大城市维护和建设的资金来源而开征的一种税。

① 纳税人。纳税人包括所有缴纳增值税、消费税和营业税的单位和个人。

② 税率。城市维护建设税按纳税人所在地区实行差别税率。项目所在地为市工区的，税率为7%；项目所在地为县城、镇的，税率为5%；项目所在地为乡村的，税率为1%。

③ 计税方法。城市维护建设税以纳税人实际缴纳的消费税、增值税税额为计税依据，分别与上述两种税同时缴纳，其应纳税额计算见式（8-22）：

$$应纳税额=(消费税+增值税)的实纳税额×适用税率 \tag{8-22}$$

4）教育费附加的估算。教育费附加是为了加快地方教育事业的发展，扩大地方教育经费的资金来源而开征的一种费用。教育费附加收入纳入预算管理，作为教育专项基金，主要用于各地改善中小学教学设施和办学条件。

教育费附加是1986年起在全国开征的，1990年又经修改而进一步完善合理。凡缴纳消费税、增值税的单位和个人，都是教育费附加的缴纳人。教育费附加随消费税和增值税同时缴纳，由税务机关负责征收。教育费附加的计征依据是缴纳人实际缴纳的消费税和增值税的税额，征收率为3%。其计算见式（8-23）：

$$应纳教育费附加额=实际缴纳的(消费税+增值税)税额×3\% \tag{8-23}$$

5）地方教育附加。地方教育附加是指根据国家有关规定，为实施"科教兴省"战略，增加地方教育的资金投入，促进各省、自治区、直辖市教育事业发展，开征的一项地方政府性基金。该收入主要用于各地方的教育经费的投入补充。

按照地方教育附加使用管理规定，在各省、自治区、直辖市的行政区域内，凡缴纳增值税、消费税的单位和个人，都应按规定缴纳地方教育附加。

$$地方教育附加=实际缴纳的(增值税+消费税)×2\% \tag{8-24}$$

3. 利润总额及其分配的估算

（1）利润总额的估算。利润总额是企业在一定时期内生产经营活动的最终财务成果。它集中反映了企业生产经营各方面的效益。根据利润总额可计算出所得税和净利润，在此基础上可进行净利润的分配。在财务评价中，利润总额还是计算投资利润率、投资利税率的基础数据。

在项目评估中，为简化计算，在估算利润总额时，假定不发生其他业务利润，也不考虑投资净收益、补贴收入和营业外收支净额，本期发生的总成本费用等于主营业务成本、营业费用、管理费用和财务费用的合计。则利润总额的估算见式（8-25）：

$$利润总额=主营业务收入-增值税及附加-总成本费用 \tag{8-25}$$

（2）所得税的估算。根据税法的规定，企业取得利润后，应向国家缴纳所得税。

1）纳税人。在我国境内，实行独立经营核算的各类企业或者组织者（包括：国有企业、集体企业、私营企业、联营企业、股份制企业和其他组织）来源于我国境内、境外的生产、经营所得和其他所得，均应依法缴纳企业所得税。生产、经营所得是指纳税人从事物质生产、交通运输、商品流通、劳务服务和其他规定的营利事业取得的所得。其他所得是指纳税人取得的股息、利息（不包括国库券利息）、租金、转让各类资产收益、特许权使用费和营业外收益等所得。

2）计税依据。企业所得税以应纳税所得额为计税依据。纳税人每一纳税年度的收入总额减去准予扣除项目的余额，为应纳所得额。纳税人发生年度亏损的，可以用下一纳税年度的所得弥补；下一纳税年度的所得不足弥补的，可以逐年延续弥补，但是延续弥补期最长不得超过5年。

3）扣除项目。所得税可扣除项目包括：纳税人在生产、经营期间，向金融机构借款的利息支出，按照实际发生数扣除；向非金融机构借款的利息支出，不高于按照金融机构同类、同期贷款利率计算的数额以内的部分，可以扣除；纳税人支付给职工的工资，按照计税工资扣除。计税工资的具体标准，在财政部规定的范围内，由省、自治区、直辖市人民政府规定；纳税人的职工工会经费、职工福利费、职工教育经费，分别按照工资总额的2%、4%和1.5%计算扣除；纳税人用于公益、救济性的捐赠，在年度应纳税所得额3%以内的部分，可以扣除；其他项目，依照国家有关法规扣除。

4）不能扣除的项目。不能扣除的项目包括：资本性开支，无形资产受让，开发支出，违法经营的罚款和被没收财物的损失，各项税收的滞纳金、罚金和罚款，自然灾害或者意外事故损失有赔偿的部分，超过国家规定允许扣除的公益、救济性的捐赠和非公益、非救济性的捐赠，各种赞助支出，与取得收入无关的其他各项支出。

5）应纳所得税额的计算方法。我国企业所得税额的计算方法是在应纳税所得额的基础上乘以所得税率，计算见式（8-26）：

$$应纳所得税额 = 应纳税所得额 \times 25\%（中国的企业所得税税率为25\%） \qquad (8-26)$$

（3）净利润分配的估算

1）净利润的含义。净利润是指利润总额扣除所得税后的差额。

$$净利润 = 利润总额 - 所得税 \qquad (8-27)$$

2）净利润的分配程序。根据我国有关法规的规定，企业每年实现的净利润应首先弥补以前年度尚未弥补的亏损。如果当年企业发生亏损，或净利润小于（或等于）以前年度尚未弥补的亏损，则不存在净利润的分配问题；企业的亏损或未弥补的亏损按规定可用以后年度利润进行弥补。如果净利润大于以前年度尚未弥补的亏损，则两者之差为可供分配的净利润，应按下列顺序和标准进行分配：

① 提取法定盈余公积（在法定盈余公积累计达到注册资本的50%之前，按可供分配的净利润10%提取；达到注册资本的50%可以不再提取）。

② 提取法定公益金（按可供分配的净利润的5%~10%提取）。

③ 提取任意盈余公积。

④ 向投资者分配利润（或股利）。本年净利润加上期初未分配利润（或减去以前年度尚未弥补的亏损），再扣除上述①至③项分配内容后的差额如果为正值，即为可供投资者分配的利润。

⑤ 如果可供投资者分配的利润大于向投资者分配的利润，则两者差额为未分配利润。

$$净利润 - 以前年度尚未弥补的亏损 = 可供分配的净利润$$

本年净利润+年初未分配利润-以前年度尚未弥补的亏损-提取法定盈余公积-提取的法定公益金-提取任意盈余公积=可供投资者分配的利润

$$可供投资者分配的利润 - 应付利润 = 未分配利润$$

3）项目评估中的净利润分配方法。在项目评估中，假定不存在年初未分配利润，也不提取任意盈余公积，可供投资者分配的利润等于应付利润，则有关年末未分配利润的估算见式（8-28）：

本年净利润-以前年度尚未弥补的亏损-提取法定盈余公积-提取的法定公益金-应付利润＝未分配利润 (8-28)

8.2.4 建设项目财务评价报表体系及评价指标

1. 项目财务评价报表体系

财务效益分析基本报表有以下 6 个报表。

（1）利润与利润分配表

1）利润与利润分配表的概念。在项目评估中，利润与利润分配表是指反映项目计算期内各年的收入与费用情况以及利润总额、所得税和净利润的分配情况，用以计算投资利润率、投资利税率、资本金利润率和资本金净利润率等指标的一种报表，又叫损益表。通过这些指标的分析，可了解项目的经济效益和获利能力。

2）利润与利润分配表的编制。利润与利润分配表的结构可用下列 3 个公式表示：

$$利润总额 = 主营业务收入 - 增值税及附加 - 总成本费用 + 补贴收入$$

$$净利润 = 利润总额 - 所得税$$

$$可供分配利润 = 盈余公积金(含公益金) + 应付利润 + 未分配利润$$

"主营业务收入"和"增值税及附加"项目应依据营业收入和税金及附加估算表的有关数据填列。"所得税"项目按照利润总额的一定比率（税率）计算，但要考虑减免所得税和弥补上年度亏损等因素。净利润等于利润总额减所得税。可供分配利润分为盈余公积金（包括法定盈余公积和法定公益金）、应付利润和未分配利润。利润与利润分配表见表 8-7。

表 8-7 利润与利润分配表 （单位：万元）

序号	年份 项目	投产期		达到设计能力生产期				合计
		3	4	5	6	…	n	
1	生产负荷（%） 营业收入							
2	总成本费用							
3	增值税							
3.1	销项税							
3.2	进项税							
4	增值税附加							
5	补贴收入							
6	利润总额（1-2-3-4+5）							
7	弥补以前年度亏损							
8	应纳税所得额（6-7）							
9	所得税							
10	税后利润（6-9）							
11	期初未分配利润							
12	可供分配利润（10+11）							
13	提取法定盈余公积金							
14	可供投资者分配的利润（12-13）							
15	应付投资者各方股利							
16	未分配利润（14-15）							
16.1	用于还款的利润							
16.2	剩余利润转下年期初未分配利润							
17	息税前利润（6+当年利息支出）							

注：利润总额应根据国家规定先调整为应纳税所得额（如减免所得税、弥补上年度亏损等），再计算所得税。

(2) 现金流量表

1) 现金流量表的概念。建筑工程经济中的现金流量与会计中现金流量有所不同,建筑工程经济中的现金流量只反映项目在计算期内各年实际发生的现金收支,不包括非现金收支(如折旧费、应收及应付款等)。

现金流量表是反映项目在建设期和生产服务年年限内现金流入量和现金流出量的现金活动。它是以现金流入与流出,汇总说明项目在一定期限内由营业、投资及理财活动引进资产、负债及所有者权益变动情况的报表。它是计算财务内部收益率、财务净现值和投资回收期等经济评价指标的主要信息来源。根据投资计算基础不同,现金流量表可分为全部投资现金流量表和自有资金现金流量表。

2) 现金流量表的编制

① 现金流量表(全部投资)。现金流量表(全部投资)是指以全部投资作为计算基础,不分投资资金来源,假定全部投资均为自有资金,因而不必考虑利息,只计算全部投资所得税前及所得税后的财务内部收益率、财务净现值及投资回收期等技术经济指标的一种现金流量表。编制该表的目的是考察项目全部投资的盈利能力,为各个投资方案(不论其资金来源构成情况如何以及利息多少)进行比较建立共同基础。因为现金流量表只计算现金收支,不计算非现金收支,因此不包括折旧和摊销费。在全部投资现金流量表中,假定全部投资均为自有资金,经营成本中不包括流动资金利息。

现金流量表(全部投资)的现金流入包括营业收入、回收固定资产余值和回收流动资金、补贴收入等内容。现金流出包括建设投资、流动资金、经营成本、增值税及附加、所得税等。现金流入和现金流出的有关数据可依据营业收入和税金及附加估算表及建设投资估算表、流动资金估算表、投资总额与资金筹措表、总成本费用估算表和利润表等有关报表填列。现金流量表(全部投资),见表8-8。

表8-8 现金流量表(全部投资) (单位:万元)

序号	年份 项目	建设期		投产期		达到设计能力生产期				合 计
		1	2	3	4	5	6	…	n	
1	生产负荷(%) 现金流入									
1.1	营业收入									
1.2	补贴收入									
1.3	回收固定资产余值									
1.4	回收流动资金									
2	现金流出									
2.1	建设投资									
2.2	流动资金投资									
2.3	经营成本									
2.4	应纳增值税									
2.5	增值税附加									
2.6	维持运营投资									
3	所得税前净现金流量(1-2)									
4	累计所得税前净现金流量									
5	调整所得税									
6	所得税后净现金流量(3-5)									
7	累计所得税后净现金流量									

（续）

	所得税后	所得税前
计算指标：		
财务内部收益率：		
财务净现值（$i_c=\%$）：		
投资回收期：		

注：1. 根据需要可在现金流入和现金流出栏里增减项目。
　　2. 生产期内发生的更新投资作为现金流出可单独列项或列入建设投资项中。

② 现金流量表（自有资金）。现金流量表（自有资金）是指以投资者的出资额作为计算基础，从自有资金的投资者角度出发，把借款本金偿还和利息支付作为现金流出，用以计算自有资金的财务内部收益率、财务净现值等技术经济指标的一种现金流量表。编制该表的目的是考察项目自有资金的盈利能力。现金流量表（自有资金），见表8-9。现金流量表（自有资金）与现金流量表（全部投资）的现金流入项目相同，现金流出项目则包括自有资金（建设投资和流动资金）、借款本金偿还、借款利息支付、经营成本、增值税及附加和所得税等。在自有资金现金流量表中，流动资金利息应与固定资产投资借款利息一并列入"借款利息支付"项目中。

表8-9　现金流量表（自有资金）　　　　　　　　　　　（单位：万元）

序号	项目＼年份	建设期		投产期		达到设计能力生产期				合计
		1	2	3	4	5	6	…	n	
1	生产负荷（%）现金流入									
1.1	营业收入									
1.2	补贴收入									
1.3	回收固定资产余值									
1.4	回收流动资金									
2	现金流出									
2.1	自有资金									
2.2	借款本金偿还									
2.3	借款利息支付									
2.4	流动资金投资									
2.5	经营成本									
2.6	应纳增值税									
2.7	增值税附加									
2.8	所得税									
2.9	维持运营投资									
3	所得税后净现金流量（1-2）									
4	累计税后净现金流量									
5	折现系数 i_c									
6	折现后净现金流量									
7	累计折现后净现金流量									

计算指标：
　　财务内部收益率：
　　财务净现值（$i_c=\%$）：

注：1. 根据需要可在现金流入和现金流出栏里增减项目。
　　2. 自有资金是指项目投资者的出资额。

现金流入和现金流出的有关数据除了可依据营业收入和税金及附加估算表、投资总额与资金筹措表、总成本费用估算表和利润表等有关报表填列外，还需要参考借款还本付息计算表的数据。

编制两种现金流量表各有其特定的目的。现金流量表（全部投资）在计算现金流量时，假定全部投资均为自有资金，因而不必考虑借款本金的偿还和利息的支付，为各个投资项目或投资方案（不论其资金来源如何）进行比较建立了共同的基础。现金流量表（自有资金）主要考察自有资金的盈利能力和向外部借款对项目是否有利。在对拟建项目进行评估时，要分别对两种现金流量表进行审查和分析，并根据评估人员所估算的基础数据编制两种现金流量表，并计算相应的技术经济指标。

必须指出的是，项目评估中使用的现金流量表与财务会计中使用的现金流量表无论在格式、内容上，还是在作用上都存在较大的差别，不能将它们混为一谈。

（3）资金来源与运用表

1）资金来源与运用表的概念。资金来源与运用表是指专门反映项目计算期内各年资金来源、运用以及资金盈余或短缺情况的一种报表。它可以用于资金筹措方案的选择，指导借款及偿还计划的编制，并为编制资产负债表提供依据。

2）资金来源与运用表的编制。资金来源与运用表分三大项，即资金来源、资金运用和盈余资金。资金来源减去资金运用为盈余资金（"+"表示当年有资金盈余，"-"表示当年资金短缺）。资金来源与运用表见表 8-10。

表中的"利润总额""所得税"和"应付利润"依据利润与利润分配表填列，"折旧费""摊销费"依据总成本费用估算表填列；各种"借款""自有资金""建设期利息"和"流动资金"等依据投资总额与资金筹措表填列；各种"借款本金偿还"依据借款还本付息计算表填列，"回收固定资产余值""回收流动资金"依据现金流量表（全部投资）填列。

表 8-10　资金来源与运用表　　　　　　　　　　　　（单位：万元）

序号	年份 项目	建设期		投产期		达到设计能力生产期				合计
		1	2	3	4	5	6	…	n	
	生产负荷（%）									
1	资金来源									
1.1	利润总额									
1.2	折旧费									
1.3	摊销费									
1.4	长期借款									
1.5	流动资金借款									
1.6	其他短期借款									
1.7	自有资金									
1.8	其他									

(续)

序号	年份\项目	建设期		投产期		达到设计能力生产期				合计
		1	2	3	4	5	6	…	n	
1.9	回收固定资产余值									
1.10	回收流动资金									
2	资金运用									
2.1	建设投资									
2.2	建设期利息									
2.3	流动资金									
2.4	所得税									
2.5	应付利润									
2.6	长期借款本金偿还									
2.7	流动资金借款本金偿还									
2.8	其他短期借款本金偿还									
3	盈余资金									
4	累计盈余资金									

(4) 资产负债表

1) 资产负债表的概念。项目评估中的资产负债表是指综合反映项目计算期内各年年末资产、负债和所有者权益的增减变化及对应关系的一种报表，通过分析该表可以考察项目资产、负债、所有者权益的结构是否合理，并能够据以计算资产负债率、流动比率及速动比率等指标，进行清偿能力分析。

2) 资产负债表的编制。资产负债表主体结构包括三大部分，即资产、负债和所有者权益，表现形式是：资产总额等于负债与所有者权益的总和，其平衡关系用会计等式表示即为：

$$资产 = 负债 + 所有者权益$$

项目评估使用的资产负债表，见表 8-11。资产负债表中的项目，有些可依据财务基础数据估算表中的数据直接填列，有些则要经过分析整理综合后才能填列。可直接填列的项目如："应收账款"，"存货"和"现金"可依据流动资金估算表填列；"累计盈余资金"可依据资金来源与运用表填列；各项"借款"可依据投资总额与资金筹措表填列；"累计盈余公积金"和"累计未分配利润"可依据利润与利润分配表填列；"固定资产净值""无形资产净值及开办费"可依据固定资产折旧费估算表、无形资产摊销估算表和建设投资估算表填列。需要经过分析整理综合填列的项目如："在建工程"和"资本金"可依据投资总额与资金筹措表分析整理综合后填列；"资本公积"要经过分析综合后填列、资本公积包括资本溢价和赠款两大项，具体有四个来源，即：①投资者实际缴付的出资额超过资本金的差额；②法定财产重估增值，即重估价值与账面净值的差额；③资本汇率折算差额，即资本账户与实收资本账户采用的折合汇率不同而产生的折合记账本位币差额；④接受捐赠的财产。

表 8-11 资产负债表　　　　　　　　　　　　　（单位：万元）

序号	年份 项目	建设期		投产期		达到设计能力生产期			
		1	2	3	4	5	6	…	n
1	资产								
1.1	流动资产总额								
1.1.1	应收账款								
1.1.2	存货								
1.1.3	现金								
1.1.4	累计盈余资金								
1.2	在建工程								
1.3	固定资产净值								
1.4	无形资产净值及开办费								
2	负债及所有者权益								
2.1	流动负债总额								
2.1.1	应付账款								
2.1.2	流动资金借款								
2.1.3	其他短期借款								
2.2	长期借款								
	负债小计								
2.3	所有者权益								
2.3.1	资本金								
2.3.2	资本公积								
2.3.3	累计盈余公积金								
2.3.4	累计未分配利润								

计算指标：1. 资产负债率（%）：

　　　　　2. 流动比率（%）：

　　　　　3. 速动比率（%）：

（5）财务外汇平衡表

1）外汇平衡表的概念。在项目评估中，外汇平衡表是指专门反映项目计算期内各年外汇收支及余缺的一种报表。该表可用于外汇平衡分析，适用于有外汇收支的项目财务效益分析。

2）外汇平衡表的编制。外汇平衡表主体结构包括两大部分，即外汇来源和外汇运用，表现形式是：外汇来源等于外汇运用，恒等式为：

$$外汇来源=外汇运用$$

外汇平衡表见表 8-12。在外汇平衡表中，外汇来源包括产品外销的外汇收入、外汇贷款和自筹外汇等，自筹外汇包括在其他外汇收入项目中。外汇运用包括建设投资中的外汇支出、进口原材料和零部件的外汇支出、在生产期用外汇支付的技术转让费、偿付外汇借款本息和其他外汇支出。各项内容需按项目收支中与外汇有关的数据填列。

表 8-12　外汇平衡表　　　　　　　　　　　　　　　　　　　　（单位：万元）

序号	年份\项目	建设期		投产期		达到设计能力生产期			合计
		1	2	3	4	5	6	… n	
	生产负荷（%）								
1	外汇来源								
1.1	产品销售外汇收入								
1.2	外汇借款								
1.3	其他外汇收入								
2	外汇运用								
2.1	建设投资中外汇支出								
2.2	进口原材料								
2.3	进口零部件								
2.4	技术转让费								
2.5	偿付外汇借款本息								
2.6	其他外汇支出								
2.7	外汇余缺								

注：1. 其他外汇收入包括自筹外汇等。
　　2. 技术转让费是指生产期支付的技术转让费。

（6）借款还本付息计算表

1）借款还本付息计算表的概念。借款还本付息表是反映项目借款偿还期内借款支用、还本付息和可用于偿还借款的资金来源情况，用以计算借款偿还期指标，进行清偿能力分析的一种报表。按现行财务制度规定，归还建设投资借款的资金来源主要是项目投产后的折旧、摊销费和未分配利润等。

2）借款还本付息计算表的编制。借款还本付息计算表包括借款及还本付息和偿还借款本金的资金来源两大部分。在借款尚未还清的年份，当年偿还本金的资金来源等于本年还本的数额；在借款还清的年份，当年偿还本金的资金来源等于或大于本年还本的数额。借款还本付息计算表见表 8-13。

在项目的建设期，"年初借款本息累计"等于上年借款本金和建设期利息之和；在项目的生产期，"年初借款本息累计"等于上年尚未还清的借款本金。

本年借款、本年应计利息（建设期利息）按照投资总额与资金筹措表填列；本年应计利息（生产期利息）可以根据当年的年初借款本息累计与贷款年利率的乘积求得；本年还本可以根据当年偿还借款本金的资金来源填列；利润可根据利润与利润分配表填列；折旧和摊销可根据总成本估算表填列。

表 8-13　借款还本付息计算表　　　　　　　　　　　　　　　　（单位：万元）

序号	年份\项目	利率（%）	建设期		投产期		达到设计能力生产期			
			1	2	3	4	5	6	…	n
1	借款及还本付息									
1.1	年初借款本息累计									
1.1.1	本金									
1.1.2	建设期利息									

（续）

序号	年份 项目	利率（%）	建设期 1	建设期 2	投产期 3	投产期 4	达到设计能力生产期 5	达到设计能力生产期 6	达到设计能力生产期 …	达到设计能力生产期 n
1.2	本年借款									
1.3	本年应计利息									
1.4	本年还本									
1.5	本年付息									
2	偿还借款本金的资金来源									
2.1	利润									
2.2	折旧									
2.3	摊销									
	其他资金									
	合计（2.1+2.2+2.3+2.4）									

基本报表之间的相互关系：

上面介绍的几种基本报表是财务效益分析体系中重要的组成部分。它们之间存在着密不可分的内在联系。

利润与利润分配表和现金流量表都是为进行项目盈利能力分析提供基础数据的报表，所不同的是利润与利润分配表是为计算反映项目盈利能力的静态指标提供数据，而现金流量表是为计算反映项目盈利能力的动态指标提供数据。同时利润与利润分配表也为现金流量表的填列提供了某些基础数据。

借款还本付息计算表、资金来源与运用表和资产负债表都是为进行项目清偿能力分析提供基础数据的报表。根据借款还本付息计算表或资金来源与运用表可以计算借款偿还期指标，根据资产负债表可以计算资产负债率、流动比率和速动比率等指标。

2. 项目财务评价指标体系

（1）财务效益分析指标体系的分类。财务效益分析结果的好坏，一方面取决于基础数据的可靠性；另一方面则取决于所选取的指标体系的合理性。只有选取正确的指标体系，财务效益分析结果才能与客观实际情况相吻合，才具有实际意义。财务效益分析指标是指用于衡量和比较投资项目可行性优劣、以便据以进行方案决策的定量化标准与尺度，它是由一系列综合反映长期投资的效益和项目投入产出关系的量化指标构成的指标体系。（详见单元4）

财务评价指标与财务基本报表的关系见表8-14。

表8-14 财务评价指标与财务基本报表的关系

财务分析	基本报表	静态指标	动态指标
财务现金流量分析	财务现金流量表（全部投资）	投资回收期	投资回收期 财务内部收益率 财务净现值 财务净现值率
	财务现金流量表（自有资金）		财务内部收益率 财务净现值

(续)

财务分析	基本报表	静态指标	动态指标
财务平衡分析	损益表	投资利润率 投资利税率	
	财务平衡表	固定资产投资借款偿还期	
	资产负债表	资产负债率 流动比率 速动比率	
外汇效果分析	外汇流量表		财务外汇净现值 财务换汇成本 财务节汇成本
其他分析		价值指标或实物指标	

投资回收期

财务净现值

财务内部收益率

总投资收益率、资本金净利润率

（2）反映项目盈利能力的指标。反映项目盈利能力的指标包括两大类，即静态指标和动态指标。

1）静态指标的计算与分析。静态指标是指在计算时不考虑货币时间价值因素影响的指标，主要包括投资利润率、投资利税率、资本金利润率、资本金净利润率和静态投资回收期等，可以根据建设投资估算表、投资总额与资金筹措表、利润与利润分配表和现金流量表中的有关数据计算。

① 投资利润率。投资利润率是项目的年利润总额与投资总额之比，计算见式（8-29）：

$$投资利润率 = \frac{年利润总额}{投资总额} \times 100\% \quad (8-29)$$

式中的年利润总额，可选择正常生产年份的年利润总额，也可以计算出生产期平均年利润总额，即用生产期利润总额之和除以生产期。选择前者还是后者，根据项目的生产期长短和年利润总额波动的大小而定。若项目生产期较短，且年利润总额波动较大，原则上要选择生产期的平均年利润总额；若项目生产期较长，年利润总额在生产期又没有较大的波动，可选择正常生产年份的年利润总额。总投资为建设投资、建设期利息和流动资金之和。计算出的投资利润率要与规定的行业标准投资利润率或行业的平均投资利润率进行比较，若大于或等于标准投资利润率或行业平均投资利润率，则认为项目是可以考虑接受的。

② 投资利税率。投资利税率是项目的年利润总额、税金及附加之和与项目投资总额之比，计算见式（8-30）：

$$投资利税率 = \frac{年利税总额}{投资总额} \times 100\% \tag{8-30}$$

式（8-30）中的年利税总额，可以选择正常生产年份的年利润总额与税金及附加之和，也可以选择生产期平均的年利润总额与税金及附加之和。选择前者还是后者，依据项目生产期长短和利税之和的波动大小而定，选择原则与计算投资利润率中的选择同理。式（8-30）中的总投资也是建设投资、建设期利息和流动资金之和。计算出的投资利税率要与规定的行业标准投资利税率或行业的平均投资利税率进行比较，若前者大于或等于后者，则认为项目是可以考虑接受的。

③ 资本金利润率。资本金利润率是项目的年利润总额与项目资本金之比，计算见式（8-31）：

$$资本金利润率 = \frac{年利润总额}{资本金} \times 100\% \tag{8-31}$$

式（8-31）中的年利润总额是选择正常生产年份的年利润总额，还是选择生产期平均年利润总额，原理同投资利润率的计算。式（8-31）中的资本金是指项目的全部注册资本金。计算出的资本金利润率要与行业的平均资本金利润率或投资者的目标资本金利润率进行比较，若前者大于或等于后者，则认为项目是可以接受的。

④ 资本金净利润率。资本金净利润率是项目的年税后利润与项目资本金之比，计算见式（8-32）：

$$资本金净利润率 = \frac{年税后利润}{资本金} \times 100\% \tag{8-32}$$

式（8-32）中的年税后利润是选择正常生产年份的税后利润，还是选择生产期平均年税后利润，原理同投资利润率的计算。式（8-32）中的资本金也是指项目的全部注册资本金。资本金净利润率应该是投资者最关心的一个指标，因为它反映了投资者自己的出资所带来的净利润。

⑤ 静态投资回收期。静态投资回收期一般简称投资回收期，是指在不考虑货币时间价值因素条件下，用生产经营期回收投资的资金来源抵偿全部原始投资所需要的时间，一般用年表示。

2) 动态指标的计算与分析。动态指标是指在计算时考虑货币时间价值因素影响的指标，主要包括财务净现值和财务内部收益率及动态投资回收期等指标，根据现金流量表计算。

（3）反映项目清偿能力的指标。反映项目清偿能力的指标包括借款偿还期、资产负债率、流动比率和速动比率。

1) 借款偿还期。借款偿还期是指用可用于偿还借款的资金来还清建设投资借款本金所需要的全部时间。偿还借款的资金来源包括折旧、摊销费、未分配利润和其他收入等。借款偿还期可利用借款还本付息计算表的有关数据计算。

借款偿还期的计算见式（8-33）：

$$借款偿还期 = 偿还借款本金的资金来源大于年初借款本息累计年份 - 开始借款的年份 + \frac{年初借款本息累计}{当年实际偿还本金的资金来源} \tag{8-33}$$

对于涉及外资的项目，还要考虑国外借款部分的还本付息，应按已经明确的或预计可能的借款偿还条件（包括偿还方式及偿还期限）计算。国外借款往往采取等本偿还或等额偿还的方式，借款偿还期限往往都是约定的，无须计算，或者由贷款方提出，或者由评估人员根据贷款方提出的条件和项目的具体情况（如每年的外汇收入等）进行分析来确定。

计算出借款偿还期后，要与贷款机构的要求期限进行对比，等于或小于贷款机构提出的要求期限，即认为项目是有清偿能力的。否则，认为项目没有清偿能力，从清偿能力角度考虑，则认为项目是不可行的。

2）资产负债率、流动比率和速动比率。资产负债率、流动比率和速动比率（简称"三率"）全部依据资产负债表的有关数据计算。在计算"三率"时，既可以计算计算期内前几年（一般考虑10年）的"三率"，也可以计算整个计算期内各年的"三率"。评估人员可根据项目的实际情况来掌握，但必须能反映出各种比率所要说明的问题。

资产负债率、流动比率、速动比率

① 资产负债率。资产负债率是反映项目各年所面临的财务风险程度及偿债能力的指标。计算见式（8-34）：

$$资产负债率 = \frac{负债合计}{资产合计} \times 100\% \tag{8-34}$$

作为提供贷款的机构，可以接受100%以下（包括100%）的资产负债率，大于100%，表明企业已资不抵债，已达到破产的警戒线。

② 流动比率。流动比率是反映项目各年偿付流动负债能力的指标。计算见式（8-35）：

$$流动比率 = \frac{流动资产总额}{流动负债总额} \times 100\% \tag{8-35}$$

计算出的流动比率，一般应大于200%，即1元的流动负债至少有2元的流动资产作后盾，保证项目按期偿还短期债务，这是提供贷款的机构可以接受的。

③ 速动比率。速动比率是反映项目快速偿付流动负债能力的指标。计算见式（8-36）：

$$速动比率 = \frac{流动资产总额 - 存货}{流动负债总额} \times 100\% \tag{8-36}$$

计算出的速动比率，一般应接近于100%，即1元的流动负债有1元的速动资产以资抵偿，这是提供贷款的机构可以接受的。

(4) 外汇平衡分析。涉及外汇收支的项目，应进行财务外汇平衡分析，考察各年外汇余缺程度。首先根据各年的外汇收支情况，编制外汇平衡表，然后进行分析，考察计算期内各年的外汇余缺程度。一般要求，涉及外汇收支的项目要达到外汇的基本平衡，如果达不到外汇的基本平衡，项目评估人员要提出具体的解决办法。

 情境引入分析

问题1.

解：

(1) 项目建设期第2年贷款2 000万元，则建设期利息为：

$$2\,000\text{万元} \times 0.5 \times 6\% = 60\text{万元}$$

第3年年初累计借款为：2 000万元 + 60万元 = 2 060万元

运营期前四年等额还本,利息照付;则各年等额偿还的本金为:

$$2\,060\,万元÷4=515\,万元$$

其余计算结果见表 8-15。

(2) 根据总成本费用的构成列出总成本费用估算表的费用名称,见表 8-16,计算固定资产折旧费和无形资产摊销费,并将折旧费、摊销费、年经营成本和借款还本付息表中的第 3 年贷款利息和该年流动资金贷款利息等数据,并填入总成本费用表。

(1) 计算固定资产折旧费和无形资产摊销费。

$$折旧费=[(建设投资+建设期利息-无形资产)×(1-残值率)]÷使用年限$$
$$=[(3\,600+60-600)\,万元×(1-4\%)]÷10=293.76\,万元$$

$$摊销费=无形资产÷摊销年限=600\,万元÷10=60\,万元$$

(2) 计算各年的营业收入、增值税、增值税附加,并将各年的总成本逐一填入利润与利润分配表 8-17 中。

第 3 年 营业收入=65 万件×35 元/件×1.13=2 570.75 万元

第 4~12 年 营业收入=130 万件×35 元/件×1.13=5 141.50 万元

第 3 年 增值税=65 万件×35 元/件×13%-170 万元=125.75 万元

第 4~12 年 增值税=130 万件×35 元/件×13%-330 万元=261.50 万元

第 3 年 增值税附加=125.75 万元×12%=15.09 万元

第 4~12 年 增值税附加=261.50 万元×12%=31.38 万元

(3) 将第 3 年总成本计入该年的利润与利润分配表中,并计算该年的其他项:利润总额、应纳所得税额、所得税、净利润、可供分配利润、法定盈余公积金、可供投资者分配利润、应付各投资方股利、还款未分配利润以及下年期末未分配利润等,见表 8-17。第 3 年利润为负值,是亏损年份。该年不计算所得税,不提取盈余公积金和可供投资者分配的股利,并需要临时借款。

借款额=515 万元-293.76 万元-60 万元+1.85 万元=163.09 万元,见借款还本付息表。

(4) 第 4 年期初累计借款额=2060 万元-515 万元+163.09 万元+500 万元=2208.09 万元,将应计利息计入总成本分析表 8-16,汇总得该年总成本。将总成本计入利润与利润分析表 8-17 中,得到第 4 年利润总额、应纳税额、所得税和净利润。第 4 年净利润为 612.19 万元,大于还款未分配利润与上年临时借款之和。故为盈余年份,可提取法定盈余公积金和可供投资者分配的利润等。

第 4 年应还本金=515 万元+163.09 万元=678.09 万元

第 4 年还款未分配利润=678.09 万元-293.76 万元-60 万元=324.33 万元

第 4 年法定盈余公积金=净利润×10%=612.19 万元×10%=61.22 万元

第 4 年可供分配利润=净利润+期初未分配利润=612.19 万元+0 万元=612.19 万元

第 4 年可供投资者分配利润=可供分配利润-盈余公积金=612.19 万元-61.22 万元=550.97 万元

第 4 年应付各投资方股利=可供投资者分配利润×10%=550.97 万元×10%=55.10 万元

第 4 年剩余未分配利润=550.97 万元-55.10 万元-324.33 万元=171.54 万元(为下年度的期初未分配利润),见表 8-17。

表 8-15 某工业项目借款还本付息计划表

（单位：万元）

序号	项目	计算期											
		1	2	3	4	5	6	7	8	9	10	11	12
1	借款1（建设投资借款）												
1.1	期初借款余额		2 060.00	2 060.00	1 545.00	1 030.00	515						
1.2	当期还本付息			638.6	607.7	576.8	545.9						
	其中：还本			515.00	515.00	515.00	515.00						
	付息（6%）			123.60	92.70	61.80	30.90						
1.3	期末借款余额		2 060.00	1 545.00	1 030.00	515.00							
2	借款2（流动资金借款）												
2.1	期初借款余额			100	500	500	500	500	500	500	500	500	500
2.2	当期还本付息			4	20	20	20	20	20	20	20	20	20
	其中：还本												500
	付息（4%）			4	20	20	20	20	20	20	20	20	20
2.3	期末借款余额			100	500	500	500	500	500	500	500	500	
3	借款3（临时借款）												
3.1	期初借款余额				163.09								
3.2	当期还本付息			163.09	169.61								
	其中：还本			163.09	163.09								
	付息（4%）				6.52								
3.3	期末借款余额			163.09									
4	借款合计												
4.1	期初借款余额		2 060	2 160	2 208.09	1 530.00	1 015.00	500.00	500.00	500.00	500.00	500.00	500.00
4.2	当期还本付息			642.60	797.31	596.80	565.90	20.00	20.00	20.00	20.00	20.00	520.00
	其中：还本			515.00	678.09	515.00	515.00	0.00	0.00	0.00	0.00	0.00	500
	付息（4%）			127.60	119.22	81.80	50.90	20.00	20.00	20.00	20.00	20.00	20.00
4.3	期末借款余额			1 808.09	1 530.00	1 015.00	500.00	500.00	500.00	500.00	500.00	500.00	0.00

表 8-16 某工业项目总成本费用估算表

(单位：万元)

序号	项目	年份									
		3	4	5	6	7	8	9	10	11	12
1	经营成本	1 950	3 560	3 560	3 560	3 560	3 560	3 560	3 560	3 560	3 560
2	折旧费	293.76	293.76	293.76	293.76	293.76	293.76	293.76	293.76	293.76	293.76
3	摊销费	60.00	60.00	60.00	60.00	60.00	60.00	60.00	60.00	60.00	60.00
4	建设投资借款利息	123.60	92.70	61.80	30.90						
5	流动资金借款利息	4	20	20	20	20	20	20	20	20	20
6	短期借款利息		6.52								
7	总成本费用	2 431.76	4 032.98	3 995.56	3 964.66	3 933.76	3 933.76	3 933.76	3 933.76	3 933.76	3 933.76
	其中可抵扣进项税	170	330	330	330	330	330	330	330	330	330

表 8-17 某工业项目利润与利润分配表

(单位：万元)

序号	项目	年份									
		3	4	5	6	7	8	9	10	11	12
1	营业收入	2 570.75	5 141.50	5 141.50	5 141.50	5 141.50	5 141.50	5 141.50	5 141.50	5 141.50	5 141.50
2	总成本费用	2 431.76	4 032.98	3 995.56	3 964.66	3 933.76	3 933.76	3 933.76	3 933.76	3 933.76	3 933.76
3	增值税	125.75	261.50	261.50	261.50	261.50	261.50	261.50	261.50	261.50	261.50
3.1	销项税	295.75	591.50	591.50	591.50	591.50	591.50	591.50	591.50	591.50	591.50
3.2	进项税	170.00	330.00	330.00	330.00	330.00	330.00	330.00	330.00	330.00	330.00
4	增值税附加	15.09	31.38	31.38	31.38	31.38	31.38	31.38	31.38	31.38	31.38
5	补贴收入										
6	利润总额（1-2-3-4+5）	-1.85	815.64	853.06	883.96	914.86	914.86	914.86	914.86	914.86	914.86

(续)

序号	项目	年份									
		3	4	5	6	7	8	9	10	11	12
7	弥补以前年度亏损		1.85								
8	应纳税所得额	0.00	813.79	853.06	883.96	914.86	914.86	914.86	914.86	914.86	914.86
9	所得税 (8)×25%	0.00	203.45	213.27	220.99	228.72	228.72	228.72	228.72	228.72	228.72
10	净利润 (6−9)	−1.85	612.19	639.79	662.97	686.14	686.14	686.14	686.14	686.14	686.14
11	期初未分配利润		0.00	171.54	361.9	509.76	789.10	984.34	1 121.31	1 217.19	1 284.30
12	可供分配利润 (10+11)	−1.85	612.19	811.33	1 024.87	1 195.90	1 475.24	1 670.48	1 807.45	1 903.33	1 970.44
13	法定盈余公积金 (10)×10%	0.00	61.22	63.98	66.30	68.61	68.61	68.61	68.61	68.61	68.61
14	可供投资者分配利润 (12−13)	0.00	550.97	747.35	958.57	1 127.29	1 406.63	1 601.87	1 738.84	1 834.72	1 901.83
15	应付投资者各方股利	0.00	55.10	224.21	287.57	338.19	421.99	480.56	521.65	550.42	570.55
16	未分配利润 (14−15)	0.00	495.87	523.14	671.00	789.10	984.34	1 121.31	1 217.19	1 284.30	1 331.28
16.1	用于还款未分配利润	0.00	324.33	161.24	161.24						
16.2	剩余未分配利润（转下年度期初未分配利润）	0.00	171.54	361.9	509.76	789.10	984.34	1 121.31	1 217.19	1 284.30	1 331.28
17	息税前利润 (6+当年利息支出)	125.75	934.86	934.86	934.86	934.86	934.86	934.86	934.86	934.86	934.86

(5) 第 5 年年初累计欠款额=1 545 万元+500 万元+163.09 万元-678.09 万元=1 530 万元,见表 8-15,用以上方法计算出第 5 年的利润总额、应纳所得税额、所得税、净利润、可供分配利润和法定盈余公积金。该年期初无亏损,期初未分配利润 171.54 万元。

第 5 年可供分配利润=净利润+期初未分配利润=639.79 万元+171.54 万元=811.33 万元

第 5 年法定盈余公积金=净利润×10%=639.79 万元×10%=63.98 万元

第 5 年可供投资者分配利润=可供分配利润-盈余公积金=811.33 万元-63.98 万元=747.35 万元

第 5 年应付各投资方股利=可供投资者分配利润×30%=747.35 万元×30%=224.21 万元

第 5 年还款未分配利润=515 万元-293.76 万元-60 万元=161.24 万元

第 5 年剩余未分配利润=747.35 万元-224.21 万元-161.24 万元=361.9 万元

(6) 第 6 年各项费用计算同第 5 年。

以后各年不再有建设投资贷款本息偿还和还款未分配利润,只有下年度积累的期初未分配利润。

问题 2:

解:项目的总投资收益率、资本金净利润率等静态盈利能力指标,按以下计算:

(1) 计算总投资收益率=正常年份的息税前利润÷总投资

总投资收益率=[934.86 万元÷(3 600 万元+60 万元+800 万元)]×100%=20.96%

(2) 计算资本金净利润率。

由于正常年份净利润差异较大,故用运营期的年平均净利润计算:

年平均净利润=(-1.85+815.64+853.06+883.96+914.86+914.86+914.86+914.86+914.86+914.86)万元÷10=804.00 万元

资本金利润率=[804.00÷(1 600+300)]万元×100%=42.32%

问题 3:

解:(1) 根据背景资料、借款还本付息表中的利息、利润与利润分配表中的增值税、所得税等数据编制该工业项目的资本金现金流量表,见表 8-18。

(2) 计算回收固定资产资产余值,填入项目资本金现金流量表 8-18 中。

固定资产余值=3 060 万元×4%=122.4 万元

(3) 计算回收全部流动资金,填入资本金现金流量表 8-18 中。

全部流动资金=300 万元+100 万元+400 万元=800 万元

(4) 根据项目资本金现金流量表计算该工业项目的动态投资回收期。

动态投资回收期=(累计净现金流量现值出现正值的年份-1)+(出现正值年份上年累计净现金流量现值绝对值÷出现正值年份当年净现金流量现值)

=(12-1)+|-1 359.00|万元÷2 329.88 万元=11.58 年

项目的财务净现值就是计算期累计这算净现金流量值。即 $FNPV$=970.88 万元

问题 4:

解:该工业项目总投资收益率为 20.96%大于行业平均值 10%,资本金利润率 42.32%大于行业平均值 15%,项目的动态投资回收期为 11.58 年小于项目的寿命周 12 年,项目的财务净现值为 970.88 万元大于 0,所以项目的盈利能力大于行业的平均水平,该项目可行。

表 8-18 某工业项目资本金现金流量表

(单位：万元)

序号	项目	1	2	3	4	5	6	7	8	9	10	11	12
1	现金流入			2 570.75	5 141.50	5 141.50	5 141.50	5 141.50	5 141.50	5 141.50	5 141.50	5 141.50	6 063.90
1.1	营业收入			2 570.75	5 141.50	5 141.50	5 141.50	5 141.50	5 141.50	5 141.50	5 141.50	5 141.50	5 141.50
1.2	回收固定资产余值												122.40
1.3	回收流动资金												800.00
2	现金流出	1 200.00	400.00	3 033.44	4 853.64	4 662.95	4 639.77	4 101.60	4 101.60	4 101.60	4 101.60	4 101.60	4 601.60
2.1	项目资本金	1 200.00	400.00	300.00									
2.2	借款本金偿还			515.00	678.09	515.00	515.00						500
2.3	借款利息支付			127.60	119.22	81.80	50.90	20.00	20.00	20.00	20.00	20.00	20.00
2.4	经营成本			1 950	3 560	3 560	3 560	3 560	3 560	3 560	3 560	3 560	3 560
2.5	增值税及附加			140.84	292.88	292.88	292.88	292.88	292.88	292.88	292.88	292.88	292.88
2.6	所得税			0.00	203.45	213.27	220.99	228.72	228.72	228.72	228.72	228.72	228.72
3	净现金流量	−1 200	−400	−462.69	287.86	478.55	501.73	1 039.90	1 039.90	1 039.90	1 039.90	1 039.90	1 462.30
4	累计净现金流量	−1 200	−1 600	−2 062.69	−1 774.83	−1 296.28	−794.55	245.35	1 285.25	2 325.15	3 365.05	4 404.95	5 867.25
5	折现系数 8%	0.925 9	0.857 3	0.793 8	0.735 0	0.680 6	0.630 2	0.583 5	0.540 3	0.500 2	0.463 2	0.428 9	0.397 1
6	折现净现金流量	−1 111.08	−1 371.68	−1 637.36	−1 304.50	−882.25	−500.73	143.16	694.42	1 163.04	1 558.69	1 889.28	2 329.88
7	累计折现净现金流量	−1 111.08	−2 482.76	−4 120.12	−5 424.62	−6 306.87	−6 807.60	−6 664.44	−5 970.01	−4 806.97	−3 248.28	−1 359.00	970.88

课题 3　国民经济评价

8.3.1　费用和效益的识别

确定建设项目经济合理性的基本途径是将建设项目的费用与效益进行比较，进而计算其对国民经济的净贡献。正确地识别费用与效益，是保证国民经济评价正确性的重要条件。识别费用与效益的基本原则是：凡项目对国民经济所做的贡献，均计为项目的效益；凡国民经济为项目付出的代价，均计为项目的费用。在考察项目的效益与费用时，应遵循效益和费用计算范围相对应的原则。费用和效益可分为直接费用与直接效益以及间接费用与间接效益。

1. 识别效益和费用的原则

确定投资项目经济合理性的基本途径是将项目的费用与效益进行比较，进而计算其对国民经济的净贡献。因而，正确识别费用与效益是保证经济评价正确性的重要条件。一般来说，凡项目对国民经济所做的贡献，均计为项目的效益；凡国民经济为项目所付出的代价，均计为项目的费用。在识别项目国民经济费用与效益时，应遵循以下原则。

（1）国家原则。对项目的收支活动都应从国家或国民经济角度出发，是否花费了社会资源，是否真正产生了效益。凡是属于转移支付部分，如果没有真正花费社会资源，其支出就不能列为项目的经济费用；如果没有真正增加国民收入，其收入就不能列为项目的经济效益。换言之，凡转移性质的收支项目，都应从效益、费用流量中剔除。

（2）边际原则。对项目国民经济费用和效益的分析，应观察费用增加额、效益增加额与产量增加额的增量比例。通常，边际含有极小的意义，在经济数学中，边际变化是用求微商的方法来计算的。例如，边际费用是每增加一个单位产量所引起的总费用的变动额，由于固定费用相对稳定，故单位变动费用就是项目的边际费用。从兴建某个项目或不兴建某个项目（即有无项目）对国民经济的影响来确定项目的费用与效益方面看，在有项目时，不仅会发生投资的增量，也会发生费用和效益的增量。就微小变动而言，国民经济效益评估中的费用和效益都是边际的，因而，在识别项目的国民经济费用与效益中，应遵循边际原则。

（3）资源变动原则。财务评价：计算财务效益和费用依据的是货币的变动。凡是流入项目的货币就是财务收益，凡是流出项目的货币就是财务费用。国民经济评价：考察国民经济效益和费用依据的是社会资源的真实变动。凡是增加社会资源的项目产出都是国民经济效益，凡是减少社会资源的项目投入都是国民经济费用。

划分投资项目的费用与效益，是相对于项目的目标而言的。国民经济评价是从整体国民经济增长的目标出发，以项目对国民经济的净贡献大小来考察项目。所以，国民经济评估中的费用和效益比财务评估中的成本和效益的范围要宽得多。国民经济效益分为直接效益和间接效益，国民经济费用分为直接费用和间接费用。直接效益和直接费用可称为内部效果，间接效益和间接费用可称为外部效果。

2. 项目效益和费用的确定

（1）直接效益与直接费用——内部效果

1）直接效益是项目产出物直接生成，并在项目范围内计算的经济效益。一般表现为：第一，增加项目产出物或者服务的数量以满足国内需求的效益；第二，替代效益较低的相同或类似企业的产出物或者服务，使被替代企业减产（停产）从而减少国家有用资源耗费或者损失的效益；第三，增加出口或者减少进口从而增加或者节支的外汇等。

2）直接费用是项目使用投入物所形成，并在项目范围内计算的费用。一般表现为：第一，其他部门为本项目提供投入物，需要扩大生产规模所耗费的资源费用；第二，减少对其他项目或者最终消费投入物的供应而放弃的效益；第三，增加进口或者减少出口从而耗用或者减少的外汇等。

（2）间接效益与间接费用——外部效果。外部效果是指项目对国民经济做出的贡献与国民经济为项目付出的代价中，在直接效益与直接费用中未得到反映的那部分效益（间接效益）与费用（间接费用）。外部效果应包括以下几个方面：

1）产业关联效果。例如，建设一个水电站，一般除发电、防洪灌溉和供水等直接效果外，还必然带来养殖业和水上运动的发展，以及旅游业的增进等间接效益。此外，农牧业还会因土地淹没而遭受一定的损失（间接费用）。

2）环境和生态效果。例如，发电厂排放的烟尘可使附近田园的作物产量减少，质量下降，化工厂排放的污水可使附近江河的鱼类资源骤减。

3）技术扩散效果。技术扩散和示范效果是由于建设技术先进的项目会培养和造就大量的技术人员和管理人员。他们除了为本项目服务外，人员流动、技术交流对整个社会经济发展也会带来好处。

注意：为防止外部效果计算扩大化，项目的外部效果一般只计算一次相关效果，不应连续计算。

（3）转移支付。项目的某些财务收益和支出，从国民经济角度看，并没有造成资源的实际增加或减少，而是国民经济内部的"转移支付"，不计做项目的国民经济效益与费用。转移支付的主要内容包括：

1）税金。将企业的货币收入转移到政府手中，是收入的再分配。

2）补贴。使资源的支配权从政府转移给了企业。

3）国内贷款的还本付息。仅代表资源支配权的转移。

4）国外贷款的还本付息。处理分以下三种情况：第一，评价国内投资经济效益的处理办法。在分析时，由于还本付息意味着国内资源流入国外，因而应当视作费用；第二，国外贷款不指定用途时的处理办法。这种情况下，与贷款对应的实际资源虽然来自国外，但受贷国在如何有效利用这些资源的问题上，面临着与国内资源同样的优化配置任务，因而应当对包括国外贷款在内的全部资源的利用效果作出评价。在这种评价中，国外贷款还本付息不视作收益，也不视作费用；第三，国外贷款指定用途的处理办法。如果不上拟建项目，就不能得到国外贷款，这时便无须进行全投资的经济效益评价，可只进行国内投资资金的经济评价。这是因为，全投资经济效益评价的目的在于对包括国外贷款在内的全部资源多种用途进行比较选优，既然国外贷款的用途已经唯一限定，别无其他选择，也就没有必要对其利用效果做出评价了。

8.3.2 影子价格

1. 影子价格的概念

准确计量项目的费用和收益——在于所采用的价格是否合理。财务分析：追求的目标是货币收入，因此在计算财务费用和财务收益时，采用的价格只能是反映项目实际收支的交换价格，即项目与外界进行商品交易的实际价格，在财务分析中称为财务价格。国民经济分析：在我国的现实经济生活中，由于经济体制等多种因素的影响，各种商品的价格往往不能真实反映商品的实际经济价值——价格扭曲或价格失真。为使社会资源能够合理配置和有效利用，就必须使价格能够真实反映其经济价值，为此在项目的国民经济分析中采用一种新的价格体系——影子价格体系（它是20世纪30年代末40年代初由荷兰数理经济学家、计量经济学创始人詹恩·丁伯根和苏联数学家、经济学家、诺贝尔经济学奖获得者康特罗维奇最先提出的）。影子价格是指资源处于最佳分配状态时，其边际产出价值。也可以说是社会经济处于某种最优状态下，能够反映社会劳动消耗、资源稀缺程度和对最终产品需求情况的价格。

所以，影子价格是人为确定的，比交换价格更合理的价格。合理性体现在：影子价格能更好地反映产品的价值，反映市场供求状况，反映资源稀缺程度；从价格产出的效果来看，"合理"的标志是使资源配置向优化的方向发展。

2. 影子汇率及社会折现率——国民经济评价的相关参数

（1）影子汇率（SER）。影子汇率是指能反映外汇真实价值的汇率。在国民经济评价中，影子汇率通过影子汇率换算系数计算，影子汇率换算系数是影子汇率与国家外汇牌价的比值。工程项目投入物和产出物涉及进出口的，应采用影子汇率换算系数计算影子汇率。

【例8-3】 已知2003年3月4日国家外汇牌价中人民币对美元的比值为828.99/100，如果影子汇率换算系数取值为1.08。试求人民币对美元的影子汇率。

解：影子汇率 = 影子汇率换算系数 × (828.99/100) = 1.08 × 828.99/100 = 8.953 1

（2）社会折现率（i_s）。社会折现率是用以衡量资金时间价值的重要参数，代表社会资金被占用应获得的最低收益率，并用作不同年份价值换算的折现率。

8.3.3 国民经济评价常用报表及指标

国民经济评价包括两个方面：国民经济盈利能力分析和外汇效果分析。

可以量化的内部效果，可以用前述内容中所讲经济内部收益率、净现值等指标来评价；对于难以量化的外部效果进行定性分析。

1. 国民经济盈利能力分析

计算经济内部收益率和经济净现值等指标。

（1）经济内部收益率（EIRR）。经济内部收益率是反映项目对国民经济净贡献的相对指标。它是项目在计算期内各年经济净效益流量的现值累计等于零时的折现率。其表达式见式（8-37）：

$$\sum_{t=1}^{n}(B-C)_t(1+EIRR)^{-t}=0 \qquad (8\text{-}37)$$

式中 B——效益流入量；

C——费用流出量；

$(B-C)_t$——第 t 年的净效益流量；

n——计算期。

经济内部收益率等于或大于社会折现率，表明项目对国民经济的净贡献达到或超过了要求的水平，这时应认为项目是可以考虑接受的。

（2）经济净现值（ENPV）。经济净现值是反映项目对国民经济净贡献的绝对指标。它是指用社会折现率将项目计算期内各年的净效益流量折算到建设期初的现值之和。其表达式见式（8-38）：

$$ENPV=\sum_{t=1}^{n}(B-C)_t(1+i_s)^{-t} \qquad (8\text{-}38)$$

式中 i_s——社会折现率。

经济净现值等于或大于零表示国家为拟建项目付出代价后，可以得到符合社会折现率的社会盈余，或除得到符合社会折现率的社会盈余外，还可以得到以现值计算的超额社会盈余，这时就认为项目是可以考虑接受的。

2. 外汇效果分析

涉及产品出口创汇及替代进口节汇的项目，应进行外汇效果分析，计算经济外汇净现值、经济换汇成本、经济节汇成本指标。

（1）经济外汇净现值（$ENPV_F$）。经济外汇净现值是反映项目实施后对国家外汇收支直接或间接影响的重要指标，用以衡量项目对国家外汇真正的净贡献（创汇）或净消耗（用汇）。经济外汇净现值可通过经济外汇流量表计算求得，其表达式见式（8-39）：

$$ENPV_F=\sum_{t=1}^{n}(FI-FO)_t(1+i_s)^{-t} \qquad (8\text{-}39)$$

式中 FI——外汇流入量；

FO——外汇流出量；

$(FI-FO)_t$——第 t 年的净外汇流量；

n——计算期。

当有产品替代进口时，可按净外汇效果计算经济节汇净现值。

（2）经济换汇成本和经济节汇成本

1）经济换汇成本——有产品直接出口时。它是用货物影子价格、影子工资和社会折现率计算的为生产出口产品而投入的国内资源现值（以人民币表示）与生产出口产品的经济外汇净现值（通常以美元表示）之比，亦即换取 1 美元外汇所需要的人民币金额，是分析评价项目实施后在国际上的竞争力，进而判断其产品能否出口的指标。表达式见式（8-40）：

$$\text{经济外汇成本}=\frac{\sum_{t=1}^{n}DR_t(1+i_s)^{-t}}{\sum_{t=1}^{n}(FI'-FO')_t(1+i_s)^{-t}} \qquad (8\text{-}40)$$

式中 DR_t——项目在第 t 年为出口产品投入的国内资源（包括投资、原材料、工资、其他投入和贸易费用，元）；

FI'——生产出口产品的外汇流入（美元）；

FO'——生产出口产品的外汇流出（包括应由出口产品分摊的固定资产投资及经营费用中的外汇流出，美元）；

n——计算期。

2）经济节汇成本——有产品替代进口时。当有产品替代进口时，应计算经济节汇成本，它等于项目计算期内生产替代进口产品所投入的国内资源的现值与生产替代进口产品的经济外汇净现值之比，即节约 1 美元外汇所需的人民币金额。表达式见式（8-41）：

$$\text{经济节汇成本} = \frac{\sum_{t=1}^{n} DR_t''(1+i_s)^{-t}}{\sum_{t=1}^{n} (FI'' - FO'')_t (1+i_s)^{-t}} \tag{8-41}$$

式中 DR_t''——项目在第 t 年生产替代进口产品投入的国内资源（包括投资、原材料、工资、其他投入和贸易费用，元）；

FI''——生产替代进口产品所节约的外汇（美元）；

FO''——生产替代进口产品的外汇流出（包括应由出口产品分摊的固定资产投资及经营费用中的外汇流出，美元）；

n——计算期。

经济换汇成本或经济节汇成本（元/美元）小于或等于影子汇率，表明该项目产品出口或替代进口是有必要的。

3. 国民经济评价的基本报表

1）国民经济效益费用流量表（全部投资）——以全部投资作为计算基础。

2）国民经济效益费用流量表（国内投资）——以国内投资作为计算基础，将国外借款利息和本金的偿付作为费用流出。

国内投资国民经济效益费用流量见表 8-19。

表 8-19 国内投资国民经济效益费用流量表 （单位：万元）

序号	项目	计算期								
		1	2	3	4	5	6	7	8	9
1	效益流量			2 766	2 766	2 766	2 766	2 766	2 766	3 662
1.1	营业收入			2 610	2 610	2 610	2 610	2 610	2 610	2 610
1.2	回收固定资产余值									374
1.3	回收流动资金									522
1.4	项目间接效益			156	156	156	156	156	156	156
2	费用流量	2 145	3 250	1 747	1 718	1 689	1 660	1 631	1 602	1 602
2.1	建设投资中国内资金	2 145	3 250							
2.2	流动资金中国内资金									
2.3	经营费用			972	972	972	972	972	972	972

（续）

序号	项目	计算期								
		1	2	3	4	5	6	7	8	9
2.4	流到国外的资金			726	697	668	639	610	581	581
2.4.1	国外借款本金偿还			581	581	581	581	581	581	581
2.4.2	国外借款利息支付			145	116	87	58	29		
2.4.3	其他									
2.5	项目间接费用			49	49	49	49	49	49	49
3	国内投资净效益流量（1-2）	-2 145	-3 250	1 019	1 048	1 077	1 106	1 134	1 164	2 060

计算指标：国内投资经济内部收益率：10.7%；

国内投资经济净现值：138 万元；

项目国民经济效益费用流量见表 8-20。

表 8-20　项目国民经济效益费用流量表　　　　（单位：万元）

序号	项目	计算期								
		1	2	3	4	5	6	7	8	9
1	效益流量			2 766	2 766	2 766	2 766	2 766	2 766	3 662
1.1	营业收入			2 610	2 610	2 610	2 610	2 610	2 610	2 610
1.2	回收固定资产余值									374
1.3	回收流动资金									522
1.4	项目间接效益			156	156	156	156	156	156	156
2	费用流量	3 300	6 494	1 021	1 021	1 021	1 021	1 021	1 021	1 021
2.1	建设投资	3 300	5 000							
2.2	流动资金		522							
2.3	经营费用		972	972	972	972	972	972	972	972
2.4	项目间接费用			49	49	49	49	49	49	49
3	净效益流量	-3 300	-6 494	1 745	1 745	1 745	1 745	1 745	1 745	2 641

计算指标：项目经济内部收益率：6.8%；

项目经济净现值：-966 万元。

4. 国民经济评价的具体步骤

国民经济评价可以在财务评价基础上进行，也可以直接进行。

（1）在财务评价基础上进行国民经济评价的步骤

1）效益和费用范围的调整。

① 剔除已计入财务效益和费用中的转移支付。

② 识别项目的间接效益和间接费用，对能定量的应进行定量计算，不能定量的，应作定性描述。

2）效益和费用数值的调整。

① 固定资产投资的调整。剔除属于国民经济内部转移支付的引进设备、材料的关税

和增值税,并用影子汇率、影子运费和贸易费用对引进设备价值进行调整;对于国内设备价值则用其影子价格、影子运费和贸易费用进行调整。

根据建筑工程消耗的人工、三材、其他大宗材料、电力等,用影子工资、货物和电力的影子价格调整建筑费用,或通过建筑工程影子价格换算系数直接调整建筑费用。

若安装费中的材料费占很大比重,或有进口安装材料,也应按材料的影子价格调整安装费用。

用土地的影子费用代替占用土地的实际费用,剔除涨价预备费,调整其他费用。

② 流动资金的调整。调整由于流动资金估算基础的变动引起的流动资金占用量的变动。

③ 经营费用的调整。可以先用货物的影子价格、影子工资等参数调整费用要素,然后再加总求得经营费用。

④ 销售收入的调整。先确定项目产出物的影子价格,然后重新计算销售收入。

⑤ 在涉及外汇借款时,用影子汇率计算外汇借款本金与利息的偿付额。

3)编制项目的国民经济效益费用流量表(全部投资),并据此计算全部投资经济内部收益率和经济净现值指标。对使用国外贷款的项目,还应编制国民经济效益费用流量表(国内投资),并据此计算国内投资经济内部收益率和经济净现值指标。

4)对于产出物出口(含部分出口)或替代进口(含部分替代进口)的项目,编制经济外汇流量表和国内资源流量表,计算经济外汇净现值、经济换汇成本或经济节汇成本。

(2)直接做国民经济评价的步骤

1)识别和计算项目的直接效益,对那些为国民经济提供产出物的项目,首先应根据产出物的性质确定是否属于外贸货物,再根据定价原则确定产出物的影子价格。按照项目的产出物种类、数量及其逐年的增减情况和产出物的影子价格计算项目的直接效益。对那些为国民经济提供服务的项目,应根据提供服务的数量和用户的受益计算项目的直接效益。

2)用货物的影子价格、土地的影子费用、影子工资、影子汇率、社会折现率等参数直接进行项目的投资估算。

3)流动资金估算。

4)根据生产经营的实物消耗,用货物的影子价格、影子工资、影子汇率等参数计算经营费用。

5)识别项目的间接效益和间接费用,对能定量的应进行定量计算,对难于定量的,应作定性描述。

6)编制有关报表,计算相应的评价指标。

启示角

南水北调工程是目前我国覆盖面最广、投资额最大的一项工程,不仅仅是为了配置水资源,而且还影响到区域的均衡发展,关系到整个中华民族的未来。南水北调工程所带来的直接经济收益,以中线工程为例,据测算,该工程建设后,生活供水方面的经济收益在 0.993 元/m^3 左右,农业灌溉收益为 0.580 元/m^3,此外用于水产、菜田和苗圃方面的收益大概为 0.624 元/m³，这些直接经济收益每年高达 86.10 亿元。

同学们，从项目经济评价的综合角度思考南水北调工程除了带来直接的经济效益，对国家对社会还有哪些效益呢？你又有哪些启发？

南水北调工程将汉江水拦截抽调，这减少了汉江中下游发生洪水的可能性，既避免了洪水可能带来的损失，也减少了中下游地区为防洪而进行的投入，这属于南水北调工程的间接收益。

南水北调工程还带来了生态效益。华北地区因为长期缺水而抽取大量地下水使用，这破坏了当地的生态环境，尤其是影响了土壤微生物和动植物的生存。华北地区生活污水不断增多，而缺少天然水稀释净化，这加重了当地的水污染。南水北调之后，可以减少华北地区地下水的使用，并使之获得一定补给，大量的水资源输入还能够稀释净化华北地区的水污染，这些生态收益虽然难以用货币来计量，但不可小觑。

南水北调工程还为地区发展带来社会效益。通过南水北调，将我国的水资源进行优化配置，让有限的资源发挥出最大效益。该工程的实施还创造了大量就业岗位，尤其是对供水区来说，有利于促进当地就业。南水北调工程无疑使得水资源缺乏地区获得了充足的、更加洁净的水源，这也有利于提升地区人民的饮水质量，改善人民健康水平。这些社会效益同样无法以货币来衡量。

同学们，在做任何事情的时候要有大局观念，综合思考、分析问题。

单元 9　价 值 工 程

 单元目标

知识目标	技能目标	育人目标
掌握价值工程的基本概念、工程程序和工作方法	能够运用价值工程原理优化建设项目方案	1. 培养学生树立正确的价值观 2. 培养学生严谨求实的工作态度，践行社会主义核心价值观

 情境引入

某开发商拟开发一幢商住楼，有如下三种可行设计方案。

方案 A：结构方案为大柱网框架轻墙体系，采用预应力大跨度叠合楼板，墙体材料采用多孔砖及移动式可拆装式分室隔墙，窗户采用单框双玻璃钢塑窗，面积利用系数 93%，单方造价 1 437.58 元/m²。

方案 B：结构方案同 A 墙体，采用内浇外砌，窗户采用单框双玻璃空腹钢窗，面积利用系数 87%，单方造价 1 108 元/m²。

方案 C：结构方案采用砖混结构体系，采用多孔预应力板，墙体材料采用标准黏土砖。窗户采用玻璃空腹钢窗，面积利用系数 70.69%，单方造价 1 081.8 元/m²。

方案功能得分及重要系数见表 9-1。

表 9-1　方案功能得分及重要系数表

方案功能	方案功能得分			方案功能重要系数
	A	B	C	
结构体系 $F1$	10	10	8	0.25
模板类型 $F2$	10	10	9	0.05
墙体材料 $F3$	8	9	7	0.25
面积系数 $F4$	9	8	7	0.35
窗户类型 $F5$	9	7	8	0.10

问题：

（1）试应用价值工程方法选择最优设计方案。

（2）为控制工程造价和进一步降低费用，拟针对所选的最优设计方案的土建工程部分，以工程材料费为对象开展价值工程分析。将土建工程划分为 4 个功能项目，各功能项目评分值及其目前成本见表 9-2。按限额设计要求目标成本额应控制为 12 170 万元。

表 9-2 基础资料表

序 号	功能项目	功能评分	目前成本/万元
1	A. 桩基围护工程	11	1 520
2	B. 地下室工程	10	1 482
3	C. 主体结构工程	35	4 705
4	D. 装饰工程	38	5 105
合计		94	12 812

试分析各功能项目的目标成本及成本可能降低的幅度，并确定出功能改进顺序。

课题 1 价值工程概述

9.1.1 价值工程

价值工程（Value Engineering，简称 VE），也称价值分析（Value Analysis，简称 VA），是指以产品或作业的功能分析为核心，以提高产品或作业的价值为目的，力求以最低寿命周期成本实现产品或作业使用所要求的必要功能的一项有组织的创造性活动，有些人也称其为功能成本分析。价值工程涉及价值、功能和寿命周期成本三个基本要素。价值工程是一门工程技术理论，其基本思想是以最少的费用换取所需要的功能。

知识链接

价值工程发展历史上的第一件事情是美国通用电气（GE）公司的石棉事件。"二战"期间，美国市场原材料供应十分紧张，GE 急需石棉板，但该产品的货源不稳定，价格昂贵，时任 GE 工程师的 Miles 开始针对这一问题研究材料代用问题，通过对公司使用石棉板的功能进行分析，发现其用途是铺设在给产品喷漆的车间地板上，以避免涂料沾污地板引起火灾，后来，Miles 在市场上找到一种防火纸，这种纸同样可以起到以上作用，并且成本低，容易买到，取得很好的经济效益，这是最早的价值工程应用案例。

9.1.2 价值、功能和成本

1. 价值

（1）定义。价值工程中所说的"价值"有其特定的含义，与哲学、政治经济学、经济学等学科关于价值的概念有所不同。价值工程中的"价值"就是一种"评价事物有益程度的尺度"。价值高说明该事物的有益程度高、效益大、好处多；价值低则说明有益程度低、效益差、好处少。例如，人们在购买商品时，总是希望"物美且价廉"，即花费最少的代价换取最多、最好的商品。价值工程把"价值"定义为："对象所具有的功能与获得该功能的全部费用之比"，即

$$V=F/C \tag{9-1}$$

式中　V——研究对象的价值；
　　　F——研究对象的功能；
　　　C——研究对象的成本，即寿命周期成本。

(2) 提高价值的途径。提高价值的基本途径有以下 5 种：
① 功能不变，成本降低，价值提高；
② 成本不变，功能提高，价值提高；
③ 功能提高的幅度高于成本增加的幅度；
④ 功能降低的幅度小于成本降低的幅度；
⑤ 功能提高，成本降低，价值大大提高。

2. 功能

价值工程认为，功能对于不同的对象有着不同的含义：对于物品来说，功能就是它的用途或效用；对于作业或方法来说，功能就是它所起的作用或要达到的目的；对于人来说，功能就是他应该完成的任务；对于企业来说，功能就是它应为社会提供的产品和效用。价值工程中的功能是对象能够满足某种需求的一种属性。任何产品都具有功能，如住宅的功能是提供居住空间，建筑物基础的功能是承受荷载。

功能用 F 表示，指产品或劳务的性能或用途，即所承担的职能，其实质是产品的使用价值。

3. 成本

价值工程的成本是指产品在整个寿命周期过程中所发生的费用，称为寿命周期成本，包括生产成本和使用成本两部分，如图 9-1 所示。

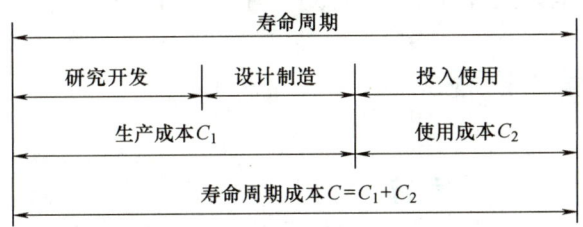

图 9-1 寿命周期成本组成图

生产成本是指产品在研制和生产阶段上所发生的费用，包括产品的科研、试验、设计、试制及生产的费用。

使用成本是指产品投入使用后所发生的费用，包括产品使用过程中的能源消耗、维修费用和管理费用。

产品的寿命周期与产品的功能有关，这种关系的存在，决定了寿命周期费用存在最低值，如图 9-2 所示。

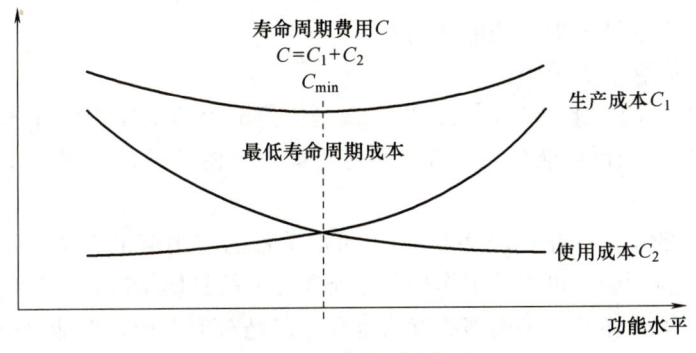

图 9-2 寿命周期费用曲线

小知识

建设项目的全寿命周期涵盖了从项目前期可行性研究、投资决策开始,经过工程设计、施工安装竣工投产,直至项目生产期末的全过程。因此,对建设项目的评价,应充分考虑该项目在整个寿命周期内的成本费用。

9.1.3 价值工程的特点

价值工程涉及价值、功能和寿命周期成本三个基本要素。价值工程具有以下特点:

1)价值工程的目标是以最低的寿命周期成本,使产品具备它所必须具备的功能。在一定范围内,产品的生产成本和使用成本存在此消彼长的关系。寿命周期成本为最小值 C_{min} 时,所对应的功能水平是仅从成本方面考虑的最适宜功能水平。

2)价值工程的核心是对产品进行功能分析。价值工程分析产品,首先不是分析其结构,而是分析其功能。在分析功能的基础上,再去研究结构、材质等问题。

3)价值工程将产品价值、功能和成本作为一个整体同时考虑。

4)价值工程强调不断改革和创新。

5)价值工程要求将功能定量化,即将功能转化为能够与成本直接相比的量化值。

6)价值工程是以集体的智慧开展有计划、有组织的管理活动。

课题 2　价值工程工作程序

9.2.1　价值工程的一般工作程序

价值工程已发展成为一项比较完善的管理技术,在实践中已形成了一套科学的工作实施程序。这套实施程序实际上是发现矛盾、分析矛盾和解决矛盾的过程,通常是围绕以下 7 个合乎逻辑程序的问题展开的:

1)这是什么?
2)这是干什么用的?
3)它的成本是多少?
4)它的价值是多少?
5)有其他方法能实现这个功能吗?
6)新的方案成本是多少?功能如何?
7)新的方案能满足要求吗?

按顺序回答和解决这七个问题的过程,就是价值工程的工作程序和步骤。即:选定对象,收集情报资料,进行功能分析,提出改进方案,分析和评价方案,实施方案,评价活动成果。

价值工程的一般工作程序见表 9-3。由于价值工程的应用范围广泛,其活动形式也不尽相同,因此在实际应用中,可参照工作程序,根据对象的具体情况,应用价值工程的基本原理和思想方法,考虑具体的实施措施和方法步骤。但是对象选择、功能分析、功能评价和方案创新与评价是工作程序的关键内容,体现了价值工程的基本原理和思想,是不可缺少的。

表 9-3 价值工程一般工作程序

价值工程工作阶段	设计程序	工作步骤 基本步骤	工作步骤 详细步骤	价值工程对应问题
准备阶段	制订工作计划	选择研究对象	1. 对象选择	1. 这是什么？
			2. 信息搜集	
分析阶段	规定评价（功能要求事项实现程度的）标准	功能分析	3. 功能定义	2. 这是干什么用的？
			4. 功能整理	
		功能评价	5. 功能成本分析	3. 它的成本是多少？
			6. 功能评价	4. 它的价值是多少？
			7. 确定改进范围	
创新阶段	初步设计（提出各种设计方案）	制定改进方案	8. 方案创造	5. 有其他方法实现这一功能吗？
	评价各设计方案，对方案进行改进、选优		9. 概略评价	
			10. 调整完善	6. 新方案的成本是多少？
			11. 详细评价	
	书面化		12. 提出提案	7. 新方案能满足功能要求吗？
实施阶段	检查实施情况并评价活动成果	实施评价成果	13. 审批	8. 偏离目标了吗？
			14. 实施与检查	
			15. 成果鉴定	

9.2.2 价值分析对象选择

价值工程的主要途径是进行分析，选择对象是在总体中确定功能分析的对象。它是根据企业、市场的需要，从得到效益出发来分析确定的。

1. 选择的一般原则

选择对象的原则主要根据企业的发展方向、市场预测、用户反映、存在问题、薄弱环节以及提高劳动生产率、提高质量降低成本的目标来决定对象。

（1）从设计上看。结构复杂的、重量大的、尺寸大的、材料贵的、性能差的、技术水平低的部分。

（2）从生产上看。产量多的、工艺复杂的、原材料消耗高的、成品率低、废品率高的部分。

（3）从销售上看。用户意见多的、竞争能力差的、卖不出去的、处于市场饱和状态的、如不改进就要亏本的。

（4）从成本上看。成本比同类产品成本高，价值低于竞争的产品，在产品成本构成中高的构成部分。

2. 选择研究对象的方法

价值工程对象选择的方法有多种，常用的方法有以下几种。

（1）因素分析法。又称经验分析法，是指根据价值工程对象选择应考虑的各种因素，凭借分析人员的经验，集体研究确定选择对象的一种方法。

因素分析法是一种定性分析方法,依据分析人员经验做出选择,简便易行。特别是在被研究对象彼此相差比较大以及时间紧迫的情况下比较适用。因素分析法的缺点是缺乏定量依据、准确性较差。

使用该方法时,要选择熟悉业务、经验丰富、对生产和技术有综合了解的人员。该方法应与其他定量方法结合起来运用,能够正确地选择价值工程研究对象。

(2) ABC分析法。又称重点选择法或不均匀分布定律法。在价值工程中,这种方法的基本思路是:首先将一个产品的各种部件(或企业各种产品)按成本的大小由高到低排列起来,然后将占总成本70%~80%而占零部件总数10%~20%的零部件划分为A类部件;将占总成本5%~10%而占零部件总数60%~80%的零部件划分为C类;其余为B类。其中A类零部件是价值工程的主要研究对象,如图9-3所示。

但在实际工作中,有时由于成本分配不合理,造成成本比重不大但用户认为功能重要的对象可能被漏选或排序推后。ABC分析法的这一缺点可以通过经验分析法、强制确定法等方法补充修正。

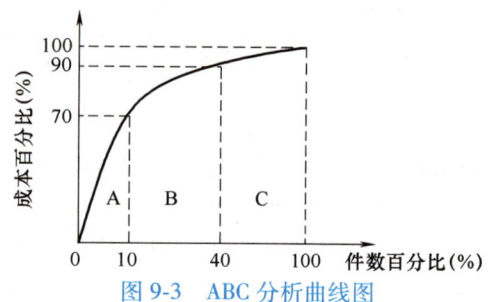

图9-3 ABC分析曲线图

(3) 强制确定法。强制确定法是以功能的重要程度作为选择价值工程对象的一种分析方法。具体做法是:先求出分析对象的成本系数、功能系数,然后得出价值系数,以揭示出分析对象的功能与成本之间是否相符。如果不相符,价值低的则被选为价值工程的研究对象。

(4) 百分比分析法。这是一种通过分析某种费用或资源对企业的某个技术经济指标的影响程度的大小(百分比),来选择价值工程对象的方法。

【例9-1】 某建筑施工企业有六种建筑产品,他们的成本和利润的百分比见表9-4。

表9-4 成本、利润百分比表

指标/产品	A	B	C	D	E	F
成本比重(%)	58.7	7.1	3.6	19.9	5.7	5.0
利润比重(%)	60.9	7.7	5.3	6.5	9.9	8.7

从表9-4可以看出,D产品的成本占总成本的19.9%,但其利润只占总利润的6.5%,所以D产品应作为价值工程的重点研究对象。

(5) 价值指数法。这是通过比较各个对象(或零部件)之间的功能水平位次和成本位次,寻找价值较低的对象(零部件),并将其作为价值工程研究对象的一种方法。

3. 信息资料搜集

当价值工程活动的对象选定以后,就要进一步开展信息资料收集工作,这是价值工程不可缺少的重要环节。通过信息资料的收集,可以得到价值工程活动的依据、标准和对比的对象;通过对比又可以受到启发,打开思路,发现问题,找出差距,以明确解决问题的方向、方针和方法。

开展价值工程活动所需的信息资料,应视具体情况而定。对于产品分析来说,一般应搜集以下几个方面的资料。

（1）用户方面的信息资料。搜集用户对研究对象的各种意见和建议。如研究对象为某种类型的住宅，搜集用户对这类住宅的质量、房型、结构、环境、交通等方面的意见和建议。

（2）市场销售方面的信息资料。搜集销售人员、消费者对研究对象的各种反馈意见。

（3）技术方面的信息资料。搜集同类产品的技术资料，将研究对象的技术资料与同类产品的技术资料对比，找出研究对象的技术水平与同类产品的差距，以便于研究对象的功能分析。如研究对象为某种类型的住宅，搜集这类优秀住宅的房型、总体规划、新的施工技术和方法等方面的资料。

（4）经济方面的信息资料。搜集同类产品的价格、成本、成本构成情况和各项经济指标等资料，将研究对象的经济资料与同类产品的经济资料比较，找出研究对象的成本指标高于同类产品成本指标的原因，以便于研究对象的成本分析。如研究对象为多层住宅的基础部分，需要搜集一些成本控制较好的多层住宅基础部分的成本构成和成本构成比例等相关资料。

（5）本企业的基本资料。搜集研究对象所在企业的经营方针，企业内部的生产经营状况、组织管理能力、销售情况和产品成本等方面的资料。

（6）环境保护方面的信息资料。搜集与研究对象相关的环境保护现状、"三废"状况、"三废"处理方法和国家法规标准等资料。

（7）外协方面的信息资料。搜集外部协作单位的状况，外部协作单位提供的材料、构件的品种、数量、质量、价格等方面的资料。

（8）政府和社会有关部门的法规、条例等方面的信息资料。根据国家有关法规、条例、政策以及环境保护、社会公害等影响产品的资料。

对上述几个方面搜集到的信息资料进行整理，对功能分析和功能评价有用的资料保留下来，剔除一些无效的资料。

9.2.3　功能分析

功能分析是价值工程活动的核心和基本内容。它通过对信息资料的分析，给予研究对象功能准确的定义，明确研究对象功能的特性要求，将功能进行整理，并绘制功能系统图。功能分析包括功能定义、功能整理等内容。通过功能分析，回答对象"是干什么用的"提问，从而准确地掌握用户的功能要求。

1. 功能定义

用简洁的语言说明研究对象整体和组成部分的功能，回答"这是什么"和"它是干什么用的"。根据功能的不同特性，可将功能从不同的角度进行分类：

（1）按功能的重要程度分类。产品的功能一般可分为基本功能和辅助功能两类。

（2）按功能的性质分类。产品的功能可分为使用功能和美学功能。使用功能是从功能的内涵反映其使用属性，是一种动态功能。美学功能是从产品的外观反映功能的艺术属性，是一种静态的外观功能。

（3）按用户的需求分类。功能可分为必要功能和不必要功能。必要功能是指用户所要求的功能以及与实现用户所需求功能有关的功能，使用功能、美学功能、基本功能、辅助功能等均为必要功能；不必要功能是不符合用户要求的功能，又包括三类：一是多余功能，二是重复功能，三是过剩功能。

（4）按功能的量化标准分类。产品的功能可分为过剩功能与不足功能。

总之，用户购买一项产品，其目的不是为了获得产品本身，而是通过购买该项产品来获得其所需要的功能。因此，价值工程中的功能，一般是指必要功能。

2. 功能整理

（1）功能整理的目的。功能整理是用系统的观点将已经定义了的功能加以系统化，找出各局部功能相互之间的逻辑关系，并用图表形式表达，以明确产品的功能系统，从而为功能评价和方案构思提供依据。通过功能整理，应满足以下要求：

1）明确功能范围。

2）检查功能之间的准确程度。

3）明确功能之间上下位关系和并列关系，即功能之间的目的和手段关系。

（2）功能整理的一般程序。功能整理的主要任务就是建立功能系统图。因此，功能整理的过程也就是绘制功能系统图的过程，其工作程序如下：

1）编制功能卡片。

2）选出最基本的功能。

3）明确各功能之间的关系。逐个研究功能之间的关系，也就是找出功能之间的上下位关系。

4）对功能定义作必要的修改、补充和取消。

5）按上下位关系，将经过调整、修改和补充的功能，排列成功能系统图，如图9-4所示。

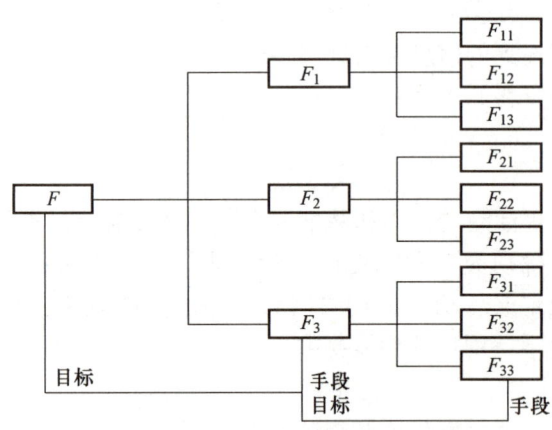

图 9-4 功能系统图

在图9-4中，从整体功能 F 开始，由左向右逐级展开，在位于不同级的相邻两个功能之间，左边的功能（上级）是右边功能（下级）的目标，而右边的功能（下级）是左边功能（上级）的手段。

9.2.4 功能评价

通过功能分析与整理明确必要功能后，价值工程的下一步工作就是功能评价。功能评价,即评定功能的价值,是指找出实现功能的最低费用作为功能的目标成本(又称功能评价值),以功能目标成本为基准,通过与功能现实成本的比较,求出两者的比值(功能价值)和两者的差异值(改善期望值),然后选择功能价值低、改善期望值大的功能作为价值工程活动的重点对象。

功能评价的程序,如图9-5所示。

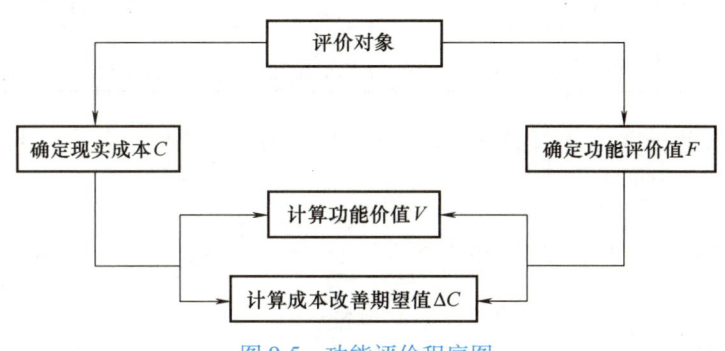

图9-5　功能评价程序图

1. 功能现实成本 C 的计算

1)功能现实成本的计算。功能现实成本的计算与一般的传统成本核算既有相同点,也有不同之处。两者相同点是指它们在成本费用的构成项目上是完全相同的,而两者的不同之处在于功能现实成本的计算是以对象的功能为单位,而传统的成本核算是以产品或零部件为单位。因此,计算功能的现实成本,就是采用适当方法将零部件成本转移分配到功能中去。具体有以下4种情况。

① 当一个零部件只实现一项功能,且这项功能只由这个零部件实现时,零部件的成本就是功能的现实成本。

② 当一项功能由多个零部件实现,且这多个零部件只实现这项功能时,这多个零部件的成本之和就是该功能的现实成本。

③ 当一个零部件实现多项功能,且这多项功能只由这个零部件实现时,则该零部件实现各功能所起作用的比重将成本分配到各项功能上去,即为各功能的现实成本。

④ 更多的情况是多个零部件交叉实现了多项功能,且这多项功能只能由这多个零部件的交叉才能实现。此时,计算各功能的现实成本,可通过填表进行。首先将各零部件成本按该零部件对实现各功能所起作用的比重分配到各项功能上去,然后将各项功能从有关零部件分配到的成本相加,便可得出各功能的现实成本。

当然,零部件对实现功能所起作用的比重,可以请几位有经验的人员集体研究确定,或者采用评分方法确定。

【例9-2】　某产品具有 $F_1 \sim F_6$ 六项功能,由四种零部件实现,功能现实成本计算见表9-5。在表9-5中,丙零部件对实现 F_4、F_6 两项功能所起的作用分别为66.6%和33.4%,故功能 F_4 分配成本为 66.6%×60=40 元,F_6 分配成本为 33.4%×60=20 元。按此方法将所有的零部件成本分配到有关功能中去,再按照功能进行相加,即可以得出 $F_1 \sim F_6$ 五种功能的现实成本 $C_1 \sim C_6$。

表 9-5　功能现实成本计算表

序号	零部件名称	成本/元	功能区或功能领域					
			F_1	F_2	F_3	F_4	F_5	F_6
1	甲	300	100		100			100
2	乙	500		50	150	200		100
3	丙	60				40		20
4	丁	140	50	40			50	
合计		C	C_1	C_2	C_3	C_4	C_5	C_6
		1 000	150	90	250	240	50	220

2) 成本指数的计算。成本指数是指评价对象的现实成本在全部成本中所占的比率。其计算见式（9-2）：

$$第\,i\,个评价对象的成本指数\,C_I = \frac{第\,i\,个评价对象的现实成本\,C_i}{全部成本} \tag{9-2}$$

2. 功能评价值 F 的计算

对象的功能评价值 F（目标成本）是指可靠地实现用户要求功能的最低成本。

功能重要性系数评价法是一种根据功能重要性系数确定功能评价值的方法。这种方法是把功能划分为几个功能区（即子系统），并根据各功能区的重要程度和复杂程度，确定各个功能区在总功能中所占的比重，即功能重要性系数。然后将产品的目标成本按功能重要性系数分配给各功能区作为该功能区的目标成本，即功能评价值。

（1）确定功能重要性系数。功能重要性系数又称功能评价系数或功能指数，是指评价对象（如零部件等）的功能在整体功能中所占的比率。确定功能重要性系数的关键是对功能进行打分，常用的打分方法有强制打分法（0~1 评分法或 0~4 评分法）、多比例评分法、逻辑评分法、环比评分法等。

1) 环比评分法又称 DARE 法。这是一种通过确定各因素的重要性系数来评价和选择创新方案的方法。具体做法如下：

① 根据功能系统图决定评价功能的级别，确定功能区。

② 对上下相邻两项功能的重要性进行对比打分，所打的分作为暂定重要性系数。

③ 令最后一个被比较的功能的重要程度为 1，对暂定重要性系数依次进行修正。

④ 计算各功能区的重要性系数。

环比评分法具体过程见表 9-6。

表 9-6　功能重要性系数计算表（一）

功能区	功能重要性评价		
	暂定重要性系数	修正重要性系数	功能重要性系数
(1)	(2)	(3)	(4)
F_1	1.5 ($F_1:F_2$)	6.0×1.5=9.0	0.47
F_2	2.0 ($F_2:F_3$)	3.0×2.0=6.0	0.32
F_3	3.0 ($F_3:F_4$)	1.0×3.0=3.0	0.16
F_4		1.0	0.05
合计		19.0	1.00

环比评分法适用于各个评价对象之间有明显的可比关系，能直接对比，并能准确地评定功能重要程度比值的情况。

2) 强制评分法又称 FD 法，包括 0~1 评分法和 0~4 评分法两种方法。它是采用一定的评分规则，采用强制对比打分来评定评价对象的功能重要性。

① 0~1 评分法。

该评分方法要求两个功能相比，相对重要的得 1 分，相对不重要的得 0 分。

【例 9-3】 某产品由 A、B、C、D、E 五个零部件组成，其各个零部件的功能重要性如下：A 比 C、D、E 重要，但没有 B 重要；B 比 C、D、E 重要；C 比 E 重要；D 比 C、E 重要。用 0~1 评分法，计算各零部件的功能重要性系数。

解：（1）列表计算（表 9-7）。

表 9-7 功能重要性系数计算表（二）

评价对象	A	B	C	D	E	功能总分 (1)	修正得分 (2)=(1)+1	功能重要性系数 (3)=(2)/∑(2)
A	×	0	1	1	1	3	4	0.266 7
B	1	×	1	1	1	4	5	0.333 3
C	0	0	×	0	1	1	2	0.133 3
D	0	0	1	×	1	2	3	0.200 0
E	0	0	0	0	×	0	1	0.066 7
合计						10	15	1.00

（2）0~4 评分法。0~1 评分法中的重要程度差别仅为 1 分，不能拉开档次。为弥补这一不足，将分档扩大为 4 级，其打分矩阵仍同 0~1 评分法。档次划分如下：

F_1 比 F_2 重要得多： F_1 得 4 分，F_2 得 0 分；
F_1 比 F_2 重要： F_1 得 3 分，F_2 得 1 分；
F_1 与 F_2 同等重要： F_1 得 2 分，F_2 得 2 分；
F_1 不如 F_2 重要： F_1 得 1 分，F_2 得 3 分；
F_1 远不如 F_2 重要： F_1 得 0 分，F_2 得 4 分。

【例 9-4】 有关专家决定从五个方面（分别以 F_1、F_2、F_3、F_4、F_5 表示）对各功能的重要性达成以下共识：F_2 与 F_3 同样重要，F_4 与 F_5 同样重要，F_1 相对于 F_4 很重要，F_1 相对于 F_2 较重要。用 0~4 评分法，计算各功能重要性系数。

解：列表计算（表 9-8）。

表 9-8 功能重要性系数计算表（三）

评价对象	F_1	F_2	F_3	F_4	F_5	功能得分 (1)	功能重要性系数 (2)=(1)/∑(1)
F_1	×	3	3	4	4	14	0.350
F_2	1	×	2	3	3	9	0.225
F_3	1	2	×	3	3	9	0.225
F_4	0	1	1	×	2	4	0.100
F_5	0	1	1	2	×	4	0.100
合计						40	1.00

强制确定法适用于被评价对象在功能重要程度上的差异不太大,并且评价对象子功能数目不太多的情况。

$$第i个评价对象的功能指数 F_I = \frac{第i个评价对象的功能得分值 F_i}{全部功能得分值} \quad (9-3)$$

(2) 确定功能评价值 F。功能评价值的计算,首先根据尽可能搜集到的同行业、同类产品的成本资料,从中寻找实现必要功能的该产品的最低成本,作为该产品总的目标成本,然后将该产品的目标成本按照已有的功能重要性系数加以分配计算,求得各功能区的功能评价值,并以此功能评价值作为功能的目标成本。

【例9-5】 某产品由A、B、C、D、E五个功能区域组成,其各个功能重要性系数见表9-7。已知该产品总的目标成本为1 200元,计算五个功能的功能评价值。

解:计算过程见表9-9。

表 9-9 功能评价值计算表

功能区域 (1)	功能重要性系数 (2)	功能评价值 F(或目标成本) (3)=(2)×1 200元
A	0.266 7	320.04
B	0.333 3	399.96
C	0.133 3	159.96
D	0.200 0	240
E	0.066 7	80.04
合计	1.00	1 200

3. 功能价值 V 的计算及分析

(1) 功能成本法。功能成本法又称绝对值法,是用实现应有功能所必须消耗的最低成本(即功能评价值)与实现应有功能所耗费的现实成本的比值,计算功能价值系数和成本降低期望值,确定价值工程的改进对象。用公式表达见式(9-4):

$$第i个评价对象的价值系数 V = \frac{第i个评价对象的功能评价值 F}{第i个评价对象的现实成本 C} \quad (9-4)$$

式(9-4)为价值评价的量化形式,而成本评价是通过分析测算成本降低期望值。成本评价的表达见式(9-5):

$$\Delta C = C - F = C - C_{目标} \quad (9-5)$$

式中 F——功能评价值;

C——功能现实成本;

$C_{目标}$——功能目标成本;

ΔC——成本降低期望值。

一般可采用表9-10的形式进行定量分析。

根据上述计算公式,功能的价值系数计算结果有以下三种情况:

1) $V=1$,即功能评价值等于功能现实成本,一般无需改进。

2) $V<1$,即功能现实成本大于功能评价值。表明评价对象的现实成本偏高,而功能要求不高。这时,一种可能是由于存在着过剩的功能,另一种可能是功能虽无过剩,但实现功能的条件或方法不佳,以致使实现功能的成本大于功能的实际需要。这两种情况都应

列入功能改进的范围，并且以剔除过剩功能及降低现实成本为改进方向，使成本与功能比例趋于合理。

表 9-10　功能评价值与价值系数计算表

序号	项目 子　项　目	功能重要性 系数①	功能评价值 ②=目标成本×①	现实成本 ③	价值系数 ④=②/③	改善幅度 ⑤=③-②
1	A					
2	B					
3	C					
…	…					
合计						

3）$V>1$，即功能现实成本低于功能评价值，表明该部件功能比较重要，但分配的成本较少。此时，应进行具体分析，功能与成本的分配可能已较理想，或者有不必要的功能，或者应该提高成本。

【例 9-6】 某建筑物的土建工程划分为 A、B、C、D 四个功能区域，各功能现实成本和目标成本见表 9-11。计算各功能区域的价值系数和成本降低期望值。

表 9-11　各功能现实成本和目标成本表

功能区域	现实成本/万元	目标成本/万元	功能区域	现实成本/万元	目标成本/万元
A	1 520	1 295	D	5 105	4 920
B	1 482	1 424	合计	12 812	12 170
C	4 705	4 531			

解： 根据计算公式（9-4），分子中某评价对象的功能评价值 F 也可用功能的目标成本代替，则计算各功能区域的价值系数和成本降低期望值，见表 9-12。

表 9-12　各功能区域价值工程计算表

功能区域	现实成本/万元 （1）	目标成本/万元 （2）	价值系数 V （3）=（2）/（1）	成本降低期望值/万元 （4）=（1）-（2）
A	1 520	1 295	0.852 0	225
B	1 482	1 424	0.960 9	58
C	4 705	4 531	0.963 0	174
D	5 105	4 920	0.963 8	185
合计	12 812	12 170		642

（2）功能指数法。功能指数法又称相对值法，是通过评定各对象功能的重要程度，用功能指数来表示其功能程度的大小，然后将评价对象的功能指数与相对应的成本指数进行比较，得出该评价对象的价值指数。用公式表达为：

$$第 i 个评价对象的价值系数 V_I = \frac{第 i 个评价对象的功能指数 F_I}{第 i 个评价对象的成本指数 C_I} \tag{9-6}$$

一般可采用表 9-13 的形式进行定量分析。

表 9-13 价值指数计算表

零部件名称	功能指数①	现实成本/元②	成本指数③	价值指数④=①/③
A				
B				
C				
…				
合计	1.00		1.00	

价值指数的计算结果有以下三种情况：

1）$V_I=1$。此时评价对象的功能比重与成本比重大致平衡，合理匹配，可以认为功能的现实成本是比较合理的。

2）$V_I<1$。此时评价对象的成本比重大于其功能比重，表明相对于系统内的其他对象而言，目前所占的成本偏高，从而会导致该对象的功能过剩。应将评价对象列为改进对象，改善方向主要是降低成本。

3）$V_I>1$。此时评价对象的成本比重小于其功能比重。出现这种结果的原因可能有三种：第一，由于现实成本偏低，不能满足评价对象实现其应具有的功能要求，致使对象功能偏低，这种情况应列为改进对象，改善方向是增加成本；第二，对象目前具有的功能已经超过其应该具有的水平，也即存在过剩功能，这种情况也应列为改进对象，改善方向是降低功能水平；第三，对象在技术、经济等方面具有某些特征，在客观上存在着功能很重要而需要消耗的成本却很少的情况，这种情况一般不列为改进对象。

4. 确定 VE 对象的改进范围

确定对象改进范围的原则如下：

① F/C 值低的功能区域。
② $\Delta C=C-F$ 值大的功能区域，当 ΔC 大于零时，ΔC 大者为优先改进对象。
③ 复杂的功能。
④ 问题多的功能。

 情境引入分析

问题 1：运用价值工程的方法、过程和原理进行设计方案评价选优。

分别计算各方案的功能指数、成本指数和价值指数，并根据价值指数选择最优方案。

（1）计算各方案的功能指数，见表 9-14。

表 9-14 功能因素评分与功能指数计算表

功能因素	重要系数	方案功能得分加权值			合计
		A	B	C	
F_1	0.25	0.25×10=2.5	0.25×10=2.5	0.25×8=2.0	合计
F_2	0.05	0.05×10=0.5	0.05×10=0.5	0.05×9=0.45	
F_3	0.25	0.25×8=2.0	0.25×9=2.25	0.25×7=1.75	
F_4	0.35	0.35×9=3.15	0.35×8=2.8	0.35×7=2.45	
F_5	0.1	0.1×9=0.9	0.1×7=0.7	0.1×8=0.8	
方案加权平均总分		9.05	8.75	7.45	25.25
功能指数		9.05/25.25=0.358	0.347	0.295	1.00

(2) 计算各方案的成本指数, 见表9-15。

表 9-15　各方案成本指数计算表

方案名称	造价/(元/m²)	成本指数
A	1 437.47	0.396 3
B	1 108	0.305 5
C	1 081.8	0.298 2
合计	3 627.28	1.00

(3) 计算各方案价值指数, 见表9-16。

表 9-16　各方案价值指数计算表

方案名称	功能指数	成本指数	价值指数	选优
A	0.358	0.396 3	0.903	
B	0.347	0.305 5	1.136	最优
C	0.295	0.298 2	0.989	

根据对 A、B、C 方案进行价值工程分析, B 方案价值指数最高, 为最优方案。

问题2: 根据表9-2所列数据, 分别计算桩基维护工程、地下室工程、主体结构工程和装饰工程的功能指数、成本指数和价值指数, 再根据给定的总目标成本额, 计算各工程内容的目标成本额, 从而确定其成本降低额度。

根据表9-2, A 功能项目的评分为11, 功能指数 $F = 11/94 = 0.117\ 0$; 目前成本为1 520, 成本指数 $C = 1\ 520/12\ 812 = 0.118\ 6$; 价值指数 $V = F/C = 0.117/0.118\ 6 = 0.986\ 5 < 1$, 成本比重偏高, 需作重点分析, 寻找降低成本途径。根据功能指数 0.117 0, 目标成本只能确定为 $12\ 170 \times 0.117\ 0 = 1\ 423.89$ 万元, 需成本降低幅度 $1\ 520 - 1\ 423.89 = 96.11$ 万元。其他功能项目的分析同理, 按功能指数计算目标成本及成本降低幅度, 计算结果见表9-17。

表 9-17　成本降低幅度表

序号	功能项目	功能评分	功能指数	目前成本	成本指数	价值指数	目标成本	成本降低幅度
1	A. 桩基围护工程	11	0.117	1 520	0.118 6	0.986 5	1 423.89	96.11
2	B. 地下室工程	10	0.106 4	1 482	0.115 7	0.919 6	1 294.89	187.11
3	C. 主体结构工程	35	0.372 3	4 705	0.367 2	1.013 9	4 530.89	174.11
4	D. 装饰工程	38	0.404 3	5 105	0.398 5	1.014 6	4 920.33	184.67
	合计	94	1	12 812	1		12 170	642

由表9-17的计算结果可知, 桩基维护工程、地下室工程、主体结构工程和装饰工程均应通过适当的方式降低成本。根据成本降低额度的大小及价值指数偏离"1"的远近程度, 功能改进顺序依次是地下室工程、装饰工程、主体结构工程、桩基围护工程。

9.2.5　方案创新及评价

在确定了功能改进对象以后, 下一步工作就是要创造出新的方案代替原方案, 并对创新方案进行评价，使其尽可能在保证改进对象必要功能的前提下消耗最低成本。

1. 方案创新

方案创新是从提高对象的功能价值出发，针对应改进的具体目标，依据已建立的功能系统图、功能特性和功能现实成本，通过创造性的思维活动，提出能够可靠实现必要功能的新方案。方案创新的着重点，应放在改进和创新实现上位功能（即总功能）的手段下，因为上位功能的变动比下位功能的变动更能取得较大的效果。

方案创新可以采取各种方法，比较常用的方法有以下几种：

（1）头脑风暴法（Brain Storming，BS）。头脑风暴法是指自由奔放地思考问题。具体地说，就是由对改进对象有较深了解的人员组成的小集体在非常融洽和不受任何限制的气氛中进行讨论、座谈、打破常规、积极思考、互相启发、集思广益，提出创新方案。这种方法可使获得的方案新颖、全面、富于创造性，并可以防止片面和遗漏。

（2）歌顿（Gorden）法。这个方法也是在会议上提方案，但究竟研究什么问题，目的是什么，只有会议的主持人知道，以免其他人受约束。

这种方法的指导思想是把要研究的问题适当抽象，以利于开拓思路。在研究到新方案时，会议主持人开始并不全部摊开要解决的问题，而是只对大家作一番抽象笼统的介绍，要求大家提出各种设想，以激发出有价值的创新方案。

（3）专家意见法。这种方法又称德尔菲（Delphi）法，是由组织者将研究对象的问题和要求，寄给若干有关专家，使他们在互不商量的情况下提出各种建议和设想，专家返回设想意见，经整理分析后，归纳出若干较合理的方案和建议，再寄给有关专家征求意见，再回收整理，如此经过几次反复后专家意见趋向一致，从而最后确定出新的功能实现方案。这种方法的特点是专家们彼此不见面，研究问题时间充裕，可以无顾虑、不受约束地从各种角度提出意见和方案。缺点是花费时间较长，缺乏面对面的交谈和商议。

（4）专家检查法。这种方法是由主管设计的工程师根据功能分析的要求做出新的设计方案，提出完成该方案所需要的功能和具体的生产工艺，然后邀请各方面的专家，按照生产和管理的先后顺序对新的设计方案进行审查，并对审查出的问题进行修改，最终确定出创新方案。

2. 方案评价

在方案创造阶段提出的设想和方案是多种多样的，能否付诸实施，就必须对各个方案的优缺点和可行性进行分析、比较、论证和评价，并在评价过程中进一步完善有希望的方案。方案评价包括概略评价和详细评价两个阶段。其评价内容包括技术评价、经济评价、社会评价以及综合评价，如图9-6所示。

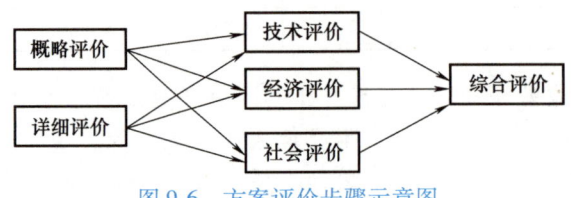

图9-6 方案评价步骤示意图

在对方案进行评价时，无论是概略评价还是详细评价，一般可先做技术评价，再分别进行经济评价和社会评价，最后进行综合评价。

（1）概略评价。概略评价是对方案创新阶段提出的各个方案设想进行初步评价，目的是淘汰那些明显不可行的方案，筛选出少数几个价值较高的方案，以供详细评价做进一步的分析。概略评价的内容包括以下几个方面。

1）技术可行性方面，应分析和研究创新方案能否满足所要求的功能及其本身在技术上能否实现。

2）经济可行性方面，应分析和研究产品成本能否降低和降低的幅度，以及实现目标成本的可能性。

3）社会评价方面，应分析研究创新方案对社会利害影响的大小。

4）综合评价方面，应分析和研究创新方案能否使价值工程活动对象的功能和价值有所提高。

（2）详细评价。详细评价是在掌握大量数据资料的基础上，对通过概略评价的少数方案，从技术、经济、社会三个方面进行详尽的评价分析，为提案的编写和审批提供依据。详细评价的内容包括以下几个方面。

1）技术可行性方面，主要以用户需要的功能为依据，对创新方案的必要功能条件实现的程度做出分析评价。特别对产品或零部件功能的实现程度（包括性能、质量、寿命等）、可靠性、维修性、操作性、安全性以及系统的协调性进行评价。

2）经济可行性方面，主要考虑成本、利润、企业经营的要求；创新方案的使用期限与数量；实施方案所需费用、节约额与投资回收期以及实现方案所需的生产条件等。

3）社会评价方面，主要研究和分析创新方案给国家和社会带来的影响（如环境污染、生态平衡、国民经济效益等）。

4）综合评价方面，是在上述3种评价的基础上，对整个创新方案的诸多因素做出全面系统的评价。为此，首先要明确规定评价项目，即确定评价所需的各种指标和因素；然后分析各个方案对每一评价项目的满足程度；最后再根据方案对各评价项目的满足程度来权衡利弊，判断各方案的总体价值，从而选出总体价值最大的方案，即技术上先进、经济上合理和社会上有利的最优方案。

（3）方案综合评价方法。用于方案综合评价的方法有很多，常用的定性方法有德尔菲（Delphi）法、优缺点列举法等；常用的定量方法有直接评分法、加权评分法、比较价值评分法、环比评分法、强制评分法、几何平均值评分法等。下面简要介绍几种方法。

1）优缺点列举法。把每一个案例在技术上、经济上的优缺点详细列出，进行综合分析，并对优缺点做进一步调查，用淘汰法逐步缩小考虑范围，从范围不断缩小的过程中找出最后的结论。

2）直接评分法。根据各种方案能够达到各项功能要求的程度，按10分制（或100分制）评分，然后算出每个方案达到功能要求的总分，比较各方案的总分，做出采纳、保留、舍弃的决定，再对采纳、保留的方案进行成本比较，最后确定最优方案。

3）加权评分法。又称矩阵评分法。这种方法是将功能、成本等各种因素，根据要求的不同进行加权计算，权数大小应根据它在产品中所处的地位而定，算出综合分数，最后与各方案寿命周期成本进行综合分析，选择最优方案。加权评分法主要包括以下四个步骤：

① 确定评价项目及其权重系数。

② 根据各方案对各评价项目的满足程度进行评分。

③ 计算各方案的评分权数和。
④ 计算各方案的价值系数,以较大的为优。

方案经过评价,不能满足要求的就淘汰,有价值的就保留。

 小知识

价值工程的基本思想就是在可靠地实现使用者所需功能的前提下,努力寻求寿命周期成本最低的创新方案,以达到合理、有效地利用资源提高对象价值的目的,即运用集体智慧,着重对某一产品或系统的各种设计方案进行功能分析与综合评价,并计算其总成本,从而筛选出一定成本时获得的功能最大或一定功能时成本最低的方案的一种技术经济分析方法。作为一种相当成熟的技术经济分析方法,价值工程当前在建设项目中的运用更多体现在设计方案的优化选择当中。

课题3 价值工程应用

在工程建设中,价值工程的运用是很广泛的,特别在建设项目设计阶段,运用价值工程可以进行工程设计方案的优化,创造出新的满足必要功能而寿命周期成本最低的设计方案,并对多个创新方案运用价值工程选择最优的工程设计方案。对选择出的最优设计方案也可以进行设计方案的再优化。

【例9-7】 某市对其沿江流域进行全面规划,划分出会展区、商务区和风景区等区段进行分段设计招标。其中会展区用地 100 000m²,专家组综合各界意见确定了会展区的主要评价指标为:总体规划的适用性(F_1)、各功能区的合理布局(F_2)、与流域景观的协调一致性(F_3)、充分利用空间增加会展面积(F_4)、建筑物美观性(F_5)。并对各功能的重要性分析如下:F_3 相对于 F_4 很重要,F_3 相对于 F_1 较重要,F_2 和 F_5 同样重要,F_4 和 F_5 同样重要。现经层层筛选后,有三个设计方案进入最终评审。专家组对这三个设计方案满足程度的评分结果和各方案的单位面积造价见表9-18。

问题:
(1) 用0~4评分法计算各功能的权重。
(2) 用功能指数法选择最佳设计方案。

表9-18 各设计方案评价指标的评分值和单方造价表

功能	方案		
	A	B	C
总体规划适用性(F_1)	9	8	9
各功能区的合理布局(F_2)	8	7	8
与流域景观的协调一致性(F_3)	8	10	10
充分利用空间增加会展面积(F_4)	7	6	8
建筑物美观性(F_5)	10	9	8
单位面积造价/(元/m²)	2 560	2 640	2 420

解：（1）功能权重计算见表9-19。

表9-19 功能权重计算表

评价对象	F_1	F_2	F_3	F_4	F_5	功能得分 (1)	功能重要性系数 (2)=(1)/∑(1)
F_1	×	3	1	3	3	10	0.250
F_2	1	×	0	2	2	5	0.125
F_3	3	4	×	4	4	15	0.375
F_4	1	2	0	×	2	5	0.125
F_5	1	1	0	2	×	5	0.125
合计						40	1.00

（2）各方案功能指数计算见表9-20。

表9-20 各方案功能指数计算表

功能因素	重要系数	方案功能得分加权值			
		A	B	C	
F_1	0.250	0.250×9=2.250	0.250×8=2.000	0.250×9=2.250	合计
F_2	0.125	0.125×8=1.000	0.125×7=0.875	0.125×8=1.000	
F_3	0.375	0.375×8=3.000	0.375×10=3.750	0.375×10=3.750	
F_4	0.125	0.125×7=0.875	0.125×6=0.750	0.125×8=1.000	
F_5	0.125	0.125×10=1.250	0.125×9=1.125	0.125×8=1.000	
方案加权平均总分		8.375	8.500	9.000	25.875
功能指数		8.375/25.875=0.324	0.329	0.348	1.00

（3）各方案价值指数计算见表9-21。

表9-21 各方案价值指数计算表

方案	功能指数（1）	单位造价/(元/m²) (2)	成本指数 (3)=(2)/∑(2)	价值指数 (4)=(1)/(3)
A	0.324	2 560	0.336 0	0.964 3
B	0.329	2 640	0.346 5	0.949 5
C	0.348	2 420	0.317 6	1.096
合计	1.000	7 620	1.000	—

根据上述计算结果，方案C价值指数最大，则方案C为最佳设计方案。

【例9-8】 根据【例9-7】选定的设计方案，设计单位对会展区内的会展中心进行功能改进，按照限额设计要求，确定该工程目标成本额10 000万元。然后以主要分部工程为对象进一步开展价值工程分析。各分部工程评分值和现实成本见表9-22。试计算各功能项目成本降低期望值，并确定功能改进顺序。

表 9-22　各分部工程评分值和现实成本表

功能项目	功能得分	现实成本/万元
基础工程	21	2 201
主体结构工程	35	3 669
装饰工程	28	3 224
水电安装工程	32	2 835

解： 各功能项目改进计算见表 9-23 所示。

表 9-23　各功能项目改进计算表

功能项目	功能得分 (1)	功能指数 (2)=(1)/∑(1)	现实成本/万元 (3)	目标成本/万元 (4)=10 000×(2)	成本降低期望值/万元 (5)=(3)-(4)
基础工程	21	0.181	2 201	1 810	391
主体结构工程	35	0.302	3 669	3 020	649
装饰工程	28	0.241	3 224	2 410	814
水电安装工程	32	0.276	2 835	2 760	75
合计	116	1.000	11 929	10 000	1 929

根据上述计算结果，选成本降低期望值越大者作为优先改进对象，则功能的改进顺序为装饰工程、主体结构工程、基础工程、水电安装工程。

启示角

党的十八大将生态文明建设提高到与经济建设、政治建设、文化建设、社会建设并列的"五位一体"的高度，这需要全社会的共同努力。绿色施工是一个全新的课题，也是建筑业未来发展的方向。

绿色建筑是指在建筑的全寿命周期内，最大程度地节约资源（节能、节地、节水、节材）、保护环境和减少污染，为人们提供健康、适用和高效的使用空间，与自然和谐共生的建筑。

绿色施工是一项全面、复杂的系统工程，是指在工程建设过程中，从施工策划、材料采购、现场施工、工程验收等方面进行全面控制的过程。

同学们，你们对绿色建筑及绿色施工了解吗？

绿色施工与过去的施工方法相比，有较大的区别。传统的施工模式与绿色施工与管理模式之间存在一定的转化过程。过去的施工方法以满足工程本身指标为目的，以工程质量、工期、成本、安全等为根本目标，在节约资源和环境保护方面考虑得少。当节约资源和环境保护方面与工程质量工期、成本、安全等发生冲突时，总是保证后者，放弃前者，这样做的后果是虽然工程本身的质量、工期、成本、安全达到了要求，但是浪费了资源，破坏了环境。而绿色工强调以资源的高效利用为核心，以环保优先为原则，追求高效、低耗、环保、统筹兼顾的施工方法。

同学们，在我们今后的工作学习与生活中要提高生态意识，倡导和普及绿色施工理念，让自己成为懂技术、会施工、能管理的综合素质高、动手能力强的技能型人才。

附录 A 复利终值系数表

表 A-1 复利终值系数表（一）(F/P, i, n)

计算公式：$f=(1+i)^n$

期数	1%	2%	3%	4%	5%	6%	7%	8%	9%	10%
1	1.010 0	1.020 0	1.030 0	1.040 0	1.050 0	1.060 0	1.070 0	1.080 0	1.090 0	1.100 0
2	1.020 1	1.040 4	1.060 9	1.081 6	1.102 5	1.123 6	1.144 9	1.166 4	1.188 1	1.210 0
3	1.030 3	1.061 2	1.092 7	1.124 9	1.157 6	1.191 0	1.225 0	1.259 7	1.295 0	1.331 0
4	1.040 6	1.082 4	1.125 5	1.169 9	1.215 5	1.262 5	1.310 8	1.360 5	1.411 6	1.464 1
5	1.051 0	1.104 1	1.159 3	1.216 7	1.276 3	1.338 2	1.402 6	1.469 3	1.538 6	1.610 5
6	1.061 5	1.126 2	1.194 1	1.265 3	1.340 1	1.418 5	1.500 7	1.586 9	1.677 1	1.771 6
7	1.072 1	1.148 7	1.229 9	1.315 9	1.407 1	1.503 6	1.605 8	1.713 8	1.828 0	1.948 7
8	1.082 9	1.171 7	1.266 8	1.368 6	1.477 5	1.593 8	1.718 2	1.850 9	1.992 6	2.143 6
9	1.093 7	1.195 1	1.304 8	1.423 3	1.551 3	1.689 5	1.838 5	1.999 0	2.171 9	2.357 9
10	1.104 6	1.219 0	1.343 9	1.480 2	1.628 9	1.790 8	1.967 2	2.158 9	2.367 4	2.593 7
11	1.115 7	1.243 4	1.384 2	1.539 5	1.710 3	1.898 3	2.104 9	2.331 6	2.580 4	2.853 1
12	1.126 8	1.268 2	1.425 8	1.601 0	1.795 9	2.012 2	2.252 2	2.518 2	2.812 7	3.138 4
13	1.138 1	1.293 6	1.468 5	1.665 1	1.885 6	2.132 9	2.409 8	2.719 6	3.065 8	3.452 3
14	1.149 5	1.319 5	1.512 6	1.731 7	1.979 9	2.260 9	2.578 5	2.937 2	3.341 7	3.797 5
15	1.161 0	1.345 9	1.558 0	1.800 9	2.078 9	2.396 6	2.759 0	3.172 2	3.642 5	4.177 2
16	1.172 6	1.372 8	1.604 7	1.873 0	2.182 9	2.540 4	2.952 2	3.425 9	3.970 3	4.595 0
17	1.184 3	1.400 2	1.652 8	1.947 9	2.292 0	2.692 8	3.158 8	3.700 0	4.327 6	5.054 5
18	1.196 1	1.428 2	1.702 4	2.025 8	2.406 6	2.854 3	3.379 9	3.996 0	4.717 1	5.559 9
19	1.208 1	1.456 8	1.753 5	2.106 8	2.527 0	3.025 6	3.616 5	4.315 7	5.141 7	6.115 9
20	1.220 2	1.485 9	1.806 1	2.191 1	2.653 3	3.207 1	3.869 7	4.661 0	5.604 4	6.727 5
21	1.232 4	1.515 7	1.860 3	2.278 8	2.786 0	3.399 6	4.140 6	5.033 8	6.108 8	7.400 2
22	1.244 7	1.546 0	1.916 1	2.369 9	2.925 3	3.603 5	4.430 4	5.436 5	6.658 6	8.140 3
23	1.257 2	1.576 9	1.973 6	2.464 7	3.071 5	3.819 7	4.740 5	5.871 5	7.257 9	8.954 3
24	1.269 7	1.608 4	2.032 8	2.563 3	3.225 1	4.048 9	5.072 4	6.341 2	7.911 1	9.849 7
25	1.282 4	1.640 6	2.093 8	2.665 8	3.386 4	4.291 9	5.427 4	6.848 5	8.623 1	10.834 7
26	1.295 3	1.673 4	2.156 6	2.772 5	3.555 7	4.549 4	5.807 4	7.396 4	9.399 2	11.918 2
27	1.308 2	1.706 9	2.221 3	2.883 4	3.733 5	4.822 3	6.213 9	7.988 1	10.245 1	13.110 0
28	1.321 3	1.741 0	2.287 9	2.998 7	3.920 1	5.111 7	6.648 8	8.627 1	11.167 1	14.421 0
29	1.334 5	1.775 8	2.356 6	3.118 7	4.116 1	5.418 4	7.114 3	9.317 3	12.172 2	15.863 1
30	1.347 8	1.811 4	2.427 3	3.243 4	4.321 9	5.743 5	7.612 3	10.062 7	13.267 7	17.449 4

表 A-2　复利终值系数表（二）($F/P, i, n$）

计算公式：$f=(1+i)^n$

期数	11%	12%	13%	14%	15%	16%	17%	18%	19%	20%
1	1.110 0	1.120 0	1.130 0	1.140 0	1.150 0	1.160 0	1.170 0	1.180 0	1.190 0	1.200 0
2	1.232 1	1.254 4	1.276 9	1.299 6	1.322 5	1.345 6	1.368 9	1.392 4	1.416 1	1.440 0
3	1.367 6	1.404 9	1.442 9	1.481 5	1.520 9	1.560 9	1.601 6	1.643 0	1.685 2	1.728 0
4	1.518 1	1.573 5	1.630 5	1.689 0	1.749 0	1.810 6	1.873 9	1.938 8	2.005 3	2.073 6
5	1.685 1	1.762 3	1.842 4	1.925 4	2.011 4	2.100 3	2.192 4	2.287 8	2.386 4	2.488 3
6	1.870 4	1.973 8	2.082 0	2.195 0	2.313 1	2.436 4	2.565 2	2.699 6	2.839 8	2.986 0
7	2.076 2	2.210 7	2.352 6	2.502 3	2.660 0	2.826 2	3.001 2	3.185 5	3.379 3	3.583 2
8	2.304 5	2.476 0	2.658 4	2.852 6	3.059 0	3.278 4	3.511 5	3.758 9	4.021 4	4.299 8
9	2.558 0	2.773 1	3.004 0	3.251 9	3.517 9	3.803 0	4.108 4	4.435 5	4.785 4	5.159 8
10	2.839 4	3.105 8	3.394 6	3.707 2	4.045 6	4.411 4	4.806 8	5.233 8	5.694 7	6.191 7
11	3.151 8	3.478 6	3.835 9	4.226 2	4.652 4	5.117 3	5.624 0	6.175 9	6.776 7	7.430 1
12	3.498 5	3.896 0	4.334 5	4.817 9	5.350 3	5.936 0	6.580 1	7.287 6	8.064 2	8.916 1
13	3.883 3	4.363 5	4.898 0	5.492 4	6.152 8	6.885 8	7.698 7	8.599 4	9.596 4	10.699 3
14	4.310 4	4.887 1	5.534 8	6.261 3	7.075 7	7.987 5	9.007 5	10.147 2	11.419 8	12.839 2
15	4.784 6	5.473 6	6.254 3	7.137 9	8.137 1	9.265 5	10.538 7	11.973 7	13.589 5	15.407 0
16	5.310 9	6.130 4	7.067 3	8.137 2	9.357 6	10.748 0	12.330 3	14.129 0	16.171 5	18.488 4
17	5.895 1	6.866 0	7.986 1	9.276 5	10.761 3	12.467 7	14.426 5	16.672 2	19.244 1	22.186 1
18	6.543 6	7.690 0	9.024 3	10.575 2	12.375 5	14.462 5	16.879 0	19.673 3	22.900 5	26.623 3
19	7.263 3	8.612 8	10.197 4	12.055 7	14.231 8	16.776 5	19.748 4	23.214 4	27.251 6	31.948 0
20	8.062 3	9.646 3	11.523 1	13.743 5	16.366 5	19.460 8	23.105 6	27.393 0	32.429 4	38.337 6
21	8.949 2	10.803 8	13.021 1	15.667 6	18.821 5	22.574 5	27.033 6	32.323 8	38.591 0	46.005 1
22	9.933 6	12.100 3	14.713 8	17.861 0	21.644 7	26.186 4	31.629 3	38.142 1	45.923 3	55.206 1
23	11.026 3	13.552 3	16.626 6	20.361 5	24.891 5	30.376 2	37.006 2	45.007 6	54.648 7	66.247 4
24	12.239 2	15.178 6	18.788 1	23.212 2	28.625 2	35.236 4	43.297 3	53.109 0	65.032 0	79.496 8
25	13.585 5	17.000 1	21.230 5	26.461 9	32.919 0	40.874 2	50.657 8	62.668 6	77.388 1	95.396 2
26	15.079 9	19.040 1	23.990 5	30.166 6	37.856 8	47.414 1	59.269 7	73.949 0	92.091 8	114.475 5
27	16.738 7	21.324 9	27.109 3	34.389 9	43.535 3	55.000 4	69.345 5	87.259 8	109.589 3	137.370 6
28	18.579 9	23.883 9	30.633 5	39.204 5	50.065 6	63.800 4	81.134 2	102.966 6	130.411 2	164.844 8
29	20.623 7	26.749 9	34.615 8	44.693 1	57.575 5	74.008 5	94.927 1	121.500 5	155.189 3	197.813 6
30	22.892 3	29.959 9	39.115 9	50.950 2	66.211 8	85.849 9	111.064 7	143.370 6	184.675 3	237.376 3

表 A-3 复利终值系数表（三）(F/P, i, n)

计算公式：$f=(1+i)^n$

期数	21%	22%	23%	24%	25%	26%	27%	28%	29%	30%
1	1.210 0	1.220 0	1.230 0	1.240 0	1.250 0	1.260 0	1.270 0	1.280 0	1.290 0	1.300 0
2	1.464 1	1.488 4	1.512 9	1.537 6	1.562 5	1.587 6	1.612 9	1.638 4	1.664 1	1.690 0
3	1.771 6	1.815 8	1.860 9	1.906 6	1.953 1	2.000 4	2.048 4	2.097 2	2.146 7	2.197 0
4	2.143 6	2.215 3	2.288 9	2.364 2	2.441 4	2.520 5	2.601 4	2.684 4	2.769 2	2.856 1
5	2.593 7	2.702 7	2.815 3	2.931 6	3.051 8	3.175 8	3.303 8	3.436 0	3.572 3	3.712 9
6	3.138 4	3.297 3	3.462 8	3.635 2	3.814 7	4.001 5	4.195 9	4.398 0	4.608 3	4.826 8
7	3.797 5	4.022 7	4.259 3	4.507 7	4.768 4	5.041 9	5.328 8	5.629 5	5.944 7	6.274 9
8	4.595 0	4.907 7	5.238 9	5.589 5	5.960 5	6.352 8	6.767 5	7.205 8	7.668 6	8.157 3
9	5.559 9	5.987 4	6.443 9	6.931 0	7.450 6	8.004 5	8.594 8	9.223 4	9.892 5	10.604 5
10	6.727 5	7.304 6	7.925 9	8.594 4	9.313 2	10.085 7	10.915 3	11.805 9	12.761 4	13.785 8
11	8.140 3	8.911 7	9.748 9	10.657 1	11.641 5	12.708 0	13.862 5	15.111 6	16.462 2	17.921 6
12	9.849 7	10.872 2	11.991 2	13.214 8	14.551 9	16.012 0	17.605 3	19.342 8	21.236 2	23.298 1
13	11.918 2	13.264 1	14.749 1	16.386 3	18.189 9	20.175 2	22.358 8	24.758 8	27.394 7	30.287 5
14	14.421 0	16.182 2	18.141 4	20.319 1	22.737 4	25.420 7	28.395 7	31.691 3	35.339 1	39.373 8
15	17.449 4	19.742 3	22.314 0	25.195 6	28.421 7	32.030 1	36.062 5	40.564 8	45.587 5	51.185 9
16	21.113 8	24.085 6	27.446 2	31.242 6	35.527 1	40.357 9	45.799 4	51.923 0	58.807 9	66.541 7
17	25.547 7	29.384 4	33.758 8	38.740 8	44.408 9	50.851 0	58.165 2	66.461 4	75.862 1	86.504 2
18	30.912 7	35.849 0	41.523 3	48.038 6	55.511 2	64.072 2	73.869 8	85.070 6	97.862 2	112.455 4
19	37.404 3	43.735 8	51.073 7	59.567 9	69.388 9	80.731 0	93.814 7	108.890 4	126.242 2	146.192 0
20	45.259 3	53.357 6	62.820 6	73.864 1	86.736 2	101.721 1	119.144 6	139.379 7	162.852 4	190.049 6
21	54.763 7	65.096 3	77.269 4	91.591 5	108.420 2	128.168 5	151.313 7	178.406 0	210.079 6	247.064 5
22	66.264 1	79.417 5	95.041 3	113.573 5	135.525 3	161.492 4	192.168 3	228.359 6	271.002 7	321.183 9
23	80.179 5	96.889 4	116.900 8	140.831 2	169.406 6	203.480 4	244.053 8	292.300 3	349.593 5	417.539 1
24	97.017 2	118.205 0	143.788 0	174.630 6	211.758 2	256.385 3	309.948 3	374.144 4	450.975 6	542.800 8
25	117.390 9	144.210 1	176.859 3	216.542 0	264.697 8	323.045 4	393.634 4	478.904 9	581.758 5	705.641 0
26	142.042 9	175.936 4	217.536 9	268.512 1	330.872 2	407.037 3	499.915 7	612.998 2	750.468 5	917.333 3
27	171.871 9	214.642 4	267.570 4	332.955 0	413.590 3	512.867 0	634.892 9	784.637 7	968.104 4	1 192.533 3
28	207.965 1	261.863 7	329.111 5	412.864 2	516.987 9	646.212 4	806.314 0	1 004.336 3	1 248.854 6	1 550.293 3
29	251.637 7	319.473 3	404.807 2	511.951 6	646.234 9	814.227 6	1 024.018 7	1 285.550 4	1 611.022 5	2 015.381 3
30	304.481 6	389.757 9	497.912 9	634.819 9	807.793 6	1 025.926 7	1 300.503 8	1 645.504 6	2 078.219 0	2 619.995 6

附录 B 复利现值系数表

表 B-1 复利现值系数表（一）(P/F, i, n)

计算公式：$f=(1+i)^{-n}$

期数	1%	2%	3%	4%	5%	6%	7%	8%	9%	10%
1	0.990 1	0.980 4	0.970 9	0.961 5	0.952 4	0.943 4	0.934 6	0.925 9	0.917 4	0.909 1
2	0.980 3	0.961 2	0.942 6	0.924 6	0.907 0	0.890 0	0.873 4	0.857 3	0.841 7	0.826 4
3	0.970 6	0.942 3	0.915 1	0.889 0	0.863 8	0.839 6	0.816 3	0.793 8	0.772 2	0.751 3
4	0.961 0	0.923 8	0.888 5	0.854 8	0.822 7	0.792 1	0.762 9	0.735 0	0.708 4	0.683 0
5	0.951 5	0.905 7	0.862 6	0.821 9	0.783 5	0.747 3	0.713 0	0.680 6	0.649 9	0.620 9
6	0.942 0	0.888 0	0.837 5	0.790 3	0.746 2	0.705 0	0.666 3	0.630 2	0.596 3	0.564 5
7	0.932 7	0.870 6	0.813 1	0.759 9	0.710 7	0.665 1	0.622 7	0.583 5	0.547 0	0.513 2
8	0.923 5	0.853 5	0.789 4	0.730 7	0.676 8	0.627 4	0.582 0	0.540 3	0.501 9	0.466 5
9	0.914 3	0.836 8	0.766 4	0.702 6	0.644 6	0.591 9	0.543 9	0.500 2	0.460 4	0.424 1
10	0.905 3	0.820 3	0.744 1	0.675 6	0.613 9	0.558 4	0.508 3	0.463 2	0.422 4	0.385 5
11	0.896 3	0.804 3	0.722 4	0.649 6	0.584 7	0.526 8	0.475 1	0.428 9	0.387 5	0.350 5
12	0.887 4	0.788 5	0.701 4	0.624 6	0.556 8	0.497 0	0.444 0	0.397 1	0.355 5	0.318 6
13	0.878 7	0.773 0	0.681 0	0.600 6	0.530 3	0.468 8	0.415 0	0.367 7	0.326 2	0.289 7
14	0.870 0	0.757 9	0.661 1	0.577 5	0.505 1	0.442 3	0.387 8	0.340 5	0.299 2	0.263 3
15	0.861 3	0.743 0	0.641 9	0.555 3	0.481 0	0.417 3	0.362 4	0.315 2	0.274 5	0.239 4
16	0.852 8	0.728 4	0.623 2	0.533 9	0.458 1	0.393 6	0.338 7	0.291 9	0.251 9	0.217 6
17	0.844 4	0.714 2	0.605 0	0.513 4	0.436 3	0.371 4	0.316 6	0.270 3	0.231 1	0.197 8
18	0.836 0	0.700 2	0.587 4	0.493 6	0.415 5	0.350 3	0.295 9	0.250 2	0.212 0	0.179 9
19	0.827 7	0.686 4	0.570 3	0.474 6	0.395 7	0.330 5	0.276 5	0.231 7	0.194 5	0.163 5
20	0.819 5	0.673 0	0.553 7	0.456 4	0.376 9	0.311 8	0.258 4	0.214 5	0.178 4	0.148 6
21	0.811 4	0.659 8	0.537 5	0.438 8	0.358 9	0.294 2	0.241 5	0.198 7	0.163 7	0.135 1
22	0.803 4	0.646 8	0.521 9	0.422 0	0.341 8	0.277 5	0.225 7	0.183 9	0.150 2	0.122 8
23	0.795 4	0.634 2	0.506 7	0.405 7	0.325 6	0.261 8	0.210 9	0.170 3	0.137 8	0.111 7
24	0.787 6	0.621 7	0.491 9	0.390 1	0.310 1	0.247 0	0.197 1	0.157 7	0.126 4	0.101 5
25	0.779 8	0.609 5	0.477 6	0.375 1	0.295 3	0.233 0	0.184 2	0.146 0	0.116 0	0.092 3
26	0.772 0	0.597 6	0.463 7	0.360 7	0.281 2	0.219 8	0.172 2	0.135 2	0.106 4	0.083 9
27	0.764 4	0.585 9	0.450 2	0.346 8	0.267 8	0.207 4	0.160 9	0.125 2	0.097 6	0.076 3
28	0.756 8	0.574 4	0.437 1	0.333 5	0.255 1	0.195 6	0.150 4	0.115 9	0.089 5	0.069 3
29	0.749 3	0.563 1	0.424 3	0.320 7	0.242 9	0.184 6	0.140 6	0.107 3	0.082 2	0.063 0
30	0.741 9	0.552 1	0.412 0	0.308 3	0.231 4	0.174 1	0.131 4	0.099 4	0.075 4	0.057 3

表 B-2　复利现值系数表（二）（P/F, i, n）

计算公式：$f=(1+i)^{-n}$

期数	11%	12%	13%	14%	15%	16%	17%	18%	19%	20%
1	0.900 9	0.892 9	0.885 0	0.877 2	0.869 6	0.862 1	0.854 7	0.847 5	0.840 3	0.833 3
2	0.811 6	0.797 2	0.783 1	0.769 5	0.756 1	0.743 2	0.730 5	0.718 2	0.706 2	0.694 4
3	0.731 2	0.711 8	0.693 1	0.675 0	0.657 5	0.640 7	0.624 4	0.608 6	0.593 4	0.578 7
4	0.658 7	0.635 5	0.613 3	0.592 1	0.571 8	0.552 3	0.533 7	0.515 8	0.498 7	0.482 3
5	0.593 5	0.567 4	0.542 8	0.519 4	0.497 2	0.476 1	0.456 1	0.437 1	0.419 0	0.401 9
6	0.534 6	0.506 6	0.480 3	0.455 6	0.432 3	0.410 4	0.389 8	0.370 4	0.352 1	0.334 9
7	0.481 7	0.452 3	0.425 1	0.399 6	0.375 9	0.353 8	0.333 2	0.313 9	0.295 9	0.279 1
8	0.433 9	0.403 9	0.376 2	0.350 6	0.326 9	0.305 0	0.284 8	0.266 0	0.248 7	0.232 6
9	0.390 9	0.360 6	0.332 9	0.307 5	0.284 3	0.263 0	0.243 4	0.225 5	0.209 0	0.193 8
10	0.352 2	0.322 0	0.294 6	0.269 7	0.247 2	0.226 7	0.208 0	0.191 1	0.175 6	0.161 5
11	0.317 3	0.287 5	0.260 7	0.236 6	0.214 9	0.195 4	0.177 8	0.161 9	0.147 6	0.134 6
12	0.285 8	0.256 7	0.230 7	0.207 6	0.186 9	0.168 5	0.152 0	0.137 2	0.124 0	0.112 2
13	0.257 5	0.229 2	0.204 2	0.182 1	0.162 5	0.145 2	0.129 9	0.116 3	0.104 2	0.093 5
14	0.232 0	0.204 6	0.180 7	0.159 7	0.141 3	0.125 2	0.111 0	0.098 5	0.087 6	0.077 9
15	0.209 0	0.182 7	0.159 9	0.140 1	0.122 9	0.107 9	0.094 9	0.083 5	0.073 6	0.064 9
16	0.188 3	0.163 1	0.141 5	0.122 9	0.106 9	0.093 0	0.081 1	0.070 8	0.061 8	0.054 1
17	0.169 6	0.145 6	0.125 2	0.107 8	0.092 9	0.080 2	0.069 3	0.060 0	0.052 0	0.045 1
18	0.152 8	0.130 0	0.110 8	0.094 6	0.080 8	0.069 1	0.059 2	0.050 8	0.043 7	0.037 6
19	0.137 7	0.116 1	0.098 1	0.082 9	0.070 3	0.059 6	0.050 6	0.043 1	0.036 7	0.031 3
20	0.124 0	0.103 7	0.086 8	0.072 8	0.061 1	0.051 4	0.043 3	0.036 5	0.030 8	0.026 1
21	0.111 7	0.092 6	0.076 8	0.063 8	0.053 1	0.044 3	0.037 0	0.030 9	0.025 9	0.021 7
22	0.100 7	0.082 6	0.068 0	0.056 0	0.046 2	0.038 2	0.031 6	0.026 2	0.021 8	0.018 1
23	0.090 7	0.073 8	0.060 1	0.049 1	0.040 2	0.032 9	0.027 0	0.022 2	0.018 3	0.015 1
24	0.081 7	0.065 9	0.053 2	0.043 1	0.034 9	0.028 4	0.023 1	0.018 8	0.015 4	0.012 6
25	0.073 6	0.058 8	0.047 1	0.037 8	0.030 4	0.024 5	0.019 7	0.016 0	0.012 9	0.010 5
26	0.066 3	0.052 5	0.041 7	0.033 1	0.026 4	0.021 1	0.016 9	0.013 5	0.010 9	0.008 7
27	0.059 7	0.046 9	0.036 9	0.029 1	0.023 0	0.018 2	0.014 4	0.011 5	0.009 1	0.007 3
28	0.053 8	0.041 9	0.032 6	0.025 5	0.020 0	0.015 7	0.012 3	0.009 7	0.007 7	0.006 1
29	0.048 5	0.037 4	0.028 9	0.022 4	0.017 4	0.013 5	0.010 5	0.008 2	0.006 4	0.005 1
30	0.043 7	0.033 4	0.025 6	0.019 6	0.015 1	0.011 6	0.009 0	0.007 0	0.005 4	0.004 2

表 B-3 复利现值系数表（三）(P/F, i, n)

计算公式：$f=(1+i)^{-n}$

期数	21%	22%	23%	24%	25%	26%	27%	28%	29%	30%
1	0.826 4	0.819 7	0.813 0	0.806 5	0.800 0	0.793 7	0.787 4	0.781 3	0.775 2	0.769 2
2	0.683 0	0.671 9	0.661 0	0.650 4	0.640 0	0.629 9	0.620 0	0.610 4	0.600 9	0.591 7
3	0.564 5	0.550 7	0.537 4	0.524 5	0.512 0	0.499 9	0.488 2	0.476 8	0.465 8	0.455 2
4	0.466 5	0.451 4	0.436 9	0.423 0	0.409 6	0.396 8	0.384 4	0.372 5	0.361 1	0.350 1
5	0.385 5	0.370 0	0.355 2	0.341 1	0.327 7	0.314 9	0.302 7	0.291 0	0.279 9	0.269 3
6	0.318 6	0.303 3	0.288 8	0.275 1	0.262 1	0.249 9	0.238 3	0.227 4	0.217 0	0.207 2
7	0.263 3	0.248 6	0.234 8	0.221 8	0.209 7	0.198 3	0.187 7	0.177 6	0.168 2	0.159 4
8	0.217 6	0.203 8	0.190 9	0.178 9	0.167 8	0.157 4	0.147 8	0.138 8	0.130 4	0.122 6
9	0.179 9	0.167 0	0.155 2	0.144 3	0.134 2	0.124 9	0.116 4	0.108 4	0.101 1	0.094 3
10	0.148 6	0.136 9	0.126 2	0.116 4	0.107 4	0.099 2	0.091 6	0.084 7	0.078 4	0.072 5
11	0.122 8	0.112 2	0.102 6	0.093 8	0.085 9	0.078 7	0.072 1	0.066 2	0.060 7	0.055 8
12	0.101 5	0.092 0	0.083 4	0.075 7	0.068 7	0.062 5	0.056 8	0.051 7	0.047 1	0.042 9
13	0.083 9	0.075 4	0.067 8	0.061 0	0.055 0	0.049 6	0.044 7	0.040 4	0.036 5	0.033 0
14	0.069 3	0.061 8	0.055 1	0.049 2	0.044 0	0.039 3	0.035 2	0.031 6	0.028 3	0.025 4
15	0.057 3	0.050 7	0.044 8	0.039 7	0.035 2	0.031 2	0.027 7	0.024 7	0.021 9	0.019 5
16	0.047 4	0.041 5	0.036 4	0.032 0	0.028 1	0.024 8	0.021 8	0.019 3	0.017 0	0.015 0
17	0.039 1	0.034 0	0.029 6	0.025 8	0.022 5	0.019 7	0.017 2	0.015 0	0.013 2	0.011 6
18	0.032 3	0.027 9	0.024 1	0.020 8	0.018 0	0.015 6	0.013 5	0.011 8	0.010 2	0.008 9
19	0.026 7	0.022 9	0.019 6	0.016 8	0.014 4	0.012 4	0.010 7	0.009 2	0.007 9	0.006 8
20	0.022 1	0.018 7	0.015 9	0.013 5	0.011 5	0.009 8	0.008 4	0.007 2	0.006 1	0.005 3
21	0.018 3	0.015 4	0.012 9	0.010 9	0.009 2	0.007 8	0.006 6	0.005 6	0.004 8	0.004 0
22	0.015 1	0.012 6	0.010 5	0.008 8	0.007 4	0.006 2	0.005 2	0.004 4	0.003 7	0.003 1
23	0.012 5	0.010 3	0.008 6	0.007 1	0.005 9	0.004 9	0.004 1	0.003 4	0.002 9	0.002 4
24	0.010 3	0.008 5	0.007 0	0.005 7	0.004 7	0.003 9	0.003 2	0.002 7	0.002 2	0.001 8
25	0.008 5	0.006 9	0.005 7	0.004 6	0.003 8	0.003 1	0.002 5	0.002 1	0.001 7	0.001 4
26	0.007 0	0.005 7	0.004 6	0.003 7	0.003 0	0.002 5	0.002 0	0.001 6	0.001 3	0.001 1
27	0.005 8	0.004 7	0.003 7	0.003 0	0.002 4	0.001 9	0.001 6	0.001 3	0.001 0	0.000 8
28	0.004 8	0.003 8	0.003 0	0.002 4	0.001 9	0.001 5	0.001 2	0.001 0	0.000 8	0.000 6
29	0.004 0	0.003 1	0.002 5	0.002 0	0.001 5	0.001 2	0.001 0	0.000 8	0.000 6	0.000 5
30	0.003 3	0.002 6	0.002 0	0.001 6	0.001 2	0.001 0	0.000 8	0.000 6	0.000 5	0.000 4

附录 C 年金终值系数表

表 C-1 年金终值系数表（一）
$(F/A, i, n)$

期数	1%	2%	3%	4%	5%	6%	7%	8%	9%	10%
1	1.000 0	1.000 0	1.000 0	1.000 0	1.000 0	1.000 0	1.000 0	1.000 0	1.000 0	1.000 0
2	2.010 0	2.020 0	2.030 0	2.040 0	2.050 0	2.060 0	2.070 0	2.080 0	2.090 0	2.100 0
3	3.030 1	3.060 4	3.090 9	3.121 6	3.152 5	3.183 6	3.214 9	3.246 4	3.278 1	3.310 0
4	4.060 4	4.121 6	4.183 6	4.246 5	4.310 1	4.374 6	4.439 9	4.506 1	4.573 1	4.641 0
5	5.101 0	5.204 0	5.309 1	5.416 3	5.525 6	5.637 1	5.750 7	5.866 6	5.984 7	6.105 1
6	6.152 0	6.308 1	6.468 4	6.633 0	6.801 9	6.975 3	7.153 3	7.335 9	7.523 3	7.715 6
7	7.213 5	7.434 3	7.662 5	7.898 3	8.142 0	8.393 8	8.654 0	8.922 8	9.200 4	9.487 2
8	8.285 7	8.583 0	8.892 3	9.214 2	9.549 1	9.897 5	10.259 8	10.636 6	11.028 5	11.435 9
9	9.368 5	9.754 6	10.159 1	10.582 8	11.026 6	11.491 3	11.978 0	12.487 6	13.021 0	13.579 5
10	10.462 2	10.949 7	11.463 9	12.006 1	12.577 9	13.180 8	13.816 4	14.486 6	15.192 9	15.937 4
11	11.566 8	12.168 7	12.807 8	13.486 4	14.206 8	14.971 6	15.783 6	16.645 5	17.560 3	18.531 2
12	12.682 5	13.412 1	14.192 0	15.025 8	15.917 1	16.869 9	17.888 5	18.977 1	20.140 7	21.384 3
13	13.809 3	14.680 3	15.617 8	16.626 8	17.713 0	18.882 1	20.140 6	21.495 3	22.953 4	24.522 7
14	14.947 4	15.973 9	17.086 3	18.291 9	19.598 6	21.015 1	22.550 5	24.214 9	26.019 2	27.975 0
15	16.096 9	17.293 4	18.598 9	20.023 6	21.578 6	23.276 0	25.129 0	27.152 1	29.360 9	31.772 5
16	17.257 9	18.639 3	20.156 9	21.824 5	23.657 5	25.672 5	27.888 1	30.324 3	33.003 4	35.949 7
17	18.430 4	20.012 1	21.761 6	23.697 5	25.840 4	28.212 9	30.840 2	33.750 2	36.973 7	40.544 7
18	19.614 7	21.412 3	23.414 4	25.645 4	28.132 4	30.905 7	33.999 0	37.450 2	41.301 3	45.599 2
19	20.810 9	22.840 6	25.116 9	27.671 2	30.539 0	33.760 0	37.379 0	41.446 3	46.018 5	51.159 1
20	22.019 0	24.297 4	26.870 4	29.778 1	33.066 0	36.785 6	40.995 5	45.762 0	51.160 1	57.275 0
21	23.239 2	25.783 3	28.676 5	31.969 2	35.719 3	39.992 7	44.865 2	50.422 9	56.764 5	64.002 5
22	24.471 6	27.299 0	30.536 8	34.248 0	38.505 2	43.392 3	49.005 2	55.456 8	62.873 3	71.402 7
23	25.716 3	28.845 0	32.452 9	36.617 9	41.430 5	46.995 8	53.436 1	60.893 3	69.531 9	79.543 0
24	26.973 5	30.421 9	34.426 5	39.082 6	44.502 0	50.815 6	58.176 7	66.764 8	76.789 8	88.497 3
25	28.243 2	32.030 3	36.459 3	41.645 9	47.727 1	54.864 5	63.249 0	73.105 9	84.700 9	98.347 1
26	29.525 6	33.670 9	38.553 0	44.311 7	51.113 5	59.156 4	68.676 5	79.954 4	93.324 0	109.181 8
27	30.820 9	35.344 3	40.709 6	47.084 2	54.669 1	63.705 8	74.483 8	87.350 8	102.723 1	121.099 9
28	32.129 1	37.051 2	42.930 9	49.967 6	58.402 6	68.528 1	80.697 7	95.338 8	112.968 2	134.209 9
29	33.450 4	38.792 2	45.218 9	52.966 3	62.322 7	73.639 8	87.346 5	103.965 9	124.135 4	148.630 9
30	34.784 9	40.568 1	47.575 4	56.084 9	66.438 8	79.058 2	94.460 8	113.283 2	136.307 5	164.494 0

表 C-2　年金终值系数表（二）

$(F/A, i, n)$

期数	11%	12%	13%	14%	15%	16%	17%	18%	19%	20%
1	1.000 0	1.000 0	1.000 0	1.000 0	1.000 0	1.000 0	1.000 0	1.000 0	1.000 0	1.000 0
2	2.110 0	2.120 0	2.130 0	2.140 0	2.150 0	2.160 0	2.170 0	2.180 0	2.190 0	2.200 0
3	3.342 1	3.374 4	3.406 9	3.439 6	3.472 5	3.505 6	3.538 9	3.572 4	3.606 1	3.640 0
4	4.709 7	4.779 3	4.849 8	4.921 1	4.993 4	5.066 5	5.140 5	5.215 4	5.291 3	5.368 0
5	6.227 8	6.352 8	6.480 3	6.610 1	6.742 4	6.877 1	7.014 4	7.154 2	7.296 6	7.441 6
6	7.912 9	8.115 2	8.322 7	8.535 5	8.753 7	8.977 5	9.206 8	9.442 0	9.683 0	9.929 9
7	9.783 3	10.089 0	10.404 7	10.730 5	11.066 8	11.413 9	11.772 0	12.141 5	12.522 7	12.915 9
8	11.859 4	12.299 7	12.757 3	13.232 8	13.726 8	14.240 1	14.773 3	15.327 0	15.902 0	16.499 1
9	14.164 0	14.775 7	15.415 7	16.085 3	16.785 8	17.518 5	18.284 7	19.085 9	19.923 4	20.798 9
10	16.722 0	17.548 7	18.419 7	19.337 3	20.303 7	21.321 5	22.393 1	23.521 3	24.708 9	25.958 7
11	19.561 4	20.654 6	21.814 3	23.044 5	24.349 3	25.732 9	27.199 9	28.755 1	30.403 5	32.150 4
12	22.713 2	24.133 1	25.650 2	27.270 7	29.001 7	30.850 2	32.823 9	34.931 1	37.180 2	39.580 5
13	26.211 6	28.029 1	29.984 7	32.088 7	34.351 9	36.786 2	39.404 0	42.218 7	45.244 5	48.496 6
14	30.094 9	32.392 6	34.882 7	37.581 1	40.504 7	43.672 0	47.102 7	50.818 0	54.840 9	59.195 9
15	34.405 4	37.279 7	40.417 5	43.842 4	47.580 4	51.659 5	56.110 1	60.965 3	66.260 7	72.035 1
16	39.189 9	42.753 3	46.671 7	50.980 4	55.717 5	60.925 0	66.648 8	72.939 0	79.850 2	87.442 1
17	44.500 8	48.883 7	53.739 1	59.117 6	65.075 1	71.673 0	78.979 2	87.068 0	96.021 8	105.930 6
18	50.395 9	55.749 7	61.725 1	68.394 1	75.836 4	84.140 7	93.405 6	103.740 3	115.265 9	128.116 7
19	56.939 5	63.439 7	70.749 4	78.969 2	88.211 8	98.603 2	110.284 6	123.413 5	138.166 4	154.740 0
20	64.202 8	72.052 4	80.946 8	91.024 9	102.443 6	115.379 7	130.032 9	146.628 0	165.418 0	186.688 0
21	72.265 1	81.698 7	92.469 9	104.768 4	118.810 1	134.840 5	153.138 5	174.021 0	197.847 4	225.025 6
22	81.214 3	92.502 6	105.491 0	120.436 0	137.631 6	157.415 0	180.172 1	206.344 8	236.438 5	271.030 7
23	91.147 9	104.602 9	120.204 8	138.297 0	159.276 4	183.601 4	211.801 3	244.486 8	282.361 8	326.236 9
24	102.174 2	118.155 2	136.831 5	158.658 6	184.167 8	213.977 6	248.807 6	289.494 5	337.010 5	392.484 2
25	114.413 3	133.333 9	155.619 6	181.870 8	212.793 0	249.214 0	292.104 9	342.603 5	402.042 5	471.981 1
26	127.998 8	150.333 9	176.850 1	208.332 7	245.712 0	290.088 3	342.762 7	405.272 1	479.430 6	567.377 3
27	143.078 6	169.374 0	200.840 6	238.499 3	283.568 8	337.502 4	402.032 3	479.221 1	571.522 4	681.852 8
28	159.817 3	190.698 9	227.949 9	272.889 2	327.104 1	392.502 8	471.377 8	566.480 9	681.111 6	819.223 3
29	178.397 2	214.582 8	258.583 4	312.093 7	377.169 7	456.303 2	552.512 1	669.447 5	811.522 8	984.068 0
30	199.020 9	241.332 7	293.199 2	356.786 8	434.745 1	530.311 7	647.439 1	790.948 0	966.712 2	1 181.881 6

表 C-3 年金终值系数表（三）

$(F/A, i, n)$

期数	21%	22%	23%	24%	25%	26%	27%	28%	29%	30%
1	1.000 0	1.000 0	1.000 0	1.000 0	1.000 0	1.000 0	1.000 0	1.000 0	1.000 0	1.000 0
2	2.210 0	2.220 0	2.230 0	2.240 0	2.250 0	2.260 0	2.270 0	2.280 0	2.290 0	2.300 0
3	3.674 1	3.708 4	3.742 9	3.777 6	3.812 5	3.847 6	3.882 9	3.918 4	3.954 1	3.990 0
4	5.445 7	5.524 2	5.603 8	5.684 2	5.765 6	5.848 0	5.931 3	6.015 6	6.100 8	6.187 0
5	7.589 2	7.739 6	7.892 6	8.048 4	8.207 0	8.368 4	8.532 7	8.699 9	8.870 0	9.043 1
6	10.183 0	10.442 3	10.707 9	10.980 1	11.258 8	11.544 2	11.836 6	12.135 9	12.442 3	12.756 0
7	13.321 4	13.739 6	14.170 8	14.615 3	15.073 5	15.545 8	16.032 4	16.533 9	17.050 6	17.582 8
8	17.118 9	17.762 3	18.430 0	19.122 9	19.841 9	20.587 6	21.361 2	22.163 4	22.995 3	23.857 7
9	21.713 9	22.670 0	23.669 0	24.712 5	25.802 3	26.940 4	28.128 7	29.369 2	30.663 9	32.015 0
10	27.273 8	28.657 4	30.112 8	31.643 4	33.252 9	34.944 9	36.723 5	38.592 6	40.556 4	42.619 5
11	34.001 3	35.962 0	38.038 8	40.237 9	42.566 1	45.030 6	47.638 8	50.398 5	53.317 8	56.405 3
12	42.141 6	44.873 7	47.787 7	50.895 0	54.207 7	57.738 5	61.501 3	65.510 0	69.780 3	74.327 0
13	51.991 3	55.745 9	59.778 8	64.109 7	68.759 6	73.750 6	79.106 6	84.852 9	91.016 1	97.625 0
14	63.909 5	69.010 0	74.528 0	80.496 1	86.949 5	93.925 8	101.465 4	109.611 7	118.410 8	127.912 5
15	78.330 5	85.192 2	92.669 4	100.815 1	109.686 8	119.346 5	129.861 1	141.302 9	153.750 0	167.286 3
16	95.779 9	104.934 5	114.983 4	126.010 8	138.108 5	151.376 6	165.923 6	181.867 7	199.337 4	218.472 2
17	116.893 7	129.020 1	142.429 5	157.253 4	173.635 7	191.734 5	211.723 0	233.790 7	258.145 3	285.013 9
18	142.441 3	158.404 5	176.188 3	195.994 2	218.044 6	242.585 5	269.888 2	300.252 1	334.007 4	371.518 0
19	173.354 0	194.253 5	217.711 6	244.032 8	273.555 8	306.657 7	343.758 0	385.322 7	431.869 6	483.973 4
20	210.758 4	237.989 3	268.785 3	303.600 6	342.944 7	387.388 7	437.572 6	494.213 1	558.111 8	630.165 5
21	256.017 6	291.346 9	331.605 9	377.464 8	429.680 9	489.109 8	556.717 3	633.592 7	720.964 2	820.215 1
22	310.781 3	356.443 2	408.875 3	469.056 3	538.101 1	617.278 3	708.030 9	811.998 7	931.043 8	1 067.279 6
23	377.045 4	435.860 7	503.916 6	582.629 8	673.626 4	778.770 7	900.199 3	1 040.358 3	1 202.046 5	1 388.463 5
24	457.224 9	532.750 1	620.817 4	723.461 0	843.032 9	982.251 1	1 144.253 1	1 332.658 6	1 551.640 0	1 806.002 6
25	554.242 2	650.955 1	764.605 4	898.091 6	1 054.791 2	1 238.636 3	1 454.201 4	1 706.803 1	2 002.615 6	2 348.803 3
26	671.633 0	795.165 3	941.464 7	1 114.633 5	1 319.489 0	1 561.681 7	1 847.835 8	2 185.707 9	2 584.374 1	3 054.444 3
27	813.675 9	971.101 6	1 159.001 6	1 383.145 5	1 650.361 2	1 968.719 9	2 347.751 6	2 798.706 1	3 334.842 6	3 971.777 6
28	985.547 9	1 185.744 0	1 426.571 9	1 716.100 5	2 063.951 6	2 481.586 0	2 982.644 4	3 583.343 8	4 302.947 0	5 164.310 9
29	1 193.512 9	1 447.607 7	1 755.683 5	2 128.964 8	2 580.939 4	3 127.798 4	3 788.958 3	4 587.680 1	5 551.801 6	6 714.604 2
30	1 445.150 7	1 767.081 3	2 160.490 7	2 640.916 4	3 227.174 3	3 942.026 0	4 812.977 1	5 873.230 6	7 162.824 1	8 729.985 5

附录 D 年金现值系数表

表 D-1 年金现值系数表（一）

期数	1%	2%	3%	4%	5%	6%	7%	8%	9%	10%
1	0.990 1	0.980 4	0.970 9	0.961 5	0.952 4	0.943 4	0.934 6	0.925 9	0.917 4	0.909 1
2	1.970 4	1.941 6	1.913 5	1.886 1	1.859 4	1.833 4	1.808 0	1.783 3	1.759 1	1.735 5
3	2.941 0	2.883 9	2.828 6	2.775 1	2.723 2	2.673 0	2.624 3	2.577 1	2.531 3	2.486 9
4	3.902 0	3.807 7	3.717 1	3.629 9	3.546 0	3.465 1	3.387 2	3.312 1	3.239 7	3.169 9
5	4.853 4	4.713 5	4.579 7	4.451 8	4.329 5	4.212 4	4.100 2	3.992 7	3.889 7	3.790 8
6	5.795 5	5.601 4	5.417 2	5.242 1	5.075 7	4.917 3	4.766 5	4.622 9	4.485 9	4.355 3
7	6.728 2	6.472 0	6.230 3	6.002 1	5.786 4	5.582 4	5.389 3	5.206 4	5.033 0	4.868 4
8	7.651 7	7.325 5	7.019 7	6.732 7	6.463 2	6.209 8	5.971 3	5.746 6	5.534 8	5.334 9
9	8.566 0	8.162 2	7.786 1	7.435 3	7.107 8	6.801 7	6.515 2	6.246 9	5.995 2	5.759 0
10	9.471 3	8.982 6	8.530 2	8.110 9	7.721 7	7.360 1	7.023 6	6.710 1	6.417 7	6.144 6
11	10.367 6	9.786 8	9.252 6	8.760 5	8.306 4	7.886 9	7.498 7	7.139 0	6.805 2	6.495 1
12	11.255 1	10.575 3	9.954 0	9.385 1	8.863 3	8.383 8	7.942 7	7.536 1	7.160 7	6.813 7
13	12.133 7	11.348 4	10.635 0	9.985 6	9.393 6	8.852 7	8.357 7	7.903 8	7.486 9	7.103 4
14	13.003 7	12.106 2	11.296 1	10.563 1	9.898 6	9.295 0	8.745 5	8.244 2	7.786 2	7.366 7
15	13.865 1	12.849 3	11.937 9	11.118 4	10.379 7	9.712 2	9.107 9	8.559 5	8.060 7	7.606 1
16	14.717 9	13.577 7	12.561 1	11.652 3	10.837 8	10.105 9	9.446 6	8.851 4	8.312 6	7.823 7
17	15.562 3	14.291 9	13.166 1	12.165 7	11.274 1	10.477 3	9.763 2	9.121 6	8.543 6	8.021 6
18	16.398 3	14.992 0	13.753 5	12.659 3	11.689 6	10.827 6	10.059 1	9.371 9	8.755 6	8.201 4
19	17.226 0	15.678 5	14.323 8	13.133 9	12.085 3	11.158 1	10.335 6	9.603 6	8.950 1	8.364 9
20	18.045 6	16.351 4	14.877 5	13.590 3	12.462 2	11.469 9	10.594 0	9.818 1	9.128 5	8.513 6
21	18.857 0	17.011 2	15.415 0	14.029 2	12.821 2	11.764 1	10.835 5	10.016 8	9.292 2	8.648 7
22	19.660 4	17.658 0	15.936 9	14.451 1	13.163 0	12.041 6	11.061 2	10.200 7	9.442 4	8.771 5
23	20.455 8	18.292 2	16.443 6	14.856 8	13.488 6	12.303 4	11.272 2	10.371 1	9.580 2	8.883 2
24	21.243 4	18.913 9	16.935 5	15.247 0	13.798 6	12.550 4	11.469 3	10.528 8	9.706 6	8.984 7
25	22.023 2	19.523 5	17.413 1	15.622 1	14.093 9	12.783 4	11.653 6	10.674 8	9.822 6	9.077 0
26	22.795 2	20.121 0	17.876 8	15.982 8	14.375 2	13.003 2	11.825 8	10.810 0	9.929 0	9.160 9
27	23.559 6	20.706 9	18.327 0	16.329 6	14.643 0	13.210 5	11.986 7	10.935 2	10.026 6	9.237 2
28	24.316 4	21.281 3	18.764 1	16.663 1	14.898 1	13.406 2	12.137 1	11.051 1	10.116 1	9.306 6
29	25.065 8	21.844 4	19.188 5	16.983 7	15.141 1	13.590 7	12.277 7	11.158 4	10.198 3	9.369 6
30	25.807 7	22.396 5	19.600 4	17.292 0	15.372 5	13.764 8	12.409 0	11.257 8	10.273 7	9.426 9

表 D-2 年金现值系数表（二）

$(P/A, i, n)$

期数	11%	12%	13%	14%	15%	16%	17%	18%	19%	20%
1	0.900 9	0.892 9	0.885 0	0.877 2	0.869 6	0.862 1	0.854 7	0.847 5	0.840 3	0.833 3
2	1.712 5	1.690 1	1.668 1	1.646 7	1.625 7	1.605 2	1.585 2	1.565 6	1.546 5	1.527 8
3	2.443 7	2.401 8	2.361 2	2.321 6	2.283 2	2.245 9	2.209 6	2.174 3	2.139 9	2.106 5
4	3.102 4	3.037 3	2.974 5	2.913 7	2.855 0	2.798 2	2.743 2	2.690 1	2.638 6	2.588 7
5	3.695 9	3.604 8	3.517 2	3.433 1	3.352 2	3.274 3	3.199 3	3.127 2	3.057 6	2.990 6
6	4.230 5	4.111 4	3.997 5	3.888 7	3.784 5	3.684 7	3.589 2	3.497 6	3.409 8	3.325 5
7	4.712 2	4.563 8	4.422 6	4.288 3	4.160 4	4.038 6	3.922 4	3.811 5	3.705 7	3.604 6
8	5.146 1	4.967 6	4.798 8	4.638 9	4.487 3	4.343 6	4.207 2	4.077 6	3.954 4	3.837 2
9	5.537 0	5.328 2	5.131 7	4.946 4	4.771 6	4.606 5	4.450 6	4.303 0	4.163 3	4.031 0
10	5.889 2	5.650 2	5.426 2	5.216 1	5.018 8	4.833 2	4.658 6	4.494 1	4.338 9	4.192 5
11	6.206 5	5.937 7	5.686 9	5.452 7	5.233 7	5.028 6	4.836 4	4.656 0	4.486 5	4.327 1
12	6.492 4	6.194 4	5.917 6	5.660 3	5.420 6	5.197 1	4.988 4	4.793 2	4.610 5	4.439 2
13	6.749 9	6.423 5	6.121 8	5.842 4	5.583 1	5.342 3	5.118 3	4.909 5	4.714 7	4.532 7
14	6.981 9	6.628 2	6.302 5	6.002 1	5.724 5	5.467 5	5.229 3	5.008 1	4.802 3	4.610 6
15	7.190 9	6.810 9	6.462 4	6.142 2	5.847 4	5.575 5	5.324 2	5.091 6	4.875 9	4.675 5
16	7.379 2	6.974 0	6.603 9	6.265 1	5.954 2	5.668 5	5.405 3	5.162 4	4.937 7	4.729 6
17	7.548 8	7.119 6	6.729 1	6.372 9	6.047 2	5.748 7	5.474 6	5.222 3	4.989 7	4.774 6
18	7.701 6	7.249 7	6.839 9	6.467 4	6.128 0	5.817 8	5.533 9	5.273 2	5.033 3	4.812 2
19	7.839 3	7.365 8	6.938 0	6.550 4	6.198 2	5.877 5	5.584 5	5.316 2	5.070 0	4.843 5
20	7.963 3	7.469 4	7.024 8	6.623 1	6.259 3	5.928 8	5.627 8	5.352 7	5.100 9	4.869 6
21	8.075 1	7.562 0	7.101 6	6.687 0	6.312 5	5.973 1	5.664 8	5.383 7	5.126 8	4.891 3
22	8.175 7	7.644 6	7.169 5	6.742 9	6.358 7	6.011 3	5.696 4	5.409 9	5.148 6	4.909 4
23	8.266 4	7.718 4	7.229 7	6.792 1	6.398 8	6.044 2	5.723 4	5.432 1	5.166 8	4.924 5
24	8.348 1	7.784 3	7.282 9	6.835 1	6.433 8	6.072 6	5.746 5	5.450 9	5.182 2	4.937 1
25	8.421 7	7.843 1	7.330 0	6.872 9	6.464 1	6.097 1	5.766 2	5.466 9	5.195 1	4.947 6
26	8.488 1	7.895 7	7.371 7	6.906 1	6.490 6	6.118 2	5.783 1	5.480 4	5.206 0	4.956 3
27	8.547 8	7.942 6	7.408 6	6.935 2	6.513 5	6.136 4	5.797 5	5.491 9	5.215 1	4.963 6
28	8.601 6	7.984 4	7.441 2	6.960 7	6.533 5	6.152 0	5.809 9	5.501 6	5.222 8	4.969 7
29	8.650 1	8.021 8	7.470 1	6.983 0	6.550 9	6.165 6	5.820 4	5.509 8	5.229 2	4.974 7
30	8.693 8	8.055 2	7.495 7	7.002 7	6.566 0	6.177 2	5.829 4	5.516 8	5.234 7	4.978 9

表 D-3　年金现值系数表（三）

$(P/A, i, n)$

期数	21%	22%	23%	24%	25%	26%	27%	28%	29%	30%
1	0.826 4	0.819 7	0.813 0	0.806 5	0.800 0	0.793 7	0.787 4	0.781 3	0.775 2	0.769 2
2	1.509 5	1.491 5	1.474 0	1.456 8	1.440 0	1.423 5	1.407 4	1.391 6	1.376 1	1.360 9
3	2.073 9	2.042 2	2.011 4	1.981 3	1.952 0	1.923 4	1.895 6	1.868 4	1.842 0	1.816 1
4	2.540 4	2.493 6	2.448 3	2.404 3	2.361 6	2.320 2	2.280 0	2.241 0	2.203 1	2.166 2
5	2.926 0	2.863 6	2.803 5	2.745 4	2.689 3	2.635 1	2.582 7	2.532 0	2.483 0	2.435 6
6	3.244 6	3.166 9	3.092 3	3.020 5	2.951 4	2.885 0	2.821 0	2.759 4	2.700 0	2.642 7
7	3.507 9	3.415 5	3.327 0	3.242 3	3.161 1	3.083 3	3.008 7	2.937 0	2.868 2	2.802 1
8	3.725 6	3.619 3	3.517 9	3.421 2	3.328 9	3.240 7	3.156 4	3.075 8	2.998 6	2.924 7
9	3.905 4	3.786 3	3.673 1	3.565 5	3.463 1	3.365 7	3.272 8	3.184 2	3.099 7	3.019 0
10	4.054 1	3.923 2	3.799 3	3.681 9	3.570 5	3.464 8	3.364 4	3.268 9	3.178 1	3.091 5
11	4.176 9	4.035 4	3.901 8	3.775 7	3.656 4	3.543 5	3.436 5	3.335 1	3.238 8	3.147 3
12	4.278 4	4.127 4	3.985 2	3.851 4	3.725 1	3.605 9	3.493 3	3.386 8	3.285 9	3.190 3
13	4.362 4	4.202 8	4.053 1	3.912 4	3.780 1	3.655 5	3.538 1	3.427 2	3.322 4	3.223 3
14	4.431 7	4.264 6	4.108 2	3.961 6	3.824 1	3.694 9	3.573 3	3.458 7	3.350 7	3.248 7
15	4.489 0	4.315 2	4.153 0	4.001 3	3.859 3	3.726 1	3.601 0	3.483 4	3.372 6	3.268 2
16	4.536 4	4.356 7	4.189 4	4.033 3	3.887 4	3.750 9	3.622 8	3.502 6	3.389 6	3.283 2
17	4.575 5	4.390 8	4.219 0	4.059 1	3.909 9	3.770 5	3.640 0	3.517 7	3.402 8	3.294 8
18	4.607 9	4.418 7	4.243 1	4.079 9	3.927 9	3.786 1	3.653 6	3.529 4	3.413 0	3.303 7
19	4.634 6	4.441 5	4.262 7	4.096 7	3.942 4	3.798 5	3.664 2	3.538 6	3.421 0	3.310 5
20	4.656 7	4.460 3	4.278 6	4.110 3	3.953 9	3.808 3	3.672 6	3.545 8	3.427 1	3.315 8
21	4.675 0	4.475 6	4.291 6	4.121 2	3.963 1	3.816 1	3.679 2	3.551 4	3.431 9	3.319 8
22	4.690 0	4.488 2	4.302 1	4.130 0	3.970 5	3.822 3	3.684 4	3.555 8	3.435 6	3.323 0
23	4.702 5	4.498 5	4.310 6	4.137 1	3.976 4	3.827 3	3.688 5	3.559 2	3.438 4	3.325 4
24	4.712 8	4.507 0	4.317 6	4.142 8	3.981 1	3.831 2	3.691 8	3.561 9	3.440 6	3.327 2
25	4.721 3	4.513 9	4.323 2	4.147 4	3.984 9	3.834 2	3.694 3	3.564 0	3.442 3	3.328 6
26	4.728 4	4.519 6	4.327 8	4.151 1	3.987 9	3.836 7	3.696 3	3.565 6	3.443 7	3.329 7
27	4.734 2	4.524 3	4.331 6	4.154 3	3.990 3	3.838 7	3.697 9	3.566 9	3.444 7	3.330 5
28	4.739 0	4.528 1	4.334 6	4.156 6	3.992 3	3.840 2	3.699 1	3.567 9	3.445 5	3.331 2
29	4.743 0	4.531 2	4.337 1	4.158 5	3.993 8	3.841 4	3.700 1	3.568 7	3.446 1	3.331 7
30	4.746 3	4.533 8	4.339 1	4.160 1	3.995 0	3.842 4	3.700 9	3.569 3	3.446 6	3.332 1

参 考 文 献

[1] 张宁宁，查丽娟. 建筑工程经济［M］. 北京：北京大学出版社，2018.
[2] 李南. 工程经济学［M］. 北京：科学出版社，2018.
[3] 时思，子重仁，胡一多. 建筑工程经济［M］. 北京：清华大学出版社，2018.
[4] 赵小娥，胡六星. 建筑工程经济［M］. 北京：北京大学出版社，2012.
[5] 章喆，胡育. 建筑工程经济［M］. 郑州：黄河水利出版社，2010.
[6] 杨庆丰，侯聪霞. 建筑工程经济［M］. 北京：北京大学出版社，2009.
[7] 陈志华，刘勇. 建筑工程经济学［M］. 北京：中国水利水电出版社，2009.
[8] 李慧民. 建筑工程经济与项目管理［M］. 北京：冶金工业出版社，2009.
[9] 吕靖，梁晶. 技术经济学［M］. 北京：化学工业出版社，2008.
[10] 叶义仁. 建设工程经济［M］. 北京：中国建筑工业出版社，2006.
[11] 冯为民，付晓灵. 工程经济学［M］. 北京：北京大学出版社，2006.
[12] 宋国防，贾湖. 工程经济学［M］. 天津：天津大学出版社，2002.
[13] 毛义华. 建筑工程经济［M］. 杭州：浙江大学出版社，2001.

建筑工程经济
——学习工作页

主　编　张明媚
副主编　张博文　李美云
参　编　肖　明　王　涛　补国苗
　　　　李高扬　刘明广　郝卫东
　　　　于英武

机械工业出版社

目　　录

单元 1　绪论 ··· 1
单元 2　现金流量与资金时间价值 ·· 5
单元 3　工程项目的经济评价指标 ·· 15
单元 4　建设项目方案比选 ··· 21
单元 5　建设项目的不确定性分析与风险分析 ···································· 31
单元 6　建设项目的可行性研究 ·· 45
单元 7　设备更新经济分析 ··· 49
单元 8　建设项目的经济评价 ··· 57
单元 9　价值工程 ·· 71

单元1　绪论				1. 学习导航			
班级		姓名		学号		日期	

学习目标

1. 掌握基本建设的概念，基本建设程序
2. 掌握建筑业的概念、建筑业与基本建设之间的关系
3. 熟悉建筑工程经济的研究内容

重点与难点

1. 重点：基本建设与基本建设程序的概念、建筑工程经济的研究内容
2. 难点：建筑业与基本建设之间的关系

单元回顾

　　1. 基本建设是指投资建造固定资产和形成物资基础的经济活动。凡是固定资产扩大再生产的新建、改建、扩建、恢复工程及设备购置活动均称为基本建设

　　2. 基本建设项目按建设的性质分为新建项目、扩建项目、改建项目、迁建项目和恢复项目；按建设的经济用途分为生产性基本建设和非生产性基本建设；按建设规模和总投资的大小，可分为大型、中型、小型建设项目。对于工业建设项目和非工业建设项目的大、中、小型的划分标准按有关部委的规定执行。基本建设项目按建设过程可分为筹建项目、施工项目、建成投资项目、收尾项目和停缓建项目等

　　3. 建筑业是一个独立的、重要的物质生产部门，是从事建筑工程勘察设计、施工安装和维修更新的物质生产部门

　　4. 基本建设活动和建筑业两者之间有着密切的关系，它们互相依赖、互相影响、互相制约，同时又有区别

　　5. 工程经济学是一门综合运用工程学和经济学，在有限资源条件下运用有效方法，对多种可行方案进行评价和决策，确定最佳方案的学科

　　6. 建筑工程经济研究内容包括：方案评价方法、投资方案选择、筹资分析、财务分析、不确定性分析、价值工程等内容

　　7. 建筑工程经济具有很强的技术和经济的综合性、技术与环境的系统性、方案差异的对比性、对未来的预测性及方案的择优性等特点

解题指南

　　理解本单元的基本概念

单元1 绪论				2. 技能提升			
班级		姓名		学号		日期	

1. 什么是固定资产?

2. 基本建设的定义及内容是什么?

3. 基本建设项目如何分类?

4. 简述基本建设程序。基本建设程序与建筑业的关系是怎样的?

5. 建筑工程经济的研究内容是什么?

单元2 现金流量与资金时间价值				1. 学习导航	
班级		姓名		学号	日期

学习目标
1. 掌握现金流量图的绘制
2. 掌握资金时间价值的概念
3. 掌握利息、利率的概念
4. 掌握资金等值计算
5. 掌握名义利率与实际利率的概念与计算

重点与难点
1. 重点：现金流量图的绘制、资金时间价值
2. 难点：资金等值计算、名义利率与实际利率转换

单元回顾

   1. 现金流量、现金流入量、现金流出量及净现金流量的基本概念。建设企业在整个投资和回收过程中发生的各项资金支出统称为现金流出，所有的资金注入称为现金流入。我们将建设项目投资看作是一个系统，项目系统中的现金流入（正现金流量）和现金流出（负现金流量），称为现金流量。每年实际发生的流出和流入系统的资金代数和，叫作净现金流量

   2. 绘制现金流量图。把时间标在横轴上，现金收支量标在纵轴上，即可形象地表示现金收支与时间的关系，这种图称为现金流量图

   3. 资金等值计算的6个常用公式

   4. 名义利率与有效利率之间的关系及转换

解题指南

   1. 把握现金流量图的三要素

   2. 理解资金等值计算公式及各公式之间的联系

类别		名称	已知	求知	计算公式	符号计算式
一次支付	终值公式	一次支付复利公式	P	F	$F=P(1+i)^n$	$F=P(F/P,i,n)$
	现值公式	一次支付现值公式	F	P	$P=F\left[\dfrac{1}{(1+i)^n}\right]$	$P=F(P/F,i,n)$
等额支付	终值公式	等额支付系列复利公式	A	F	$F=A\left[\dfrac{(1+i)^n-1}{i}\right]$	$F=A(F/A,i,n)$
	积累基金公式	等额支付系列积累基金公式	F	A	$A=F\left[\dfrac{i}{(1+i)^n-1}\right]$	$A=F(A/F,i,n)$
	资本回收公式	等额支付系列资金回收公式	P	A	$A=P\left[\dfrac{i(1+i)^n}{(1+i)^n-1}\right]$	$A=P(A/P,i,n)$
	现值公式	等额支付系列现值公式	A	P	$P=A\left[\dfrac{(1+i)^n-1}{i(1+i)^n}\right]$	$P=A(P/A,i,n)$

   3. 理解实际利率计算公式

单元 2　现金流量与资金时间价值			2. 技能提升	
班级		姓名	学号	日期

1. 什么是资金的时间价值？资金为什么具有时间价值？

2. 名义利率和有效利率的关系是怎样的？

3. 某企业2011年生产A产品1万件，生产成本150万元，当年销售8 000件，销售单价220元/件，全年发生管理费用10万元，财务费用6万元，销售费用为销售收入的3%，若销售税金及附加相当于销售收入的5%，所得税为25%，企业无其他收入，求该企业2011年的利润总额、税后利润。

4. 某企业1年前买了1万张面额为100元、年利率为10%（单利）、3年后到期一次性还本付息的国库券。现在可以购买年利率为12%、2年期、到期还本付息的无风险企业债券，该企业拟卖掉国库券购买企业债券，试问该企业可接受的国库券最低出售价格是多少？

5. A 矿业公司决定将其一处矿产开采权公开拍卖，因此它向世界各国煤炭企业招标开矿。已知甲公司和乙公司的投标书最具有竞争力，甲公司的投标书显示，如果该公司取得开采权，从获得开采权的第 1 年开始，每年年末向 A 公司交纳 10 亿美元的开采费，直到 10 年后开采结束。乙公司的投标书表示，该公司在取得开采权时，直接付给 A 公司 40 亿美元，在 8 年后开采结束，再付给 60 亿美元。如 A 公司要求的年投资回报率达到 15%，问应接受哪个公司的投标？

6. 某企业获得 10 万元贷款，偿还期 5 年、年利率为 10%，试就下面 4 种还款方式，分别计算 5 年还款总额及还款额的现值。
（1）每年年末还 2 万元本金和所欠利息；
（2）每年年末只还所欠利息，本金在第 5 年末一次还清；
（3）每年年末等额偿还本金和利息；
（4）第五年年末一次还清本金和利息。

7. 某企业将一笔资金存入银行，年利率是 5%，准备几年后取出，用于第 6 年、第 7 年、第 8 年三年使用，每年年初要保证改造费用 2 000 万元，问现在应存入多少元？

8. 某企业向银行贷款 20 万元，条件是年利率 12%，每月计息一次，求年实际利率以及 3 年年末应归还的本利和。

9. 某设备除每年发生 5 万元运行费用外，每隔 3 年需大修一次，每次费用为 3 万元，若设备的寿命为 15 年，资金利率为 10%，求其在整个寿命期内设备费用现值为多少。

10. 某项目采用分期付款的方式，连续 5 年每年末偿还银行借款 150 万元，如果银行借款年利率为 8%，按季计息，问截至到第 5 年年末，该项目累计还款的本利和是多少。

11. 某企业拟购买一项专利技术，预计该专利技术使用后可产生净收益 28 万元，有效使用期为 6 年，若投资收益率为 15%，试求该专利技术的价值。

12. 每年年末等额存入 1 500 元，连续 10 年，准备在第 6 年、第 10 年、第 15 年年末支取 3 次，金额相等，若年利率为 12%，求支取金额为多少。

13. 某学生向银行申请助学贷款，年利率5%，上学期限4年，并承诺毕业后6年内还清全部贷款，预计每年偿还5 000元，问该学生上学期间每年年初可从银行等额贷款多少钱？

14. 每半年存款5 000元，年利率4%，按季复利计息，5年后本利和为多少？

15. 某公司拟筹集一笔基金。准备前5年每年年末从利润中拿出200万元存入银行，年利率为5%，第5年末取出全部资金转为基金，基金的年利率为6%。建立基金后，公司打算在今后的15年内每5年的年末等额取出一笔资金，用于员工运动设施的维护与改造，试求这笔资金的额度是多少？

单元3　工程项目的经济评价指标		1. 学习导航	
班级		姓名	
学号		日期	

学习目标
1. 掌握静态、动态评价指标的含义、特点
2. 掌握静态、动态评价指标的计算及评价准则

重点与难点
1. 重点：投资回收期、净现值、财务内部收益率、净现值率
2. 难点：净现值、财务内部收益率

单元回顾

　　1. 经济评价指标体系是从不同角度、不同方面相互配合，较为全面地反映或说明与特定技术方案相联系的特定对象的经济效益的一系列有机整体性指标

　　2. 经济评价指标按是否考虑时间价值分为静态指标和动态指标：常见的静态指标为静态投资回收期；常见的动态指标包括净现值和内部收益率

　　3. 静态投资回收期是不考虑资金时间价值，以项目的净收益回收其全部投资所需要的时间。运用静态投资回收期指标评价技术方案时，需要与平均投资回收期 T_0 相比较。若项目投资回收期大于平均投资回收期则项目不能接受

　　4. 净现值是指整个寿命周期内，所有现金流入和现金流出的总和，是否达到投资者的最基本要求。方案的现金流的收益水平是否能够达到基准收益率的要求，即看是否大于零，当净现值大于零或等于零时，项目可行

　　5. 内部收益率是指项目在整个计算期内各年净现金流量的现值累计等于零时的折现率。计算求得的内部收益率后，要与项目的设定收益率相比较：若内部收益率大于设定收益率则方案可行

解题指南

　　1. 理解静态投资和动态投资回收期计算公式

$$P_t = (累计净现金流量出现正值的年份-1) + \frac{上年累计净现金流量的绝对值}{出现正值年份的净现金流量}$$

$$P_t' = (累计折现值出现正值的年份数-1) + \frac{上年累计折现值的绝对值}{出现正值年份的当年净现金流量的现值}$$

　　2. 理解净现值的意义及判别准则

　　3. 理解财务内部收益率的意义及计算过程

$$IRR = i_1 + \frac{|NPV(i_1)|}{|NPV(i_1)| + |NPV(i_2)|} \times (i_2 - i_1)$$

单元 3　工程项目的经济评价指标					2. 技能提升		
班级		姓名		学号		日期	

1. 利用表 3-1 所列数据，试计算动态投资回收期（$i=10\%$）。

表 3-1　现金流量表

序号	年份	0	1	2	3	4	5	6
1	现金流入			5 000	6 000	8 000	8 000	7 500
2	现金流出	6 000	4 000	2 000	2 500	3 000	3 500	3 500
3	净现金流量（1-2）	-6 000	-4 000	3 000	3 500	5 000	4 500	4 000

2. 假设一位朋友想投资一家小饭馆，向你借款 1 000 元。他提出在前 4 年的每年年末还给你 300 元，第 5 年末再还给你 500 元。假若你可以在银行定期存款中获得 10% 的利率，按照他提供的偿还方式，你应该借给他钱吗？

3. 某设备的购价为 4 000 元，每年的运行收入为 1 500 元，年运行费用 350 元，4 年后该设备可以按 500 元转让，如果基准收益率 $i_0=20\%$，问投资此项设备是否值得？

4. 某企业拟增加一台新的生产设备，设备投资为 150 万元，设备经济寿命期为 5 年，5 年后设备残值为 0。每年的现金流量见表 3-2，试在贴现率为 10%的条件下，分析该投资方案的可行性（使用 *NPV* 和 *IRR* 指标）。

表 3-2 现金流量表 （单位：万元）

年度	销售收入	经营费用	净收益
1	80	20	60
2	50	22	28
3	64	24	40
4	66	26	40
5	68	28	40

单元4 建设项目方案比选

1. 学习导航

班级		姓名		学号		日期	

学习目标
1. 掌握互斥方案适用的评价指标及评价比选方法
2. 掌握不同类型的互斥方案的比选
3. 掌握独立方案的评价比选

重点与难点
1. 重点：方案类型，互斥方案比选，独立方案评价
2. 难点：互斥方案比选

单元回顾

1. 建设工程项目方案间存在多种关系，如方案相互独立、方案具有从属关系、方案具有互斥关系等，其中最常见的是互斥型、独立型和混合型三种类型。互斥型是指多方案中，各个方案彼此可以相互代替，因此方案具有排他性。选择其中任何一个方案，则其他方案必然被排斥。独立型方案是指各方案的现金流量是独立的，不具有相关性，且选择或放弃其中任何一个方案，并不影响对其他方案的选择，方案之间不具有排他性。混合型方案是指在一组方案中，方案之间有些具有互斥关系，有些具有独立关系

2. 在对互斥方案进行优选时，经济效果评价包含两部分内容：一是考察各个方案自身的经济效果，即进行绝对效果检验；二是考察哪个方案相对经济效果最优，即进行相对效果检验。两种检验的目的和作用不同，通常缺一不可，以确保所选方案不仅可行且最优

3. 互斥方案比选分为静态方法比选和动态方法比选。常用的静态方法包括增量投资分析法、年折算费用法、综合总费用法等评价方法。互斥方案动态评价方法分为计算期相同时的互斥方案的选择、计算期不相同时的互斥方案选择和计算期无限时互斥方案的选择。计算期相等的互斥方案的选择通常采用净现值法、净年值法、增量内部收益率法和最小费用法等；计算期不等的互斥方案的选择采用年值法和现值法（最小公倍数法和分析期法）

4. 独立方案的选择包括无资金约束和有资金约束两种情况

解题指南
1. 理解计算期相同的互斥方案的比选方法
2. 理解计算期不同的互斥方案的比选方法
3. 理解独立方案的比选方法

单元4　建设项目方案比选						2. 技能提升
班级		姓名		学号		日期

1. 多方案组合的类型有几种？试举例说明。

2. 互斥方案的特点是什么？如何进行互斥方案的优选？

3. 无约束条件独立方案的选择与有约束条件独立方案的选择有什么区别？试举例说明。

4. 对层混型方案优选的方法有几种？

5. 已知两个建厂方案，Ⅰ方案为普通机床流水线，总投资为40万元，年经营费用为20万元；Ⅱ方案为专用机床流水线，总投资为60万元，年经营费用为12万元。两方案的年产量相等，设基准投资回收期为5年，试问哪个方案较优？

6. 为加工某零件有两个设计方案，方案甲投资8 000万元，年经营成本2 100万元，规模为500万件/年。乙方案投资6 000万元，年经营成本2 000万元，规模为450万件/年。设基准投资回收期为10年，投资收益率为10%，问哪个方案较优？

7. 已知方案A、B、C的有关资料见表4-1,基准收益率为15%,试分别用净现值法和内部收益率法对这三个方案选优。

表4-1 各方案的投资与年收入表

方案	初始投资/元	年收入/元	年支出/元	经济寿命/年
A	12 000	7 000	2 700	10
B	10 000	6 500	2 300	10
C	17 000	10 000	4 200	10

8. 某公司购买设备,有Ⅰ、Ⅱ两种不同型号可供选择,有关数据见表4-2,利率为8%,试问购买哪种型号的设备比较经济。

表4-2 各方案的投资与年收入表

方案	初始投资/元	年收入/元	年经营费用/元	残值/元	经济寿命/年
Ⅰ	120 000	70 000	6 000	20 000	10
Ⅱ	90 000	70 000	8 500	10 000	8

9. 某企业购买辅助设备空压机,可供选择的设备有两种,均能满足相同的工作要求,其有关资料见表4-3,设基准收益率为15%,试比较两方案。

表4-3 各方案的投资与年费用表

方案	投资/元	年操作费	残值	寿命
A	30 000	20 000	5 000	6
B	40 000	18 000	0	9

10. 改造某地荷塘，有 A、B 两个方案可以选择，基准收益率为 10%，问应如何选择？

（1）A 方案：投资 60 万元，用于挖河道铺水泥面，可永久使用，年维护费用 1 万元，水泥面需要每 5 年支付 3 万元的维修费。

（2）B 方案：投资 50 万元，购置挖掘设备，每 10 年挖掘一次，残值为 1 万元，每年清除杂草支出 1.2 万元。

11. 现有 A、B、C 三个独立投资方案，各方案的净现金流量见表 4-4，基准收益率为 12%。

表 4-4　方案各年净现金流量　　　　　　　　（单位：万元）

年份	方案		
	A	B	C
0	−1 000	−2 500	−4 500
1~5	300	800	1 400

问：（1）若资金充足，应如何选择方案？
　　（2）若资金限额为 6 000 万元，应如何进行投资？

12. 某企业计划三项投资，A 为节能改造项目，B 为扩建项目，C 为废液处理项目。3 个项目之间是相互独立的，项目内部的各方案是相互排斥的。三个项目内部的投资方案见表 4-5，寿命周期为 10 年，基准收益率为 10%。

表 4-5 项目内部各互斥方案投资与年净收益

项目	投资方案	期初投资/万元	年净收益/万元
节能改造项目 A	A_1	100	40
	A_2	200	70
	A_3	300	78
扩建项目 B	B_1	100	5
	B_2	200	40
	B_3	300	54
废液处理项目 C	C_1	100	20
	C_2	200	25
	C_3	300	50

问：（1）如果企业资金充足应选择哪些方案进行投资？
（2）若企业只有 400 万元资金，企业又该如何决策？

单元5	建设项目的不确定性分析与风险分析		1. 学习导航	
班级		姓名	学号	日期

学习目标
1. 掌握不确定性和风险的概念
2. 掌握盈亏平衡分析方法
3. 掌握敏感性分析方法与步骤
4. 熟悉风险分析的方法与概念

重点与难点
1. 重点：盈亏平衡分析、敏感性分析、风险分析
2. 难点：同重点

单元回顾

  1. 不确定因素和风险因素在未来的变化就构成了项目决策过程的不确定性，而工程项目的不确定性是其项目投资的基本属性。对风险的应对一般可采用回避、减轻、自留、转移四种方法。工程经济分析中的不确定分析的主要方法有盈亏平衡分析、敏感性分析、风险分析等

  2. 盈亏平衡分析就是找出影响建设方案经济效果的不确定因素，然后计算盈亏平衡点，据此判断工程建设方案对不确定因素变化的承受能力

  3. 敏感性分析主要通过因素替换法，找出影响项目经济效益的最大、最关键的主要因素，分为单因素和多因素敏感性分析

  4. 风险分析的方法主要包括期望值法和决策树法。期望值法是在概率的基础上，通过计算各方案的损益期望值，来判断选择最优方案的一种方法。决策树法通过绘制决策树，理清不同的方案分枝，同时计算各个方案机会点的损益期望值，据此来选择较优的方案

解题指南

  1. 理解盈亏平衡点的不同表示方式及公式

以产量表示的盈亏平衡点：$BEP_Q = \dfrac{F}{P-V-T}$

以生产能力利用率表示的盈亏平衡点：

$$BEP_Y = \dfrac{BEP_Q}{Q_0} \times 100\% = \dfrac{F}{(P-V-T)Q} \times 100\%$$

或 $BEP_Y = \dfrac{\text{年固定总成本}}{\text{销售收入}-\text{年变动总成本}-\text{年销售税金及附加}} \times 100\%$

以营业收入表示的盈亏平衡点：$BEP_R = P \times BEP_Q = P\dfrac{F}{P-V-T}$

以产品销售价格表示的盈亏平衡点：$BEP_P = \dfrac{F}{Q_0} + V + t$

以产品变动成本表示的盈亏平衡点：$BEP_V = P - \dfrac{F}{Q_0} - T$

  2. 理解敏感性分析的方法，理解单因素与多因素敏感性分析
  3. 理解决策树分析法的分析过程

单元 5	建设项目的不确定性分析与风险分析	2. 技能提升

班级		姓名		学号		日期	

1. 什么是不确定性分析？不确定性分析包括哪些内容？

2. 现行盈亏平衡分析的前提假设是什么？盈亏平衡点的生产能力利用率说明什么问题？

3. 什么是敏感性分析？敏感性分析的目的是什么？

4. 敏感性分析的步骤有哪些？判断敏感性因素的指标有哪些？

5. 敏感性分析有什么不足之处？

6. 某项目设计生产能力为年产 50 万件，每件产品价格为 120 元，单位产品可变成本为 100 元，产品销售税金及附加占销售收入的 3%，年固定成本为 700 万元。试计算用产量、年生产能力利用率、销售价格、单位产品变动成本表示的盈亏平衡点。

7. 某企业生产的产品，设计年生产能力为 7 万件，每件产品的售价为 20 元，单位产品变动成本为 15 元，年固定成本总额为 24 万元。
问：（1）求企业的最大可能利润。
（2）求企业不盈不亏时产量和生产能力利用率。
（3）求企业年利润为 6 万元时的产量。
（4）该厂经过市场调查后发现该产品需求量将超过目前的生产能力，因此准备扩大生产规模。扩大生产规模后，当产量不足 10 万件时，固定成本将增加 8 万元，单位产品变动成本下降到 14.5 元，求此时的盈亏平衡点并作图比较。

8. 某企业进行更新改造，计划购买设备，现市场上有 A、B 两类设备可供选择，具体情况见表 5-1。

表 5-1　A、B 设备基础数据

设备	购买价格/元	年固定费用/元	单位变动费用/(元/件)
A	80 000	40 000	0.43
B	60 000	45 000	0.38

问：（1）若基准折线率为 12%，设备使用年限为 8 年，试用盈亏平衡分析法确定这两类设备各自适应的最优生产能力，并绘出简图。
（2）若基准折线率为 12%，，年产量为 13 000 个，则设备使用年限为多长时选设备 A 有利？
（3）若设备使用年限为 8 年，年产量为 13 000 个，则基准收益率在什么范围内选设备 B 有利？

9. 某投资项目其主要经济参数估计值为：初始投资 15 000 元，寿命为 10 年，残值为 0，年收入为 32 000 元，年支出为 2 000 元，残值为 20 000 元，投资收益率为 10%。试以内部收益率指标对方案进行敏感性分析。

10. 某项目设计能力为年产钢材 30 万吨，每吨钢材价格为 650 元，单位可变成本为 400 元，总固定成本为 3 000 万元，其中折旧费用为 250 万元，试作出以下分析：
（1）生产能力利用率表示的盈亏平衡点。
（2）当产品价格、固定成本和可变成本变动±10%时，对生产能力利用率盈亏平衡点的影响，并指出敏感因素。

11. 某拟建工程项目，有三个技术方案可供采纳，每一方案的产品成本见表 5-2，试比较三个方案。

表 5-2　成本数据表

方案	A	B	C
产品可变成本	50	20	10
产品固定成本	1 500	4 500	16 500

12. 某投资项目其主要经济参数的估计值为：初始投资 140 万元，寿命 10 年，残值为 0，年收入为 80 元，年支出为 50 元，投资收益为 10%。由于未来影响经济环境的某些因素的不确定性，预计投资额、年收益、年支出参数的最大变化范围为 -20%~+20%，试对各参数分别作敏感性分析。

（1）利用相对测定法进行单因素敏感性分析。
（2）选择投资额和年支出两个因素进行多因素敏感性分析。

13. 某施工公司欲在 A、B 两项公开招标中选择一项进行投标，对某项工程又可采取投高标或投低标两种策略。根据以往经验与统计资料，若投高标，中标的概率为 0.3；若投低标，中标的概率为 0.5。各方案可能出现的损益值及其概率估计见表 5-3。不中标的费用损失为 5 000 元。

表 5-3 投标方案风险决策数据

方案	承包效果	可能的损益性/万元	概率
A 高	好	55	0.3
	一般	12	0.5
	差	−23	0.2
A 低	好	42	0.2
	一般	11	0.6
	差	−30	0.2
B 高	好	60	0.3
	一般	20	0.5
	差	−30	0.2
B 低	好	50	0.3
	一般	12	0.6
	差	−15	0.1

问：试采用决策树法作出投标决策。

单元6 建设项目的可行性研究				1. 学习导航	
班级		姓名		学号	日期

学习目标
1. 熟悉可行性研究的概念及工作程序
2. 掌握可行性研究报告的编制依据
3. 掌握可行性研究报告的基本内容
4. 掌握基本市场调查和预测方法

重点与难点
1. 重点：可行性研究的作用、可行性研究报告的内容、市场调查与市场预测方法
2. 难点：可行性研究报告的内容、市场预测

单元回顾
　　市场分析是可行研究中的一个重要工作，也是建筑工程经济学科领域中一个重要内容，市场分析包括市场调查和市场预测。其中市场调查部分介绍了市场调查的程序和市场调查的方法；市场预测部分介绍了市场预测基本步骤，市场预测分为定性预测和定量预测两大类，以及定量预测法中的算数平滑法，指数平滑法和回归分析法等

解题指南
　　1. 理解可行性研究的基本概念
　　2. 可行性研究报告的内容

单元6 建设项目的可行性研究					2. 技能提升	
班级		姓名		学号		日期

1. 简述建设项目可行性研究的概念，其阶段是如何划分的？各阶段的特点如何？

2. 编制可行性研究报告的依据和要求是什么？

3. 简述可行性研究的作用和内容。

单元 7　设备更新经济分析

1. 学习导航

班级		姓名		学号		日期	

学习目标

1. 掌握设备更新的原则
2. 熟悉设备磨损的类型与补偿方式
3. 掌握设备寿命的概念及设备经济寿命的计算
4. 掌握设备租赁与购买方案的比选

重点与难点

1. 重点：设备磨损补偿方式、设备寿命的概念及计算、设备租赁与购买方案比选
2. 难点：设备寿命计算、设备租赁与购买方案比选

单元回顾

　　1. 设备更新是对旧设备的整体更换，也就是用原型新设备或结构更加合理、技术更加完善、性能和生产效率更高、比较经济的新设备，更换已经陈旧了的，在技术上不能继续使用，或在经济上不宜继续使用的旧设备

　　2. 设备更新方案比较的原则：不考虑沉没成本，求出各设备的经济寿命，取经济寿命时年度费用小者为优

　　3. 设备在使用或闲置过程中会逐渐发生磨损，按其成因分为有形磨损与无形磨损两大类，设备有形磨损的局部补偿是修理，无形磨损的局部补偿是现代化改装

　　4. 设备的寿命在不同需要情况下有不同的内涵和意义。现代设备的寿命不仅要考虑自然寿命，而且还要考虑设备的技术寿命和经济寿命

　　5. 设备租赁是设备使用者（承租人）按照合同规定，按期向设备所有者（出租人）支付一定费用而取得设备使用权的一种经济活动。设备租赁一般有融资租赁和经营租赁两种方式

解题指南

　　1. 理解设备寿命的计算：分是否考虑资金时间价值两种情况

　　不考虑资金时间价值时：$C = \dfrac{P}{N} + O + M$

　　考虑资金时间价值时：$C = (P-F)(A/P, i, N) + F_i + O + M$

　　2. 理解寿命不等的设备更新方案的比选
　　3. 理解设备租赁与购买方案比选

单元7 设备更新经济分析				2. 技能提升	
班级		姓名		学号	日期

1. 设备磨损有几种主要形式？

2. 设备更新的特点是什么？

3. 某型号轿车购置费为3万元，在使用中有表7-1的统计资料，如果不考虑资金的时间价值，试计算其经济寿命。

表7-1　轿车的年度运营成本及年末残值　　（单位：万元）

使用年度	1	2	3	4	5	6	7
年度运营成本	5 000	6 000	7 000	9 000	11 500	14 000	17 000
年末残值	15 000	7 500	3 750	1 875	1 000	1 000	1 000

4. 某公司用旧设备 B 加工某产品的关键零件，设备 B 是 8 年前买的，当时的购置及安装费为 8 万元，设备 B 目前市场价为 18 000 元，估计设备 B 可再使用 2 年，退役时残值为 2 750 元。目前市场上出现了一种新的设备 A，设备 A 的购置及安装费为 120 000 万元，使用寿命为 10 年，残值为原值的 10%。旧设备 B 和新设备 A 加工 100 个零件所需时间分别为 5.24h 和 4.2h，该公司预计今后每年平均能销售 44 000 件该产品。该公司人工费为 18.7 元/h。旧设备动力费为 4.7 元/h，新设备动力费为 4.9 元/h。基准折现率为 10%，试分析是否应采用新设备 A 更新旧设备 B。

5. 假设某施工企业 3 年前花 5 000 元购买了一台搅拌机 A，估计还可以使用 6 年。第 6 年末估计残值 300 元，年度使用费为 1 000 元。现在市场上出现新型搅拌机 B，售价 7 000元，估计使用 10 年，第 10 年末估计残值 400 元，年度使用费为 800 元。现有两个方案：甲是继续使用 A，乙是将 A 以 1 000 元卖出，购买 B。如果基准折现率 10%，问：该施工企业应该选择哪个方案？

6. 某设备的原始价值 10 000 元，预计残值为 1 000 元，自然寿命是 10 年，运行成本初始值为 800 元，年运行成本劣化值为 300 元/年，则设备的经济寿命是多少？

7. 设某厂需要一台机器，设备的价格为 200 000 元，使用寿命是 10 年，预计设备的净残值是 5 000 元，该机器每年预估的营运费是 25 000 元，可能的各种维修费用平均每年需要 3 500 元，若向租赁公司租用，每年租金是 28 000 元。试问租赁和购买哪种方式对企业有利？（企业的基准折现率是 10%）

8. 某企业需要购置一台价值为 120 000 元的设备，该设备的使用寿命是 5 年，采用直线折旧法，残值为 10 000 元。若采用租赁方式租用设备，则每年需要付租金 30 000 元。如借款购买则每年需按借款利率 10% 来等额支付本利和。假设企业的所得税税率是 33%，折现率为 10%。当租赁设备时，承租人可以将租金计入成本而免税；当借款购买时，企业可以将所支付的利息及折旧从成本中扣除而免税，并且可以回收残值。试对以上两种方案进行决策。

单元8 建设项目的经济评价

1. 学习导航

班级		姓名		学号		日期	

学习目标
1. 熟悉财务评价与国民经济评价的概念、作用与意义
2. 掌握项目的财务评价

重点与难点
1. 重点：项目的财务评价
2. 难点：同重点

单元回顾

1. 项目经济分析包括财务评价和国民经济评价，首先应了解项目财务评价的概念，建设项目财务评价的原则和财务评价的作用以及国民经济评价的概念，国民经济评价的意义和国民经济评价与财务评价的区别

2. 在投资项目的财务评价的学习中首先是资本性投入基础数据的测算，包括总成本费用及其构成，总成本费用的估算方法，固定成本与变动成本的估算；其次是经营性投入基础数据的测算；最后是项目产出效果基础数据的测算，包括销售收入的估算，各项税金及附加的估算和利润总额及其分配的估算。

3. 各种基础数据测算完成后，应建立建设项目财务评价报表体系及评价指标，这也是财务评价工作的重点和难点。需要熟悉掌握财务评价中财务报表的编制及各个评价指标的计算

4. 在投资项目的国民经济评价的学习中，首先是费用和效益的识别，并掌握影子价格的相关知识，包括影子价格的概念，影子价格的数学意义及经济解释等；其次了解影子汇率及社会折现率，然后要掌握影子价格的确定，包括：（1）市场定价货物的影子价格：外贸货物、非外贸货物；（2）政府调控价格货物的影子价格；（3）特殊投入物的影子价格；最后要了解国民经济评价的步骤和国民经济评价常用报表及指标，包括国民经济盈利能力分析和外汇效果分析

解题指南

理解财务评价基本报表及辅助报表，理清报表之间的关系

单元 8　建设项目的经济评价				2. 技能提升	
班级		姓名	学号	日期	

1. 什么是财务评价？

2. 财务评价应遵循的原则是什么？

3. 财务效益分析的作用是什么？

4. 进行财务数据估算应遵循哪些原则？

5. 总成本费用包括哪些内容？

6. 进行财务评价需要利用哪些基本报表？它们各自反映的内容是什么？

7. 利润表的主要作用有哪些？

8. 在项目财务评价时，涉及哪几种现金流量表？各有什么特点和用途？

9. 在财务评价中包括哪几种基本报表，它们之间的相互关系如何？

10. 试述财务评价的指标体系。

11. 一般建设项目效益费用的构成如何？

12. 试述总成本与经营成本的关系及区别。

13. 试述国民经济评价的概念，常用报表及指标。

14. 试述建设项目进行财务评价和国民经济评价的必要性。

15. 试述建设项目的财务评价与国民经济评价的异同。

16. 试述国民经济评价中效益费用的识别方法，如何正确地划分效益和费用。

17. 国民经济评价的直接效益与费用有哪些？

18. 简述国民经济评价的间接效益与费用，外部效果是如何分类的？

19. 什么是转移支付？有哪些形式？

20. 什么是消费者剩余？消费者支付意愿？

21. 什么是影子价格、影子价格的数学意义及经济解释？

22. 贸易货物、非贸易货物、特殊投入物影子价格如何确定？

23. 简述影子汇率、社会折现率的概念及计算方法。

24. 某企业拟投资兴建一个建设项目。预计该项目寿命周期为12年，其中建设期2年，生产期10年。全部投资的现金流量基础数据见表8-1（表中数据均按发生在期末计）。基准动态投资回收期为9年，折现率按当地银行贷款利率（年利率12%，每年两次计息）计算。
问：
（1）请根据已知基础数据将表8-1中的现金流入、现金流出、净现金流量、累计净现金流量各栏数据填写完整。
（2）计算折现率、折现系数、折现净现金流量和累计折现净现金流量。
（3）计算静态、动态投资回收期。
（4）根据上述计算结果对该项目的可行性作出评价。

25. 某企业拟投资兴建一个生产项目，预计该生产系统的项目生命周期为12年，其中建设期为1年，生产期为10年，项目投资的现金流量数据见表8-2。根据国家规定，全部数据均按发生在各年的年末计算。项目的折现率按照银行贷款年利率12%计，按季利息。

问：

（1）分别按6%、25%的税率计算运营期内每年的销售税金及附加和所得税（生产期第一年和最后一年的年总成本为2 400万元，其余各年总成本均为3 600万元）。

（2）计算现金流入量、现金流出量和净现金流量、累计净现金流量。

（3）计算年实际利率、折现系数、折现净现金流量、累计折现现金流量。

（4）计算该项目的动态投资回收期。

注：仅要求对年实际利率和动态投资回收期列式计算，其余均直接在表中计算。

表 8-1 全部投资现金流量表

(单位：万元)

序号	项目	建设期		生产期									
		1	2	3	4	5	6	7	8	9	10	11	12
	生产负荷（%）												
1	现金流入												
1.1	销售收入			2 100	3 000	3 000	3 000	3 000	3 000	3 000	3 000	3 000	2 100
1.2	回收固定资产余值												
1.3	回收流动资金												
2	现金流出												
2.1	固定资产投资	1 200	1 800										
2.2	流动资金			500	200								
2.3	经营成本			1 200	1 700	1 700	1 700	1 700	1 700	1 700	1 700	1 700	1 200
2.4	税金			165	240	240	240	240	240	240	240	240	165
3	净现金流量												
4	累计净现金流量												
5	折现系数												
6	折现净现金流量												
7	累计折现净现金流量												

表 8-2 企业投资项目基础数据表

(单位:万元)

序号	项目	建设期		生产期									
		1	2	3	4	5	6	7	8	9	10	11	12
1	现金流入												
1.1	销售收入			2 600	4 000	4 000	4 000	4 000	4 000	4 000	4 000	4 000	2 600
1.2	回收固定资产余值												500
1.3	回收流动资金												900
2	现金流出												
2.1	固定资产投资	1 800	1 800										
2.2	流动资金			500	400								
2.3	经营成本			1 560	2 400	2 400	2 400	2 400	2 400	2 400	2 400	2 400	1 560
2.4	销售税金及附加												
2.5	所得税												
3	净现金流量												
4	折现系数												
5	折现净现金流量												
6	累计折现净现金流量												

单元9 价值工程				1. 学习导航	
班级		姓名		学号	日期

学习目标
掌握价值工程的基本概念、工程程序和工作方法

重点与难点
1. 重点：运用价值工程方法选择最优方案并优化
2. 难点：同重点

单元回顾
  1. 价值工程是指以产品或作业的功能分析为核心，以提高产品或作业的价值为目的，力求以最低寿命周期成本实现产品或作业使用所要求的必要功能的一项有组织的创造性活动，有些人也称其为功能成本分析
  2. 价值工程的工作程序，即：选定对象，收集情报资料，进行功能分析，提出改进方案，分析和评价方案，实施方案，评价活动成果
  3. 价值工程对象选择的方法有很多，主要包括 ABC 分析法、强制确定法及价值指数法等
  4. 价值工程原理在设计方案优选中的应用

解题指南
  理解价值工程方法的基本原理及工作程序

单元 9　价值工程				2. 技能提升	
班级		姓名	学号		日期

1. 什么是功能评价，常用的功能评价方法有哪些？

2. 什么是价值工程，价值工程的特点有哪些？

3. 简述价值工程的工作程序。

4. 根据表 9-1，计算各功能的功能评价系数，成本系数和价值系数，并确定改进对象。

表 9-1　各功能价值系数计算表

功能单元	功能得分	功能评价系数	目前成本/元	成本系数	价值系数
A	47		405		
B	32		645		
C	16		240		
D	5		210		
合计	100		1 500		

5. 根据业主的使用要求，某工程项目设计人员提出了三个设计方案。有关专家决定从五个方面（分别以 $F_1 \sim F_5$ 表示）对不同方案的功能进行评价，各项功能的重要性如下：F_1 相对于 F_4 很重要，F_3 相对于 F_1 较重要，F_2 和 F_5 同样重要，F_4 和 F_5 同样重要。各方案单位面积造价及专家对三个方案满足程度的评分结果见表 9-2。

表 9-2 备选方案功能评分表

功能	方案 A	方案 B	方案 C
F_1	9	8	9
F_2	8	7	8
F_3	8	10	10
F_4	7	6	8
F_5	10	9	8
单位面积造价/(元/m²)	1 680	1 720	1 590

问：
（1）试用 0~4 评分法计算各功能的权重（填入表 9-3）。
（2）用功能指数法选择最佳设计方案（要求列出计算式）。
（3）在确定某一设计方案后，设计人员按限额设计要求确定建筑安装工程目标成本额为 14 000 万元。然后以主要分部工程为对象进一步开展价值工程分析，各分部工程评分值及目前成本见表 9-4。试分析各功能项目的功能指数、目标成本（要求分别列出计算式）及应降低额，并确定功能改进顺序填入表 9-5。

注：计算结果保留小数点后 3 位。

表 9-3 功能权重计算表

功能	F_1	F_2	F_3	F_4	F_5	得分	权重
F_1	—						
F_2		—					
F_3			—				
F_4				—			
F_5					—		
合计							

表 9-4 分部工程功能评分及成本

功能项目	功能得分	目前成本/万元
A. ±0.000 以下工程	21	3 854
B. 主体结构工程	35	4 633
C. 装饰工程	28	4 364
D. 水电安装工程	32	3 219

表 9-5　分部工程目标成本及功能改进顺序

功能项目	功能指数	目前成本/万元	目标成本/万元	应降低额/万元	功能改进顺序
A. ±0.000 以下工程					
B. 主体结构工程					
C. 装饰工程					
D. 水电安装工程					

6. 造价工程师在某开发公司的某幢公寓建设工程中，采用价值工程的方法对该工程的设计方案和编制的施工方案进行了全面的技术经济评价，取得了良好的经济效益和社会效益。有四个设计方案 A、B、C、D，经有关专家对上述方案根据评价指标 $F_1 \sim F_5$ 进行技术经济分析和论证，得出资料见表 9-6 和表 9-7。

表 9-6　功能重要性评分表

方案功能	F_1	F_2	F_3	F_4	F_5
F_1		4	2	3	1
F_2	0		1	0	2
F_3	2	3		3	3
F_4	1	4	1		1
F_5	3	7	1	3	

表 9-7　方案功能评分及单方造价

方案功能	方案功能得分			
	A	B	C	D
F_1	9	10	9	8
F_2	10	10	8	9
F_3	9	9	10	9
F_4	8	8	8	7
F_5	9	7	9	6
单方造价/(元/m²)	1 420	1 230	1 150	1 360

问：
（1）计算功能重要性系数。
（2）计算功能系数、成本系数、价值系数并选择最优设计方案。